HEYNE KOCHBÜCHER

Claudia Latzel

Bäckereien und Süßspeisen für Diabetiker

Gesund und vollwertig genießen

Originalausgabe

WILHELM HEYNE VERLAG
MÜNCHEN

HEYNE KOCHBUCH
07/4584

INHALT

Zur Kaffeestunde:

Abkürzungen und Erklärungen:

EL	= Eßlöffel	KH	= Kohlenhydrate
TL	= Teelöffel	BE	= Broteinheit
Msp	= Messerspitze	KJ	= Kilojoule
g	= Gramm	Kcal	= Kilokalorien
l	= Liter		

Vorwort

Schon während meiner Kliniktätigkeit suchte ich für unsere Diabetespatienten nach Back- und Süßspeisenrezepten, die sowohl kulinarisch als auch gesundheitlich überzeugen — leider vergebens.

Schließlich widmete ich mich selbst dieser Aufgabe, zumal ich leidenschaftlich gerne backe und koche.

Dies ist nun das Ergebnis: Köstliche Kuchen und Torten, Plätzchen, feines Konfekt, pikante Bäckereien, herzhaftes Brot und natürlich auch leckere Müsli und Süßspeisen, aus möglichst naturbelassenen Zutaten und aus Vollkorn.

Argumente wie: Aus Vollkorn lassen sich keine lockeren Torten backen, Vollkorn ist schwer verdaulich ... habe ich schon öfter vernommen.

Da kann ich nur raten: Probieren Sie selbst!

Warum Vollkorn? Für die Diabetesernährung bietet sich das Vollgetreide geradezu an. Das volle Korn wird durch seine Hüll- und Ballaststoffe im Körper nur langsam aufgeschlossen und tritt verzögert in die Blutbahn. Außerdem enthält das Vollgetreide lebenswichtige Vitalstoffe im natürlichen Verband, die auf das oft geschwächte Enzymsystem bei Diabetes hilfreich wirken. Ein weiterer, sehr wichtiger Punkt: Sie können im Gegensatz zum Auszugsmehl mehr davon essen, denn 20 g Weizenvollkornmehl entsprechen 1 BE, während für 1 BE Auszugsmehl nur 16 g zur Verfügung stehen. Diese 4 g Differenz bestehen zum Großteil aus unverdaulichen Ballaststoffen, die sättigen und die Darmfunktion begünstigen.

Es war mir ein großes Anliegen, die Rezepte so zu gestalten, daß Diabetiker diese Bäckereien und Süßspeisen nicht nur im Rahmen einer Einzeldiät verzehren, sondern auch ihren Familien und Gästen anbieten können. Sie finden viele Anregungen vom abwechslungsreichen Frühstück bis zum festlichen Abendessen.

Die Rezepte sind so ausführlich, daß wirklich alles auf Anhieb gelingt. Dabei dachte ich ebenso an Ungeübte als auch an die erfahrene Hausfrau, die ihr Repertoire erweitern will oder bewährte Hausrezepte »vollkörnig« abwandeln möchte.

Die nachfolgende diätetische Einführung soll den Zusammenhang zwischen Diabetes und Ernährung etwas tiefgreifender verdeutlichen.

Falls Sie sich jedoch lieber gleich dem Praktischen zuwenden möchten, lade ich Sie ab Seite 37 in meine Küche ein, um die zahlreichen Bäckereien und Süßspeisen auszuprobieren.

Aus meiner berufspraktischen Erfahrung als Diätassistentin habe ich Ihnen meine besten Back- und Süßspeisenrezepte zusammengestellt. Viele dieser Rezepte sind selbst entwickelt, jedoch wurden auch liebgewordene Hausrezepte entsprechend abgewandelt.

Ich wünsche Ihnen ebensoviel Freude beim Ausprobieren dieser Bäckereien und Süßspeisen, wie ich sie empfand, als ich dieses Buch für Sie zusammenstellte.

Ihre *Claudia Latzel*

Diätetische Einführung

Was ist Diabetes?

Der *Diabetes mellitus,* auch Zuckerkrankheit genannt, ist eine Störung des Zuckerstoffwechsels, die auf einem relativen oder absoluten Mangel an Insulin beruht. Insulin ist ein lebenswichtiges Hormon, das in den B-Zellen der Bauchspeicheldrüse gebildet wird und für den Aufbau und die Verwertung des Zuckers im Blut verantwortlich ist.

Im gesunden Organismus funktioniert dies folgendermaßen: Sobald die im Darm aufgespaltenen Kohlenhydrate als Zuckerstoffe in die Blutbahn gelangen, schüttet die Bauchspeicheldrüse, genau dosiert, Insulin aus. Dieses baut die Zuckerstoffe ab, die dann dem Körper als Brennstoff und Zellnahrung zur Verfügung stehen.

Beim Diabetes ist dieser Vorgang gestört. Da kein oder zuwenig Insulin vorhanden ist, steigt der Blutzuckerspiegel immer weiter an. Der Körper hilft sich, indem er ab einer bestimmten Höhe (Nierenschwelle) den Zucker über die Nieren ableitet. Da Zucker jedoch für die Aufrechterhaltung der Körperfunktionen notwendig ist, wandelt der Körper nun Fette in Zuckerstoffe um. Infolge einer unvollständigen Verbrennung der Fette in der Leber, fallen dabei Abbauprodukte, die Ketonkörper an. Diese können zu einer Übersäuerung des Blutes führen.

Diabetes ist daher nicht »nur« eine Störung des Zucker-stoffwechsels, sondern kann auch noch andere Körper-funktionen beeinträchtigen.

Eine bedarfsgerechte Diabetesernährung mit möglichst naturbelassenen Nahrungsmitteln, eventuell in Verbin-dung mit Tabletten oder Insulin, kann helfen, die Stoff-wechsellage bei Diabetes entscheidend zu verbessern.

Typen der Diabetes

Grundsätzlich werden beim *Diabetes mellitus* zwei For-men unterschieden. Der *Typ-1-* und der *Typ-2-Diabetes.*

Typ-1-Diabetes

Bei dieser Diabetesform liegt meist von Anfang an ein absoluter Insulinmangel vor. Das bedeutet, daß Typ-1-Diabetiker in den meisten Fällen sofort Insulin spritzen müssen. Zum Zeitpunkt der Diabetesentdeckung sind Typ-1-Diabetiker schlank, oft sogar abgemagert. Mit größter Sorgfalt müssen Ernährung, Insulin und körperli-che Aktivität aufeinander abgestimmt werden.

Typ-2-Diabetes

Mehr als 80 % der Diabetiker sind Typ-2-Diabetiker. Hierbei handelt es sich größtenteils um übergewichtige Diabetiker, die oft mit Diät allein, oder mit Diät in Ver-bindung mit Tabletten eingestellt werden können. In die-sem Fall ist die Gewichtsabnahme wichtigstes Ziel.

Kleine Ernährungslehre zur vollwertigen Diabetesdiät

Da beim Diabetiker nicht nur eine lokale Störung des Zuckerstoffwechsels vorliegt, sondern infolgedessen auch andere Stoffwechselfunktionen in Mitleidenschaft gezogen werden, ist es wichtig, durch die Ernährungstherapie den Organismus als Ganzes positiv zu beeinflussen.

Eine dem Diabetiker angepaßte, vitalstoffreiche Ernährung aus naturbelassenen Nahrungsmitteln (Vollgetreide) hat eine verzögernde Wirkung auf den Blutzuckerspiegel und greift durch lebenswichtige Vitalstoffe ordnend in den Organismus ein.

Anhand der einzelnen Nährstoffe möchte ich Ihnen dies näher erläutern.

Die Kohlenhydrate

Die Kohlenhydrate erfordern in der Diabetesernährung besondere Aufmerksamkeit, da sie einen unmittelbaren Einfluß auf den Blutzuckerspiegel haben.

Kohlenhydrate kommen in pflanzlichen Nahrungsmitteln (Getreide, Getreideprodukte, Kartoffeln, Reis, Hülsenfrüchte, Obst, Gemüse und Nüsse) vorwiegend als Stärke, in tierischen Nahrungsmitteln (Milch und Milchprodukte) in Form von Milchzucker vor.

Aufgrund ihrer verschiedenen Struktur (Zuckerbausteine,

11

Faserstoffe) haben die Kohlenhydrate unterschiedliche Wirkungen auf den Blutzuckerspiegel und müssen mengenmäßig begrenzt werden. Die Broteinheit (1 BE = 12 g KH) gilt dabei als Hilfsrechengröße und eignet sich zur übersichtlichen Verteilung der verschiedenen Kohlenhydrate über den Tag. In der Austauschtabelle (s. Seite 19) sind die Kohlenhydrate bezüglich ihrer Blutzuckerwirkung in verschiedene Gruppen eingeteilt. Innerhalb ihrer Gruppe können dann die jeweiligen Nahrungsmittel gegeneinander ausgetauscht werden.

Vollwertige Nahrungsmittel in ihrem natürlichen Verband, wie Getreide, Brot, Reis usw. aus dem vollen Korn, treten verzögert in die Blutbahn und haben dadurch nur einen flachen Blutzuckeranstieg zur Folge. So macht es durchaus einen Unterschied, ob Sie zum Frühstück Weißbrot bzw. Graubrot oder Vollkornbrot bzw. Vollkornbrötchen oder vielleicht sogar ein Frischkornmüsli zu sich nehmen. Denn Vollkorngebäck und in noch größerem Maß das Frischkornmüsli wird durch seine Hüll- und Ballaststoffe im Darm nur langsam aufgeschlossen und hat eine niedrige, gleichzeitig anhaltende Wirkung auf den Blutzuckerspiegel. So können Sie allein durch Ihre Ernährung den Blutzuckerverlauf günstig beeinflussen.

Mit Hilfe der Tabelle 1 (Seite 18) erhalten Sie eine Übersicht über die Resorptionsgeschwindigkeit der verschiedenen Kohlenhydrate, das heißt, die Geschwindigkeit, mit der die Kohlenhydrate vom Darm ins Blut übertreten. Dabei gilt: Je größer die Resorptionsgeschwindigkeit, desto schneller und steiler der Blutzuckeranstieg.

Kohlenhydrate in Verbindung mit Fett und Eiweiß wirken ebenfalls verzögernd auf den Blutzuckerverlauf, denn Fette bzw. Eiweiß, zusammen mit Kohlenhydraten verzehrt, führen zu einer längeren Verweildauer im Magen. Aufgrund des hohen Energiegehalts der Fette sollten Sie bei Übergewicht trotzdem sparsam mit diesen umgehen und eher fettarmen Eiweißträgern den Vorzug geben z. B. Brot mit Hüttenkäse oder Pellkartoffeln mit Kräuterquark.

Für die Diabetesernährung sollten die Kohlenhydrate auf sechs oder mehr Mahlzeiten verteilt werden. Bei nicht insulinpflichtigen Diabetikern hat dies den Vorteil, daß die eigenen, geschwächten Insulinreserven nicht zu stark angeregt werden. Bei Insulinbehandlung beugen mehrere über den Tag verteilte Mahlzeiten einer Unterzuckerungsgefahr vor.

Und zu guter Letzt die Süßungsmittel, die für Süßspeisen und viele Bäckereien benötigt werden.

Da Haushaltszucker, Traubenzucker, Malzzucker, Honig und alle daraus hergestellten Nahrungsmittel in der Diabetesdiät aufgrund ihrer starken Wirkung auf den Blutzuckerspiegel nicht verwendet werden sollten, müssen wir auf Alternativen zurückgreifen.

Da bieten die kalorienfreien künstlichen Süßstoffe (Saccharin und Cyclamat) vor allem bei Übergewicht eine große Hilfe. Süßstoff allein, für manche Teigsorten (Hefeteig, Plunderteig, Brandteig), mit Diabetiker- bzw. Fruchtzucker kombiniert, eignet sich gut zum Backen und Kochen. Für kalt gerührte Cremes, Müsli und Süßspeisen, bevorzuge ich Aspartam, im Handel als *Canderel* erhältlich. Diesen aus Eiweiß aufgebauten Süßstoff finde ich schmackhafter als Saccharin bzw. Cyclamat. Leider ist er zum Backen und Kochen nicht geeignet, da Eiweiß bei Erhitzung zerstört wird. Aspartam ist genauso wie Saccharin und Cyclamat in Tablettenform erhältlich und kann in etwas Wasser aufgelöst werden.

Im Gegensatz zu den obengenannten Süßstoffen sind Zuckeraustauschstoffe wie Fruchtzucker und Diabetikerzucker (Sorbit mit verstärkter Süßkraft durch Saccharin) Energieträger. In kleinen Mengen (10—15 g pro Mahlzeit) werden Zuckeraustauschstoffe insulinunabhängig abgebaut, werden dann aber wieder in den Zellen als Energieträger wirksam. Dies sollte bei Übergewicht beachtet werden. Zuckeraustauschstoffe haben küchentechnisch dieselben Eigenschaften wie der Haushaltszucker und sind für die richtige Konsistenz und den angenehmen Geschmack sämtlicher süßer Teige und Cremes erforderlich. Bei meinen Rezepten versuche ich die kleinstmögliche Menge an Zuckeraustauschstoffen zu verwenden und dann mit Süßstoff nachzusüßen. Gleichzeitig verliert sich dabei auch der bittere Nachgeschmack des Süßstoffs. Zum Backen bevorzuge ich Diabetikerzucker, der allerdings bei manchen abführend wirkt. Falls Sie Fruchtzucker nehmen, behalten Sie das Gebäck im Auge, es bräunt schnell! In diesem Fall die Oberfläche mit Alufolie abdecken.

Anmerkung: In meinen Rezepten spreche ich einmal von Fruchtzucker und einmal von Diabetikerzucker; beide sind untereinander austauschbar.

Eiweiß

Eiweiß kommt in unserer Nahrung selten zu kurz, denn es ist sowohl in tierischen (Fleisch, Fisch, Eier, Milch und Milchprodukte) als auch in pflanzlichen Nahrungsmitteln (Hülsenfrüchte, vor allem Sojabohnen, Getreide, Nüsse, Mandeln und in geringerem Umfang in Kartoffeln, Gemüse, Obst) enthalten.
Mittlerweile ist wissenschaftlich bewiesen, daß pflanzliches Eiweiß genauso wertvoll wie tierisches Eiweiß ist. Kombinationen aus tierischen und pflanzlichen Eiweißträgern steigern sogar noch die biologische Wertigkeit des Eiweißes. Besonders günstige Kombinationen: Rohmilch und Quark mit pflanzlichen Eiweißträgern.
Genauso wie bei den anderen Nahrungsmitteln mindert Erhitzung die Eiweißqualität. Daher ist es wichtig, auch unerhitzte Eiweißträger in die Nahrung einzubauen wie z. B. Rohmilch (frisch vom Bauern oder aus dem Reformhaus) sowie Vollgetreide als Müsli, Gemüsefrischkost und in geringen Mengen auch Nüsse.

Da Kohlenhydrate und Fette in der Diabetesdiät beschränkt sind, ist es verständlich, daß viele Diabetiker verstärkt auf Eiweißträger zurückgreifen, insbesondere auf Wurst und Fleisch. Hüten Sie sich jedoch vor einem Zuviel an tierischem Eiweiß. Bei diabetischer Niereninsuffizienz muß die Eiweißmenge stark beschränkt werden.

Fette

Sowohl pflanzliche auch als tierische Fette sind Bestandteil unserer Nahrung. Alle Fette sind sehr energiereich und sollten bei Übergewicht stark eingeschränkt werden. Für die Verteilung der Gesamtfettmenge gilt folgende Faustregel: $\frac{1}{3}$ Streichfett, $\frac{1}{3}$ Kochfett und $\frac{1}{3}$ versteckte Fette, die vor allem in Wurst, Käse, Nüssen und Fleisch zu finden sind.

Neben der Menge ist auch die Qualität der Nahrungsfette sehr wichtig. An erster Stelle stehen da die Nahrungsfette wie Pflanzenöle und Pflanzenmargarine mit mehrfach ungesättigten Fettsäuren (Polyensäuren). Polyensäuren intensivieren den Stoffwechsel und senken den erhöhten Blutfettspiegel.

Distelöle, Sonnenblumenöle und Leinöl haben den höchsten Gehalt an Linolsäuren. Am gesündesten sind die kaltgepreßten Pflanzenöle, die durch hydraulische Pressung gewonnen werden. Bei diesem Verfahren bleiben alle Vitalstoffe, vor allem das Vitamin E und die Polyensäuren erhalten.

Auch hochwertige Pflanzenmargarine mit 55—60 % Polyensäuren wird aus Kaltpreßölen hergestellt. Sie wird im Gegensatz zu anderen Diätmargarinesorten nicht chemisch gehärtet (Vitazell Diätmargarine, Vitaquell Extra).

Am wertvollsten ist Pflanzenöl, wenn es kurz vor dem Verzehr unter den Salat gemischt wird. Beim Dünsten oder Braten sollten Sie darauf achten, daß das Öl nicht überhitzt wird.

Wenn keine Fettstoffwechselstörungen vorliegen, können Pflanzenmargarine und Butter abwechselnd gegessen werden.
Alle Backrezepte (außer Plunderteig) können sowohl mit Butter als auch mit Pflanzenmargarine zubereitet werden.

Ballaststoffe

Ballaststoffe sind die unverdaulichen Bestandteile pflanzlicher Nahrungsmittel. Sie sind vor allem in den Randschichten des vollen Korns, aber auch in Gemüse, Hülsenfrüchten, Salaten, Obst und Leinsamen enthalten.
Ballaststoffe quellen im Magen und Darm auf, wirken sättigend und erhöhen die Aktivität des Darms.
Selbst wenn Sie schon jahrelang unter Darmträgheit leiden, kann diese bei einer Ernährungsumstellung auf Vollkornprodukte, reichlich frisches Gemüse und Salate, bereits nach wenigen Tagen behoben sein.
Ballaststoffe wirken im Darm wie ein »Besen«. Sie beschleunigen die Verdauungstätigkeit und verhüten dadurch Ablagerungen und Entzündungen an den Darmwänden. Außerdem binden sie im Darm befindliche Gift- und Schlackenstoffe.
Für manche von Ihnen auch wichtig: Ballaststoffe senken den erhöhten Cholesterinspiegel.
Ballaststoffe brauchen zum Quellen reichlich Flüssigkeit. Trinken Sie genügend! Dafür eignen sich vor allem: Natriumarmes Mineralwasser, Kräuter- und Früchtetees.

Vitalstoffe

Diese Bezeichnung dient als Überbegriff für eine Reihe von Wirkstoffen: Vitamine, Mineralstoffe, Spurenelemente, Enyzme, Aromastoffe aber auch einige noch nicht genau analysierte Stoffe (z. B. Pflanzenhormone).

Die Vitalstoffe sind in Frischkost, wie unerhitztem Vollgetreide, Getreidekeimlingen, Rohgemüse, Salat, Obst, Samen und Nüssen in vollem Umfang erhalten.
Bei einer vollwertigen Ernährung brauchen Sie sich keine
Sorgen um die ausreichende Zufuhr dieser Stoffe zu machen, denn Vitalstoffe sind in naturbelassenen Nahrungsmitteln in der richtigen Relation enthalten.
Künstliche Vitamin- und Mineralstoffpräparate können
dafür keinen vollen Ersatz bieten.

Zusammenfassung: Unter Berücksichtigung Ihres BE- und
Kalorienbedarfs kann eine vollwertige Diabetesernährung
so aussehen:

Frühstück: Frischkornmüsli (s. Seite 40) und/oder
Vollkornbrot, -brötchen oder -brezel
Reformmargarine, evtl. abwechselnd mit
Butter
Quark, Frischkäse, magere Käsesorten
evtl. kalorienreduzierte Diabetikermarme-
lade

2. Frühstück: Art der Kohlenhydrate nach Verordnung
(Möglichkeiten siehe Zwischenmahlzeiten
Seite 45)

Mittagessen: Salatplatte
evtl. Gemüsesuppe
Getreidegericht, Naturreis, Kartoffeln
Gemüse und evtl. 2—3mal pro Woche
Fisch/Geflügel oder Fleisch
evtl. Nachspeise (s. Seite 68) oder frisches
Obst

oder: Salatplatte
evtl. Gemüsesuppe
süße Mehlspeise wie Auflauf, Strudel oder
gefüllte Pfannkuchen (s. Seite 56)

Nachmittag: Art der Kohlenhydrate nach Verordnung,
z. B. leichtes Kaffeegebäck (s. Seite 94)

Abendessen: Salatteller
verschiedene Brotsorten (s. Seite 279)
Reformmargarine, evtl. abwechselnd mit Butter
Käsesalat, herzhafte Quarkcremes (s. pikante Füllungen für Windbeutel Seite 266)

oder: Salatteller
pikante Spezialitäten wie Pizza, Zwiebelkuchen oder Würstchen in Blätterteig (s. Seite 261)

Spätmahlzeit: Art der Kohlenhydrate nach Verordnung (siehe auch Zwischenmahlzeiten Seite 45)

Glykämischer Index (nach Jenkins)

= Maß für die Resorptionsgeschwindigkeit der Kohlenhydrate

schnelle Resorption, steiler Blutzuckeranstieg	Malzzucker, Traubenzucker	100 %
	Bohnen (breit), Kartoffelbrei, Corn-Flakes, Karotten	80—90 %
	Weißbrot, Salzkartoffeln, Graubrot, Polierter Reis	70 %
verzögerte Resorption, abgeschwächter Blutzuckeranstieg	Bananen, Naturreis	60—65 %
	Vollkorn und Vollkornprodukte	50 %
langsame Resorption, flacher Blutzuckeranstieg	Trockenbohnen, Orangen, Äpfel	40 %
	Joghurt, Milch	35 %
	Linsen	30 %
	Fruchtzucker	20 %

Kohlenhydrat-Austauschtabellen vollwertiger Nahrungsmittel mit Kalorienangabe

Die Mengen entsprechen jeweils 12 g KH (1 BE)

Getreide und Getreideerzeugnisse

17 g Buchweizen bzw. Buchweizen-
vollkornmehl . . . . KJ: 243/Kcal: 58
20 g Gerste bzw. Gerstenvollkorn-
mehl . . . . KJ: 243/Kcal: 58
19 g Grünkern bzw. Grünkernvoll-
kornmehl . . . . KJ: 254/Kcal: 61
20 g Hafer bzw. Hafervollkornmehl . . . KJ: 300/Kcal: 73
17 g Hirse . . . . KJ: 252/Kcal: 60
15 g Vollkornreis . . . . KJ: 230/Kcal: 55
22 g Roggen bzw. Roggenvollkorn-
mehl . . . . KJ: 243/Kcal: 58
20 g Weizen bzw. Weizenvollkorn-
mehl, Dinkel . . . . KJ: 270/Kcal: 70

Nüsse und Samen

140 g Erdnüsse, frisch . . . . KJ: 3339/Kcal: 792
135 g Erdnüsse, geröstet . . . . KJ: 3284/Kcal: 785
113 g Haselnüsse . . . . KJ: 3040/Kcal: 727
130 g Mandeln . . . . KJ: 3233/Kcal: 773
150 g Mohnsamen . . . . KJ: 3019/Kcal: 722
 96 g Pistazien . . . . KJ: 2402/Kcal: 574
118 g Sesamsamen . . . . KJ: 2814/Kcal: 673
144 g Sonnenblumenkerne . . . . KJ: 3507/Kcal: 838
100 g Walnußkerne . . . . KJ: 2787/Kcal: 666

Obst (Rohware, eßbarer Anteil)

 90 g Ananas . . . . KJ: 215/Kcal: 51
110 g Apfel, mit Schale . . . . KJ: 230/Kcal: 55
100 g Apfel, geschält . . . . KJ: 219/Kcal: 52
125 g Apfelsine (Orange) . . . . KJ: 230/Kcal: 55
116 g Aprikose . . . . KJ: 230/Kcal: 55
120 g Birne . . . . KJ: 230/Kcal: 55
 50 g Banane . . . . KJ: 209/Kcal: 50
137 g Brombeeren . . . . KJ: 281/Kcal: 67
190 g Erdbeeren . . . . KJ: 262/Kcal: 63
 90 g Heidelbeeren . . . . KJ: 328/Kcal: 78
205 g Himbeeren . . . . KJ: 275/Kcal: 66
150 g Johannisbeeren, rot . . . . KJ: 239/Kcal: 57
115 g Johannisbeeren, schwarz . . . . KJ: 236/Kcal: 56 ▶

```
130 g Johannisbeeren, weiß  . . . . . . . . .  KJ: 218/Kcal: 52
 95 g Kirschen, süß  . . . . . . . . . . . . . .  KJ: 235/Kcal: 56
115 g Kirschen, sauer . . . . . . . . . . . . .  KJ: 243/Kcal: 58
115 g Kiwi . . . . . . . . . . . . . . . . . . . .  KJ: 243/Kcal: 58
115 g Mandarinen  . . . . . . . . . . . . . . .  KJ: 217/Kcal: 52
140 g Pfirsich . . . . . . . . . . . . . . . . . .  KJ: 230/Kcal: 55
100 g Pflaumen  . . . . . . . . . . . . . . . . .  KJ: 213/Kcal: 51
222 g Preiselbeeren . . . . . . . . . . . . . .  KJ: 279/Kcal: 67
115 g Stachelbeeren . . . . . . . . . . . . . .  KJ: 226/Kcal: 54
```

Milch und Milchprodukte

```
240 g Milch (3,5 % Fett)  . . . . . . . . . . .  KJ: 643/Kcal: 154
300 g Buttermilch . . . . . . . . . . . . . . . .  KJ: 439/Kcal: 105
240 g Joghurt, Kefir, Dickmilch,
       Sauermilch (3,5 % Fett) . . . . . . . . .  KJ: 613/Kcal: 146
```

Zuckeraustauschstoffe, Diabetiker-marmelade

```
 12 g Fruchtzucker . . . . . . . . . . . . . . .  KJ: 200/Kcal: 48
 12 g Diabetikerzucker (Sorbit)  . . . . . . .  KJ: 200/Kcal: 48
 25 g Diabetikermarmelade, mit Frucht-
       zucker gesüßt, im Durchschnitt  . . .  KJ: 209/Kcal: 50
```

Vollständige Ausgabe siehe »Die große Nährwerttabelle«, Gräfe und Unzer Verlag, München

Hilfsmittel und Küchengeräte

- Besonders wichtig zum Gelingen dieser Rezepte ist eine sehr genaue Waage mit 2 g-Einteilung. Sehr gut eignet sich dafür eine Digitalwaage mit Netzanschluß und einem Wiegebereich bis 2 kg.

- Zum Mahlen des Getreides genügt für das Müsli eine alte Handkaffeemühle oder ein Frischkornflocker (Reformhaus).
  Für die Bäckereien können Sie sich das Vollgetreide in Reformhäusern und Naturkostläden frisch mahlen lassen.
  Falls Sie sich eine eigene Getreidemühle anschaffen möchten, sollten Sie sich in Fachgeschäften, die verschiedene Getreidemühlen anbieten, beraten lassen.

- Sehr praktisch zum Rühren, bzw. Schlagen von Teigen und Cremes ist ein Handrührgerät oder eine Küchenmaschine.
  Bei schweren Brotteigen versagt das Handrührgerät. Brotteige lassen sich jedoch auch gut von Hand kneten.

- Bei den Backformen habe ich mich auf die wesentlichsten Formen beschränkt:
  Eine Springform mit 26 cm Ø für sämtliche Kuchen und Torten;

eine Kastenform mit 30 cm Länge für Stollen, Zöpfe und Brote;

ein rechteckiges Backblech (40 × 45 cm), das in jedem Backofen vorzufinden ist, für Blechkuchen, Kleingebäck, Brötchen und frei geschobene Brotlaibe.

Ein Auflaufförmchen (6 cm Ø, Höhe: 10 cm) für die verschiedenen Auflaufrezepte.

Außer den üblichen Schwarz- und Weißblechformen gibt es auch silikonbeschichtete Backformen, die ausgezeichnete Backergebnisse bringen.

- Neben den in der Küche normalerweise vorhandenen Geräten brauchen Sie noch folgendes: Ein Wellholz; einen kleinen Teigroller, um den Teig direkt auf dem Backblech auszuwellen; ein Teigrädchen; einen Backpinsel; ein Kuchengitter; einen Spritzbeutel mit verschiedenen Tüllen. Eventuell noch einen Tortenring, der zum Füllen von Torten sehr nützlich ist.

- Das Einfetten der Backbleche erübrigt sich, wenn Sie die Formen mit Backtrennpapier belegen.

Um Mehl zum Ausrollen einzusparen, können Sie den Teig (Mürbeteig, Quark-Blätterteig) zwischen 2 Lagen Pergamentpapier ausrollen.

Über die Backtechnik

Backtemperaturen

Die in den Rezepten angegebenen Backtemperaturen beziehen sich auf einen Elektrobackofen. Bei Umlauföfen liegt die entsprechende Backtemperatur ca. 20°C niedriger. Anhand der nachfolgenden Auflistung sehen Sie, welche Backtemperaturen bei den verschiedenen Herdtypen einzuschalten sind.

Elektrobackofen	Umluftbackofen	Gasbackofen
160—180°C	140—160°C	1—2
180—200°C	160—180°C	2—3
200—220°C	180—200°C	3—4
220—240°C	200—220°C	4—5

Backzeiten

Die in den Rezepten angegebenen Backzeiten habe ich wiederholt ausprobiert. Da jedoch alle Herde unterschiedlich backen und die gewählte Temperatur oft mit der wirklichen Backtemperatur nicht exakt übereinstimmt, sollten Sie schon vor Ende der angegebenen Backzeit nach Ihrem Gebäck schauen und evtl. die Garprobe machen.

Garprobe

5—10 Minuten vor Ende der Backzeit sollten Sie bei Rührkuchen die Garprobe machen: Stechen Sie mit einem Holzstäbchen in den Kuchen. Wenn nichts hängen bleibt, ist der Kuchen durchgebacken.

Anrösten von Nüssen

- Gemahlene Haselnüsse und Walnußstücke können in einer trockenen Pfanne unter ständigem Rühren bei mittlerer Hitze leicht angeröstet werden. Dadurch verstärkt sich ihr Aroma. Achten Sie darauf, daß die Nüsse nur hellbraun, auf keinen Fall schwarz werden, sonst sind sie ungenießbar.
- Ganze Haselnüsse im vorgeheizten Backofen bei 175 °C 5—10 Minuten rösten. Dabei die Nüsse immer wieder umdrehen. Die gerösteten Nüsse auf ein Küchentuch schütten und die braunen Häutchen abrubbeln. Verbrannte Stücke abschneiden bzw. aussortieren.

Enthäuten von Früchten und Tomaten

Um Obst (Pfirsiche, Aprikosen) und Tomaten zu enthäuten, die Haut gegenüber des Fruchtansatzes kreuzweise einschneiden. Die Früchte wenige Minuten in heißes Wasser legen, dann kalt abschrecken und die Haut mit einem Messer abziehen. Abkühlen lassen.

Flüssigkeitsmenge

Die angegebenen Flüssigkeitsmengen bei den Backrezepten können etwas variieren, da die Wasserbindungsfähigkeit des Vollgetreides von der Feinheit des gemahlenen Getreides und der Getreidesorte (z. B. Sommerweizen oder Winterweizen) abhängig ist. Erscheint Ihnen der Teig zu trocken (besonders Hefeteig, Sauerteig), arbeiten Sie eßlöffelweise noch etwas Flüssigkeit darunter. Denn Vollkornteig braucht längere Zeit zum Ausquellen und dafür genügend Feuchtigkeit.

Geliermittel

• Gelatine darf auf keinen Fall gekocht werden!
Die gequollene Gelatine entweder in einer heißen Flüssigkeit oder bei milder Hitze in einem kleinen Kochtopf auflösen (s. Rezept).

• Agar-Agar wird in etwas Flüssigkeit aufgelöst und unter die zu gelierende Masse gerührt. Anschließend wird die Masse erhitzt und ca. 1—2 Minuten gekocht. Mit Agar-Agar zubereitete Speisen werden erst beim Abkühlen fest.

Steifschlagen

• von Schlagsahne: gut gekühlte Sahne in einer kalten Rührschüssel anschlagen, Biobin bzw. Nestargel (Menge s. Rezept) dazugeben und die Sahne steif schlagen;

• von Eiweiß: gekühltes Eiweiß mit einer Prise Salz in einer kalten Rührschüssel steif schlagen und sofort unter die Speisen ziehen.

Wasserbad

Um die Bindungsfähigkeit der Eier besser aufzuschließen, werden manche Teige und Cremes im Wasserbad aufgeschlagen. Dafür einen kleinen Kochtopf in einen größeren Topf, der 2—3 cm hoch mit Wasser gefüllt ist, an den Griffen hineinhängen. Das Wasser zum Sieden bringen, dabei die Masse ständig schlagen. Die Eimasse darf nur warm, nicht heiß werden, sonst gerinnt das Ei.

Aufbau der Rezepte

Der Tagesablauf diente mir bei der Zusammenstellung dieses Buches als Grundlage.

Dieser Aufbau soll Ihnen den Einsatz der jeweiligen Rezepte in Ihrem Speiseplan erleichtern.

Die Rezepte des letzten Kapitels »Kernige Vollkornbrote und -brötchen« können sozusagen als Grundnahrungsmittel zu sämtlichen Mahlzeiten eingesetzt werden.

Als Beispiel: Suchen Sie Frühstücksvorschläge, finden Sie hierfür Tips am Anfang des Buches unter dem Kapitel »Leckere Frühstücksmüsli«, ebenso auch unter dem Kapitel »Kernige Vollkornbrote und -brötchen«.

Die verschiedenen Rezeptgruppen sind bezüglich ihrer Verwendungsmöglichkeiten in mehreren Kapiteln zusammengefaßt, Kuchen- und Tortenrezepte zusätzlich noch nach den unterschiedlichen Teigarten sortiert.

In der Einleitung jedes Kapitels finden Sie diätetische Tips wie z. B. über die Eignung der jeweiligen Rezepte für die verschiedenen Diabetikertypen, aber auch back- und küchentechnische Ratschläge.

Die Zeitangaben bei den Rezepten sind als ungefähre Richtwerte für Ihre Zeitplanung gedacht.

Den verschiedenen Kuchen- und Tortenrezepten habe ich in diesem Buch einen großen Raum gegeben. Mit

Hilfe der Erläuterungen über die charakteristischen Besonderheiten sämtlicher Teigarten sowie mit den jeweiligen Grundrezepten dazu, möchte ich Sie zu eigenen Kuchen- und Tortenkreationen anregen.

ABC der Zutaten

Agar-Agar Ein pflanzliches Geliermittel aus Meeresalgen. Es wird in der Küche ähnlich wie Gelatine eingesetzt, ist aber geschmacksneutraler als diese. Agar-Agar ist im Reformhaus erhältlich.

Aspartam Ein aus Eiweiß aufgebauter, kalorienarmer Süßstoff mit angenehmem Geschmack. Er ist im Handel unter dem Namen »Canderel« erhältlich. Aspartam eignet sich nur zum Süßen von Speisen, die nicht gekocht werden, da die Eiweißbausteine beim Kochen oder Backen zerstört werden.

Backpulver Zum Backen verwende ich Weinstein-Backpulver aus dem Reformhaus. Dieses wird aus natürlicher Weinsteinsäure — aus Holzweinfässern — hergestellt.

Biobin oder Nestargel Ein BE-freies Bindemittel aus Johannisbrotkernmehl zum Andicken von Speisen.

Buchweizen Ein Knöterichgewächs, das unserem Körper besonders viel Eisen und Phosphor liefert. Buchweizen kann ebenso wie Getreide zum Backen und Kochen verwendet werden.

Canderel siehe Aspartam.

Delifrut   Eine Gewürzmischung von Brecht für Süßspeisen, Obstsalate und Plätzchen. Im Reformhaus erhältlich.

Diabetiker-   Ein Zuckeraustauschstoff aus Sorbit mit
zucker   verstärkter Süßkraft durch Saccharin. Diabetikerzucker hat sehr gute Backeigen-
schaften, kann jedoch abführend wirken.
Er muß in die BE-Berechnung miteinbezo-
gen werden. 12 g Diabetikerzucker entsprechen 1 BE und liefern 48 kcal.

Dinkel   Eine alte Kulturform des Weizens. Dinkel
läßt sich besonders gut verbacken, da er
mehr Klebereiweiß als Weizen enthält.
Das Backresultat verbessert sich noch,
wenn Sie ca. $\frac{1}{3}$ der angegebenen Weizen-
vollkornmehlmenge durch Dinkelvollkornmehl ersetzen.

Eier   Wenn in den Rezepten nicht anders ange-
geben, sollten Eier der Handelsklasse 3
(60—65 g schwer) verwendet werden.

Fenchel   Fenchelsamen, ein sehr intensives Gewürz, erinnert etwas an Anis. Man nimmt
es gerne für herzhafte Brotteige.

Fruchtzucker   Ebenso wie der Diabetikerzucker muß der
Fruchtzucker bezüglich der Kohlenhydra-
te und der Kalorien in der Diabetesdiät
berücksichtigt werden. Fruchtzucker wird
im allgemeinen gut vertragen. Beim Bakken beachten Sie bitte, daß Gebäck mit
Fruchtzucker schneller bräunt. In diesem
Fall das Gebäck mit mehreren Lagen nassem Pergamentpapier oder mit Alufolie
abdecken.

Gerste   Im Reformhaus oder Bioladen als Sprießkorngerste erhältlich, ist eine spelzenlose

Züchtung. Gerste enthält neben vielen Vitaminen und Mineralstoffen auch Kieselsäure.

Gewürze   Die Gewürze spielen bei vielen Bäckereien und Süßspeisen eine besondere Rolle. Deshalb nur kleine Mengen an Gewürzen kaufen und diese rasch verbrauchen.

Grünkern   ist milchreif geernteter, über Holzfeuer leicht gerösteter Dinkel. Durch seinen rauchigen Geschmack verleiht er pikantem Gebäck eine besondere Würze.

Hafer   Dieser wird in 2 Sorten angeboten: als Haferkerne und als Sprießkornhafer (auch Nackthafer).
Die Haferkerne werden durch den Schälprozeß leicht beschädigt und sind daher nicht mehr keimfähig. Wertvoller ist Sprießkornhafer, ebenso wie die Sprießkorngerste eine spelzenlose Züchtung. Sprießkornhafer eignet sich auch zum Keimen.
Die im Handel erhältlichen Haferflocken werden — ebenso wie auch andere Getreideflocken — unter Hitzeeinfluß gequetscht, um sie haltbar zu machen.
Seit einiger Zeit ist ein Frischkornflocker im Handel, mit dem man Hafer und auch andere Getreidesorten selbst zu Flocken quetschen kann.

Hefe   Diese enthält Hefebakterien, die mit den im Mehl vorhandenen Enzymen Stärke in Zuckerstoffe umwandelt. Diese werden anschließend in Kohlendioxid und Äthylalkohol aufgespalten.
Beim Backen gehen Kohlendioxid und Alkohol in Gasform über und treiben dadurch den Teig in die Höhe.

Hirse	Sie ist sehr mineralstoffreich und eignet sich durch ihren milden Geschmack sehr gut für Süßspeisen.
Ingwer	Wird aus der Wurzel der Ingwerpflanze gewonnen. Getrocknet ist der Ingwer in Feinkostgeschäften und im Reformhaus erhältlich und wird bei Bedarf mit einer Rohkostraffel fein gerieben.
Kardamom	Sehr aromatisches Gewürz aus dem Samen einer tropischen Sumpfpflanze. Geeignet für Lebkuchen und Gewürzgebäck.
Kümmel	Ein typisches Gewürz für Brot, Brötchen und pikantes Gebäck.
Naturreis	Enthält noch die vitamin- und ballaststoffreichen Randschichten und ist als Langkorn- und Rundkornreis erhältlich. Für Süßspeisen ist der Rundkornreis empfehlenswerter.
Nestargel	siehe Biobin
Nüsse und Mandeln	Enthalten viel Fett und sind daher nicht lange haltbar. Die Nüsse und Mandeln erst bei Gebrauch zerkleinern, sonst werden sie leicht ranzig. Um den Nußgeschmack noch etwas zu intensivieren, die Nüsse in einer trockenen Pfanne oder im Backofen leicht anrösten.
Orangen-schale	Dafür immer unbehandelte Orangen kaufen und sehr fein reiben. Darauf achten, daß das Weiße der Orangenschale nicht mitgerieben wird. Dies gibt einen bitteren Geschmack.
Pflanzenfette	Zum Backen eignet sich hochwertige Pflanzenmargarine, Butter und für manche Teige auch Pflanzenöle. Zum starken Erhitzen nehme ich Olivenöl oder Butterschmalz.

Pistazien	Sehr dekorativ zum Garnieren von Torten und Süßspeisen. Leider ziemlich teuer.
Roggen	Das wichtigste Brotgetreide. Roggen gibt auch pikantem Gebäck einen herzhaften Geschmack.
Safran	Aus den zarten Blütenfäden einer Krokusart. Färbt und duftet sehr intensiv. Sehr teuer.
Sanoghurt	Ein Joghurt mit vorwiegend rechtsdrehender Milchsäure. Diese Form von Milchsäure führt nicht zur Übersäuerung des Stoffwechsels und ist daher bei Diabetes sehr günstig (nur im Reformhaus erhältlich).
Sauerteig	Für Brotteige, die ausschließlich oder bis zu einem bestimmten Teil aus Roggenmehl bestehen.
Sesam	Die stark ölhaltigen Samen des Sesamkrautes, die Sie geschält und ungeschält kaufen können. Leichtes Anrösten ohne Fett macht sie noch aromatischer. Sesam wird gerne zum Bestreuen von Gebäck verwendet.
Sonnen-blumenkerne	Sind besonders schmackhaft, wenn sie kurz in einer trockenen Pfanne angeröstet werden. Für Brot und Brötchen, aber auch zum Bestreuen von Müsli und Süßspeisen.
Süßstoffe	Sind kalorienfreie, bzw. kalorienarme Süßungsmittel aus Saccharin, Cyclamat bzw. Mischungen aus diesen oder Aspartam. Versuchen Sie mit so wenig wie möglich dieser Süßstoffe auszukommen.
Vanille	Die getrocknete Frucht einer Orchideenart. Vanille verleiht vielen Bäckereien und

Süßspeisen durch ihr unverwechselbares Aroma einen feinen Geschmack. Vanillepulver (aus dem Reformhaus) wird aus dem ausgekratzten Mark der Vanilleschote gewonnen. Vanillepulver ist ziemlich teuer, aber sehr ergiebig. Sparsam dosieren!

Vollmeersalz Im Gegensatz zum üblichen Speisesalz, das hauptsächlich aus Natriumchlorid besteht, enthält Vollmeersalz Salze und Spurenelemente, wie sie in der gleichen Zusammensetzung im Meerwasser zu finden sind.

Wein Nur nach Rücksprache mit dem Arzt sollte Wein in der Diabetesdiät verwendet werden. Bei der Auswahl der Weine geht man sicher, wenn der Wein mit dem gelben Weinsiegel versehen ist. In 100 g dieses Weines sind nur 0,4 g Zucker und 9,5 g Alkohol enthalten.
In einigen Rezepten habe ich etwas Alkohol als Gewürz verwendet, jedoch immer eine alkoholfreie Alternative angeboten.

Weizen Ist ein ideales Getreide für alle feinen Backwaren.

Zimt Besonders aromatisch ist Ceylon-Zimt. Zimtstangen werden aus der getrockneten Innenrinde des tropischen Zimtbaumes gewonnen und als Stangen zum Mitziehen in Flüssigkeiten oder gemahlen verwendet.

Zitronen-schale Wie bei der Orangenschale sollten Sie zum Abreiben der Zitronenschale nur unbehandelte Zitronen verwenden.

Zuckeraus-tauschstoffe sind Fruchtzucker und Diabetikerzucker (aus Sorbit mit verstärkter Süßkraft durch

Saccharin). Für alle Rezepte ist sowohl Fruchtzucker als auch Diabetikerzucker geeignet. Gebäck mit Fruchtzucker bräunt schnell. In diesem Fall das Gebäck mit Alufolie abdecken.

Tips zum exakten Portionieren

Um die für mehrere Portionen zubereiteten Süßspeisen und Bäckereien genau zu portionieren, empfiehlt es sich, die Gesamtmenge der fertiggestellten Speisen bzw. Backwaren zu wiegen und durch die Portionen bzw. Stücke zu teilen.

So erhalten Sie die Menge an Süßspeisen oder Gebäck, die einer Portion entspricht.

REZEPTTEIL

Leckere Frühstücksmüsli

Ein Müsli aus naturbelassenen, unerhitzten Zutaten bildet eine wertvolle Grundlage für den ganzen Tag. Es sättigt, versorgt unseren Körper mit lebenswichtigen Vitalstoffen und hält länger leistungsfähig.
Während nach einem »Normalfrühstück« mit Weißbrot, Brötchen oder Graubrot der Blutzuckerspiegel stark ansteigt und später rasch absinkt, steigt nach dem Genuß eines Frischkornmüslis der Blutzucker nur langsam an und bleibt mehrere Stunden auf günstig durchschnittlicher Höhe.
Neuere Untersuchungen an der Universität Gießen haben ergeben, daß Frischkornmüsli aus unerhitztem Weizenschrot eine besonders verzögerte und langanhaltende Blutzuckerwirkung aufweisen.

Tips für ein vollwertiges Müsli:

- Das Getreide in der Getreidemühle grob mahlen oder mit dem Frischkornflocker zu Getreideflocken quetschen. Genausogut können Sie das Getreide in einer alten Kaffeemühle (mit Handbetrieb) mahlen.
- Nach dem Mahlen das Getreide sofort für mindestens 30 Minuten in kaltem Wasser einweichen.

- Zum Süßen ausgereiftes (kein überreifes!) Obst verwenden. Falls Sie Äpfel für das Müsli nehmen, sollten Sie milde Sorten, wie z.B. Goldparmäne, Cox Orange, Boskop, bevorzugen.
Das Müsli evtl. mit Süßstoff nachsüßen.

- Milch, bzw. Sauermilchprodukte zusammen mit Obst rufen manchmal Unverträglichkeiten hervor. In diesem Fall anstatt des Milchproduktes etwas Sahne ins Müsli geben (s. Rezept »Fruchtiges Hafermüsli«).

- Nachfolgende Müslirezepte zeigen Ihnen nur eine begrenzte Auswahl an Variationsmöglichkeiten auf. Selbstverständlich können Sie sämtliche Getreidesorten mit den verschiedensten Obstsorten (s. Austauschtabellen Seite 19) kombinieren.

Als Anhaltspunkt:

Müsli für 2 BE: dafür 1,25 BE—1,5 BE Getreide nach Wahl (Menge s. Austauschtabelle Seite 19)
und 0,5 BE—0,75 BE Obst nach Wahl (Menge s. Austauschtabelle Seite 19)
und 30—40 g Quark, Joghurt oder 25 g Sahne

Müsli für 3 BE: dafür 1,75 BE—2 BE Getreide nach Wahl (Menge s. Austauschtabelle Seite 19)
und 1 BE—1,25 BE Obst nach Wahl (Menge s. Austauschtabelle Seite 19)
und 40—50 g Quark, Joghurt oder 30 g Sahne

- Falls Sie zum Frühstück außer dem Müsli gerne noch Brot, Brötchen etc. essen wollen, können Sie auch ½ Portion Müsli zubereiten.

Müsli »Vital«

Für dieses Müsli muß das Getreide 2—3 Tage vor dem Verzehr gekeimt werden. Durch den Keimprozeß vervielfacht sich sogar noch der Vitamin- und Eiweißgehalt des Getreides, da während des Keimvorgangs die in Korn und Samen ruhenden Stoffe aktiviert werden.

Günstig für Diabetiker: Aufgrund der Wasserzugabe und dem dadurch hervorgerufenen Umwandlungsprozeß hat sich die ursprüngliche Getreidemenge nach dem Keimen etwa verdoppelt.

Für 1 Müsli:

20 g keimfähiges Getreide (Sprießkornweizen, -hafer -roggen oder -gerste)

Zubereitungszeit: 20 Minuten
Keimzeit: 2—3 Tage

Nach dem Keimen:
125 g Sanoghurt (3,5 % Fett)
½ BE Obst nach Wunsch (Menge s. Austauschtabelle Seite 19)

Das ganze (nicht gemahlene) Getreide über Nacht, mit lauwarmem Wasser bedeckt, in einem Schüsselchen quellen lassen. Am nächsten Morgen das Getreide in ein Sieb geben, unter fließendem Wasser gut durchspülen und in einer kleinen Schüssel, mit Frischhaltefolie abgedeckt an einem hellen (nicht sonnnigen) Platz 2—3 Tage keimen lassen. Das Getreide soll immer feucht bleiben, jedoch nicht im Wasser liegen. Morgens und abends das Getreide und die Schüssel gut durchspülen, da sich sonst Schimmel bilden kann.

Nach 2—3 Tagen zeigen sich die ersten millimeterlangen Keime. Das Getreide nochmals durchspülen und mit dem Joghurt und dem Obst verrühren. Evtl. mit Süßstoff abschmecken.

Berechnung für 1 Portion Müsli »Vital«:
Eiweiß: 16,5 g   Fett: 8,5 g   KH: 24,5 g   BE: 2   KJ: 867/Kcal: 207

Tip: Falls Sie eine größere Menge Getreide keimen möchten, diese vor dem Keimen wiegen, um die BE-Menge zu ermitteln und nach dem Keimen mit Hilfe der Waage durch die BE-Menge teilen. Die restlichen Keime halten sich 1—2 Tage im Kühlschrank. Getreidekeime schmecken auch unter den Salat gemischt oder auf Butter-, Käse- bzw. Quarkbrote gestreut.

Dreikornmüsli mit Mandelsplittern

Für 1 Müsli:

10 g Hirse, grob gemahlen
10 g Buchweizen, grob gemahlen
15 Hafer, grob gemahlen

oder
15 g Weizen, grob gemahlen

10 g Gerste, grob gemahlen
15 g Hafer, grob gemahlen

2 EL kaltes Wasser
110 g Apfel
40 g Quark (40 % Fett)
5 g Mandelblättchen

Zubereitungszeit: 15 Minuten
Einweichzeit: mindestens 30 Minuten

Die Dreikornmischung nach Wahl mindestens 30 Minuten in kaltem Wasser einweichen.
Den Apfel mit Schale reiben und zusammen mit dem Quark unter die Getreidemischung rühren.
Die Mandelblättchen in einer trockenen Pfanne leicht anrösten und das Müsli damit garnieren.
Das Müsli frisch verzehren.

Berechnung für 1 Portion Dreikornmüsli:
Eiweiß: 10 g   Fett: 9 g   KH: 37 g   BE: 3   KJ: 1160/Kcal: 277

Fruchtiges Hafermüsli

Dieses milde Hafermüsli essen Kinder besonders gerne!

<u>Für 1 Müsli:</u>

35 g Nackthafer (Sprieß-kornhafer)
2 EL kaltes Wasser

60 g Apfel mit Schale
60 g entsteinte Pflaumen
30 g Sahne
flüssiger Süßstoff

Zubereitungszeit: 10 Minuten
Einweichzeit: 30 Minuten

Den Hafer zu Flocken quetschen oder grob schroten, dann mit dem kalten Wasser verrühren und 30 Minuten zugedeckt quellen lassen.
Den Apfel grob raspeln und die Pflaumen würfeln. Die Sahne steif schlagen.
Zuerst das Obst, dann die Sahne unter das Getreide mischen und eventuell mit Süßstoff nachsüßen.
Das Müsli frisch verzehren.

Berechnung für 1 Portion Hafermüsli:
Eiweiß: 5,5 g   Fett: 12 g   KH: 36 g   BE: 3   KJ: 1165/Kcal: 278

Tip: Die Pflaumen können Sie austauschen gegen:

50 g frische Ananas
oder
75 g Orange
70 g Aprikosen
70 g Birnen
80 g Brombeeren
55 g frische Feigen

55 g Mango
70 g Kiwi
70 g Mandarinen
60 g Nektarine
80 g Pfirsiche
120 g Himbeeren
110 g Erdbeeren

Schlemmermüsli I

(Foto Seite 48)

Für 1 Müsli:

40 g Weizen, mittelgrob
geschrotet
2 EL kaltes Wasser
60 g Apfel
25 g Banane

1—2 Erdbeeren
40 g Sahne
2 Haselnüsse

Als Garnitur:
frische Zitronenmelissen-
blättchen

Zubereitungszeit: 15 Minuten
Einweichzeit: mindestens 30 Minuten

Den Weizenschrot mit dem Wasser verrühren und für
mindestens 30 Minuten einweichen.
Den Apfel mit Schale reiben, die Banane in Scheiben
schneiden und die Erdbeeren vierteln. Das Obst unter
das Getreide heben und in ein Schüsselchen füllen.
Die Sahne steif schlagen und auf das Müsli geben. Die
Haselnüsse grob hacken und über die Sahne streuen.
Das Müsli mit etwas Zitronenmelisse garnieren und sofort servieren.

Berechnung für 1 Portion Schlemmermüsli:
Eiweiß: 6,5 g   Fett: 17 g   KH: 38 g   BE: 3   KJ: 1383/Kcal: 331

Schlemmermüsli II

Für 1 Müsli:

40 g Weizen, mittelgrob
gemahlen
2 EL kaltes Wasser
60 g Apfel

60 g Mandarinen oder
Orange (ohne Schale
gewogen)
1—2 TL Joghurt
40 g Sahne
2 Walnußkerne

Zubereitungszeit: 15 Minuten
Einweichzeit: mindestens 30 Minuten

Den Weizen mindestens 30 Minuten im kalten Wasser
einweichen.
Den Apfel mit Schale reiben, Mandarine oder Orange in
kleine Stücke schneiden und zusammen mit dem Joghurt unter das Getreide mischen. Die Sahne steif schlagen und unter das Müsli heben. Die Walnüsse grob hakken und darüberstreuen.
Das Müsli sofort servieren.

Berechnung für 1 Portion Schlemmermüsli:
Eiweiß: 6,5 g   Fett: 17 g   KH: 38 g   BE: 3   KJ: 1383/Kcal: 331

Kleine Zwischenmahlzeiten

Für Diabetiker ist das Verteilen der Kohlenhydrate auf mehrere kleine Mahlzeiten unerläßlich, um größeren Blutzuckerschwankungen entgegenzuwirken.

Die verschiedenen Kohlenhydratgruppen werden — bezüglich ihrer Blutzuckerwirkung — jedem Diabetiker in seinem Diätplan individuell angepaßt.

Und nur innerhalb dieser Kohlenhydratgruppen können die verschiedenen Nahrungsmittel gegeneinander ausgetauscht werden. Das heißt: Obst kann nur gegen Obst, Milch, bzw. Milchprodukte sollten ebenfalls nur innerhalb ihrer Gruppe ausgetauscht werden und Brot kann gegen andere Brotsorten, Gebäck, aber auch Reis, Teigwaren, Kartoffeln und sämtliche Getreidesorten ausgetauscht werden.

Vorschläge für Zwischenmahlzeiten

aus Obst: Hierfür sollten Sie frisches Obst (evtl. auch tiefgekühltes) den Obstkonserven vorziehen.
Diese Obst-BE können auch als Obstsalat (s. Seite 76) oder Früchtequark verzehrt werden.

aus Milch/ Milchprodukten:	Rezepte für Zwischenmahlzeiten mit Milchprodukten finden Sie im folgenden Kapitel und bei den Desserts. Selbstverständlich eignen sich auch Milch/Milchprodukte »pur«, wie z. B. 250 g Buttermilch, 250 g Joghurt …
aus Brot:	Für Zwischenmahlzeiten aus Brot können Ihnen vielleicht die Rezepte aus dem Kapitel »Kernige Vollkornbrote und -brötchen« als Anregung dienen. Nachmittags zu einem Täßchen Kaffee können Sie anstatt des Brotes auch die entsprechende Menge Gebäck zu sich nehmen.
aus Obst und Brot:	1 BE Obst und 1 BE Brot sollten auch innerhalb ihrer Kohlenhydratgruppen ausgetauscht werden. In diesem Fall kann dafür z. B. 1 Müsli (mit 2 BE) oder 1 BE pikantes Gebäck (s. Seite 268) und 1 BE Obst gegessen werden.
aus Milch/ Milchprodukten und Brot:	Dafür können z. B. 250 g Buttermilch und 2 Scheiben Knäckebrot (s. Seite 295), oder 1 BE Milchshake (s. Seite 47) oder 1 Brioche (s. Seite 110) verzehrt werden.
aus Milch/ Milchprodukten und Obst:	Für diese Kombination finden Sie oben unter *Zwischenmahlzeiten aus Obst* und *Zwischenmahlzeiten aus Milch/ Milchprodukten* verschiedene Möglichkeiten.

Milchshake mit Früchten

Für 1 Portion:

180 g Milch (3,5 % Fett
oder Buttermilch)

Zubereitungszeit: 5 Minuten

50 g Erdbeeren
oder *50 g Himbeeren*
oder *35 g Brombeeren*
flüssiger Süßstoff

Die Milch oder Buttermilch im Mixer mit den Beeren verquirlen und mit flüssigem Süßstoff abschmecken. In hohen Gläsern gut gekühlt servieren.

Berechnung für 1 Portion Milchshake:
Eiweiß: 7 g   Fett: 6,5 g   KH: 12 g   BE: 1   KJ: 585/Kcal: 140

Knusperjoghurt

Für 1 Portion:

4 g Diabetiker- oder
Fruchtzucker

Zubereitungszeit: 10 Minuten

*1 TL feingehackte Nüsse
nach Wahl*
5 g Getreideflocken
125 g Joghurt (3,5 % Fett)

Den Diabetikerzucker mit den Nüssen und den Getreideflocken in einer trockenen Pfanne unter Rühren erhitzen, bis der Zucker sich löst und mit den Flocken und Nüssen verbindet.
Die Knuspermischung über den Joghurt streuen.

Berechnung für 1 Portion Knusperjoghurt:
Eiweiß: 5,5 g   Fett: 7,5 g   KH: 12 g   BE: 1   KJ: 589/Kcal: 141

Apfelsinendickmilch

Für 1 Portion:

1 Blatt weiße Gelatine
100 g Dickmilch (3,5 %
Fett)
5 g Diabetiker- oder
Fruchtzucker

30 g frisch gepreßter
Orangensaft
1 Msp geriebene Orangen-
schale
flüssiger Süßstoff

Zubereitungszeit: 10 Minuten
Kühlzeit: ca. 30 Minuten

Die Gelatine in kaltem Wasser quellen lassen.
Die Dickmilch mit dem Diabetikerzucker verrühren. Den
Orangensaft mit der Orangenschale in einem Kochtöpfchen erwärmen, jedoch nicht zum Kochen bringen. Die
Gelatine gut ausdrücken und im Orangensaft auflösen.
Unter ständigem Rühren die Orangensaft-Gelatine-Mi-
schung zur Dickmilch gießen. Die Apfelsinendickmilch
in den Kühlschrank stellen.
Sobald die Dickmilch zu stocken beginnt, diese mit dem
flüssigen Süßstoff abschmecken und mit dem Rührgerät
kurz zu einer glatten Creme aufschlagen. Die Apfelsinendickmilch in ein Schälchen füllen und bis zum Servieren kühl stellen.

Berechnung für 1 Portion Apfelsinendickmilch:
Eiweiß: 3,5 g   Fett: 3,5 g   KH: 12 g   BE: 1   KJ: 397/Kcal: 95

Variante: Anstatt Dickmilch kann auch dieselbe Menge
Joghurt oder Sauermilch genommen werden.

Schlemmermüsli I (Rezept S. 43) ▷

Flockenquark mit Beeren

Für 1 Portion:

100 g Magerquark
100 g Himbeeren oder
70 g Brombeeren oder
95 g Erdbeeren oder
75 g rote Johannisbeeren

evtl. 1 EL Milch
Zitronensaft
flüssiger Süßstoff
10 g Getreideflocken nach
Wahl

Zubereitungszeit: 5 Minuten

Den Quark mit den Himbeeren gut verrühren. Falls die Creme zu fest wird, 1 EL Milch darunterrühren. Den Früchtequark mit Zitronensaft und Süßstoff abschmekken.
Den Quark in ein Schälchen füllen und mit den Flocken bestreuen.

Berechnung für 1 Portion Flockenquark:
Eiweiß: 16 g   Fett: 1 g   KH: 16 g   BE: 1   KJ: 566/Kcal: 135

Tip: Anstatt Getreideflocken können Sie auch grobgeschrotetes Getreide (z. B. eine Sechskornmischung) unter den Quark rühren.

◁ *Französischer Apfelstrudel* (Rezept S. 63)

Süße Mehlspeisen

Süße Mehlspeisen aus frischem Obst und kerngesunden Zutaten können auch Diabetiker genießen.
Um die Mehlspeisen vollwertig abzurunden, davor einen Salatteller und evtl. noch eine Gemüsesuppe reichen.

Vollkorndampfnudeln

<u>Für 4 Portionen:</u>

100 g Milch (3,5 % Fett)
10 g Hefe
20 g Butter oder Reform-margarine
1½ Eigelb

190 g Weizenvollkorn-mehl
1 Prise Zimtpulver
1 Prise Vollmeersalz
½ TL flüssiger Süßstoff

Zum Übergießen:
50 g Milch (3,5 % Fett)

Zubereitungszeit: 35 Minuten
Teigruhe: 70—80 Minuten
Backzeit: 35—40 Minuten

Die Milch auf Handwärme erhitzen (ca. 37 °C). Die Hefe und die Butter darin auflösen. Das Eigelb unter die Milchmischung rühren.

Das Weizenvollkornmehl zusammen mit der Milchmischung, dem Zimtpulver, dem Salz und dem Süßstoff ca. 5 Minuten zu einem glatten Teig verkneten. Den Hefeteig mit einem feuchten Tuch abdecken und an einem warmen Ort gehen lassen bis sich sein Volumen verdoppelt hat (45—50 Minuten). Eine kleine Auflaufform gut ausfetten.

Den Hefeteig kurz durchkneten und zu 8 Kugeln à 40 g formen. Die Kugeln in die Auflaufform legen und mit einem feuchten Tuch bedeckt in Herdnähe 25—30 Minuten gehen lassen.

Den Backofen auf 200 °C vorheizen. Die restliche Milch etwas erwärmen (Handwärme) und über die Teigkugeln gießen. Die Auflaufform mit Alufolie abdecken und auf der zweituntersten Schiene in den Backofen schieben. Die Dampfnudeln bei 200 °C 35—40 Minuten hellbraun backen. Vorsicht beim Entfernen der Alufolie, denn dabei entweicht heißer Dampf!

Die Dampfnudeln noch heiß mit einer Vanillesauce (s. Seite 75) servieren.

Berechnung für 1 Portion Dampfnudeln (2 Stück):
Eiweiß: 8 g   Fett: 8,5 g   KH: 30 g   BE: 2,5   KJ: 971/Kcal: 232

Berechnung für das ganze Rezept (4 Portionen):
Eiweiß: 32 g   Fett: 34,5 g   KH: 122 g   BE: 10   KJ: 3886/Kcal: 929

Statt Butter können Sie in allen Rezepten auch Reformmargarine verwenden.

Sauerkirschauflauf

Dieser Sauerkirschauflauf bietet sich an zur Verwertung von trockenen Brotresten. Besonders Roggenvollkornbrot gibt diesem Auflauf einen herzhaften Geschmack. Sie sollten dafür die trockenen Brotreste im Mixer mittelfein mahlen.

Für 1 Portion (Auflaufform, ca. 10 cm Ø, 6 cm hoch):

10 g grobgemahlene Haselnüsse
20 g Vollkornbrösel
1 Msp Backpulver
10 g weiche Butter
12 g Diabetiker- oder Fruchtzucker
1 Eigelb
1 EL Milch

½ TL Kakaopulver
1 Msp Zimtpulver
1 Msp Orangenschale
½ TL Kirschwasser (nach Belieben)
1 Eiweiß
60 g Sauerkirschen (Glas, mit Süßstoff eingemacht oder frisch, mit Süßstoff abgeschmeckt und leicht gedünstet), gut abgetropft
evtl. flüssiger Süßstoff

Zubereitungszeit: 30 Minuten
Backzeit: ca. 35 Minuten

Die Haselnüsse in einer trockenen Pfanne leicht anrösten, dann abkühlen lassen.
Eine Suppentasse oder kleine Auflaufform ausfetten. Den Backofen auf 180 °C vorheizen.
Haselnüsse, Vollkornbrösel und Backpulver mischen. Die Butter mit dem Diabetikerzucker cremig rühren. Nach und nach das Eigelb, die Milch, die Gewürze und das Kirschwasser dazugeben.
Das Eiweiß steif schlagen und zusammen mit der Mehlmischung und den Sauerkirschen unter den Teig heben. Die Auflaufmasse evtl. mit Süßstoff nachsüßen und in die Form füllen.

Den Sauerkirschauflauf ca. 35 Minuten bei 180 °C bakken und sogleich servieren.

Berechnung für 1 Portion Sauerkirschauflauf:
Eiweiß: 10 g   Fett: 20,5 g   KH: 32 g   BE: 2,5   KJ: 1482/Kcal: 355

Früchtereis

Um die Garzeit des Milchreises um etwa 10 Minuten zu verkürzen, können Sie ihn 2 Stunden vor dem Kochen in kaltem Wasser einweichen. Dann das Wasser abgießen und den Reis in die Milch schütten.

<u>Für 1 Portion (1 Auflauf-förmchen 10 cm Ø, ca. 6 cm Höhe):</u>

Fruchtfüllung:
70 g entsteinte Aprikosen oder *80 g entsteinte Pfirsiche*
2 g Diabetiker- oder Fruchtzucker
½ EL Weißwein oder Wasser

Milchreis:
180 g Milch (3,5 % Fett)
¼ TL Zitronenschale
1 Msp Vanillepulver
35 g Naturreis »Rundkorn« (vor dem Einweichen wiegen)
10 g Butter oder Reform-margarine, zimmerwarm
4 g Diabetiker- oder Fruchtzucker
1 Eigelb
1 Eiweiß
flüssiger Süßstoff

Zubereitungszeit: 30 Minuten
Garzeit des Reises: ca. 30 Minuten (mit Einweichen)
                    ca. 40 Minuten (ohne Einweichen)
Backzeit: 25—30 Minuten

Die Früchte kurz in heißes Wasser legen und die Haut abziehen. Die Früchte mit dem Fruchtzucker und dem

Weißwein 2—3 Minuten auf kleiner Flamme dünsten, dann abkühlen lassen.

Die Milch mit der Zitronenschale und der Vanille aufkochen. Den Reis hinzufügen. Den Milchreis bei milder Hitze 20—30 Minuten köcheln lassen. Während der letzten 10 Minuten den Reis bei abgeschalteter Herdplatte ausquellen, dann abkühlen lassen.

Inzwischen die Auflaufform gut ausfetten. Den Backofen auf 200°C vorheizen.

Die Butter mit dem Fruchtzucker cremig rühren, nacheinander das Eigelb und den Reis darunterarbeiten. Die Früchte würfeln und mit der Kochflüssigkeit unter die Reismasse mischen. Das Eiweiß steif schlagen und leicht unter den Früchtereis ziehen. Die Masse mit Süßstoff abschmecken, in die Form füllen und bei 200°C 25—30 Minuten backen.

Den Früchtereis in der Auflaufform servieren.

Berechnung für 1 Portion Früchtereis:
Eiweiß: 14,5 g   Fett: 14,5 g   KH: 48 g   BE: 4   KJ: 1836/Kcal: 369

Variante: Sie können die Fruchtfüllung auch gegen die entsprechende Menge Dunstfrüchte (aus dem Glas, mit Süßstoff gesüßt) austauschen. In diesem Fall stehen Ihnen dann 6 g Diabetiker- oder Fruchtzucker für den Milchreis zur Verfügung.

Quarkauflauf mit Äpfeln

Dieser Auflauf kann sehr gut in Einzelportionen zubereitet werden. Hierfür eignen sich Keramikförmchen (10 cm Ø, ca. 6 cm Höhe) oder feuerfeste Glasförmchen besonders gut, da Sie in diesen den Auflauf gleich auf den Tisch bringen können.

Für 1 Portion (1 Auflauf-förmchen:

Füllung:
100 g geschälte, entkernte Äpfel
2 g Diabetiker- oder Fruchtzucker
1 EL trockener Weißwein oder Orangensaft

Quarkmasse:
10 g weiche Butter
10 g Diabetiker- oder Fruchtzucker
1 Eigelb
100 g Magerquark
20 g Weizenvollkornmehl
1/4 TL Zitronenschale
1 Msp Backpulver
1 Eiweiß
flüssiger Süßstoff

Zubereitungszeit: 30 Minuten
Backzeit: 40—45 Minuten

Die Äpfel in ½ cm dicke Spalten schneiden und mit dem Fruchtzucker und dem Weißwein 5—7 Minuten bei milder Hitze weich dünsten, dann abkühlen lassen. Den Backofen auf 180°C vorheizen.
Die Butter mit dem Fruchtzucker schaumig rühren. Nacheinander das Eigelb und den Magerquark darunterarbeiten. Das Weizenvollkornmehl mit der Zitronenschale und dem Backpulver mischen. Das Eiweiß steif schlagen. Die Hälfte des Eischnees zusammen mit der Mehlmischung unter die Quarkcreme ziehen. Den restlichen Eischnee leicht unter den Teig heben. Mit Süßstoff nachsüßen.
Das Auflaufförmchen ausfetten. Die Hälfte der Äpfel auf dem Boden der Form verteilen. Eine Schicht Teig dar-

überstreichen, die 2. Hälfte der Äpfel darauflegen und mit dem restlichen Teig bedecken.
Den Quarkauflauf bei 180 °C 40—45 Minuten goldbraun backen und sofort servieren.

Berechnung für 1 Portion Quarkauflauf mit Äpfeln:
Eiweiß: 21,5 g   Fett: 14,5 g   KH: 40 g   BE: 3   KJ: 1581 / Kcal: 378

Topfenpalatschinken

Für 1 Portion (2 gefüllte Pfannkuchen):

Pfannkuchen:
20 g Dinkel- oder Weizen-vollkornmehl
1 Ei
30 g Milch (3,5 % Fett)
1 EL Wasser
1 Prise Vollmeersalz

Zum Ausbacken:
5 g Butterschmalz oder Pflanzenöl

Füllung:
60 g Quark (20 % Fett)
25 g Diabetikermarmelade (Orange oder Aprikose)

Guß:
25 g Sauerrahm (10 % Fett)
½ Ei
6 g Diabetiker- oder Fruchtzucker
1 TL Rum (nach Belieben)

Zubereitungszeit: 30 Minuten
Teigruhe: 30 Minuten
Backzeit: 25—30 Minuten

Die Zutaten für die Pfannkuchen gründlich verrühren und 30 Minuten quellen lassen.
Wenig Fett in die heiße Pfanne geben. Den Teig nochmals kurz durchrühren und 2 Pfannkuchen davon bakken. Die Pfannkuchen auf dem Kuchengitter auskühlen lassen.

Den Backofen auf 180°C vorheizen. Quark und Marmelade verrühren und die Pfannkuchen gleichmäßig damit
bestreichen. Die Pfannkuchen einschlagen, aufrollen
und in eine genügend große gefettete Auflaufform legen.
(Zur Not geht auch ein Suppenteller).
Die Zutaten für den Guß verquirlen, über die Pfannkuchen gießen und diese 25—30 Minuten bei 180°C goldbraun backen.

Berechnung für 1 Portion Topfenpalatschinken (2 Stück):
Eiweiß: 19,5 g   Fett: 18,5 g   KH: 34,5 g   BE: 2,5   KJ: 1619/Kcal: 387

Tip: Diese Pfannkuchen sind sehr kohlenhydratarm und
können auch pikant gefüllt werden, z. B. mit einer
– Champignonfüllung und Parmesan oder mit
– Spinatfüllung und einer Käsesauce überbacken oder
  mit
– Lauch gefüllt und einer Tomatensauce und Reibekäse
  gratiniert.
– Oder kleingeschnitten als Suppeneinlage.

Wichtig: 1 Pfannkuchen (nach obigem Rezept) entspricht
½ BE!

Quarkknödel mit Bröselbutter

<u>Für 1 Portion (3 Knödel):</u>

Knödel:
125 g sehr trockener
Magerquark (durch ein
Tuch ausdrücken)
½ Eigelb
1 Msp Vollmeersalz
1 Prise Muskatnuß,
gemahlen
30 g Vollkornsemmel-
brösel
½ Eiweiß

1 Msp Zimtpulver
einige Tropfen Zitronen-
saft
flüssiger Süßstoff
50 g entsteinte Pflaumen

Brösel:
6 g Diabetikerzucker
1 Msp Zimtpulver
20 g Butter
10 g Vollkornsemmel-
brösel
2 EL Milch

Kompott:
50 g Wasser

Zubereitungszeit: 35 Minuten
Teigruhe: 60 Minuten
Garzeit: 10—12 Minuten

Den Quark mit dem Eigelb, dem Salz, dem Muskat und
den Semmelbröseln gründlich verrühren, dann 1 Stunde
quellen lassen.
Inzwischen für das Kompott das Wasser mit Zimt, Zitronensaft und Süßstoff abschmecken und zum Kochen
bringen. Die Pflaumen vierteln und in der Flüssigkeit
dünsten, bis sie weich sind. Die Kompottflüssigkeit soll
dabei leicht sämig werden.
In einem kleinen Töpfchen Wasser zum Kochen bringen.
Das Eiweiß steif schlagen und vorsichtig unter die Quarkmasse heben. Mit nassen Händen 3 Knödel à 60 g formen. Die Knödel im siedenden Wasser (das Wasser darf
nicht kochen!) so lange ziehen lassen, bis sie an die Oberfläche steigen (ca. 10—12 Minuten).

Zwischenzeitlich die Bröselbutter vorbereiten. Diabetikerzucker und Zimt mischen. Die Butter in einer kleinen Pfanne leicht bräunen, die Semmelbrösel darunterrühren, danach die Milch den Bröseln hinzufügen und schnell untermischen.
Die Quarkknödel mit einer Schaumkelle aus dem Wasser heben und sofort in der Bröselbutter wälzen. Die Quarkknödel gleichmäßig mit dem Zimtzucker bestreuen und sofort mit dem Pflaumenkompott servieren.

Berechnung für das ganze Rezept:
Eiweiß: 24,5 g Fett: 20 g KH: 41 g BE: 3 KJ: 1868/Kcal: 446

Variante: Quarkknödel mit Rhabarberkompott

Hierfür 100 g in 2 cm lange Stücke geschnittenen Rhabarber mit 1 EL trockenem Rotwein, 6 g Diabetiker- oder Fruchtzucker, Zimt und Zitronenschale weich dünsten.

Schwäbische Apfelküchle

<u>Für 1 Portion (ca. 6 Stück):</u>

30 g Weizenvollkornmehl
1 Ei
30—40 g Milch
1 Apfel, geschält und das
Kerngehäuse ausgestochen
(100—110 g schwer)

Zimtpulver
flüssiger Süßstoff

Zum Braten:
10 g Pflanzenfett oder
Butterschmalz

Zubereitungszeit: 35 Minuten
Quellzeit: 30 Minuten

Das Weizenvollkornmehl mit dem Ei verrühren und soviel Milch hinzufügen, daß ein dickflüssiger Teig entsteht. Diesen 30 Minuten quellen lassen.
Inzwischen den Apfel in 5—6 etwa 1 cm breite Ringe

schneiden. Die Apfelringe mit wenig Zimt bestreuen und
etwas Süßstoff daraufträufeln.
Das Pflanzenfett erhitzen. Die Apfelscheiben nacheinander mit einer Gabel in den Teig tauchen, so daß sie gut
bedeckt sind und in der Pfanne bei mittlerer Hitze goldbraun braten. (Falls noch etwas Teig übrig bleibt, einfach
einen kleinen Pfannkuchen daraus backen.) Die Apfelküchle sofort servieren.

Berechnung für 1 Portion Apfelküchle:
Eiweiß: 10 g   Fett: 26 g   KH: 32 g   BE: 2,5   KJ: 1338/Kcal: 320

Tip: Zu den Apfelküchle schmeckt eine Vanillesauce (s.
Seite 75) ganz lecker.

Elsässer Apfeltarte

Ein schlichter, doch sehr delikater Kuchen! Aus einem
knusprigen Mürbeteig, belegt mit saftigen Apfelspalten,
kurz bei starker Hitze gebacken, schmeckt er vorzüglich,
z. B. nach einem leichten Gemüseeintopf, noch warm
serviert.

Für 1 Springform 26 cm Ø:

Mürbeteig:
*170 g Weizenvollkorn-
mehl
100 g kalte Butter oder
Reformmargarine
12 g Diabetiker- oder
Fruchtzucker
1 Prise Vollmeersalz*

Belag:
*300 g geschälte, säuerliche
Äpfel (z. B. Boskop)
Saft von 1/2 Zitrone
30 g Diabetiker- oder
Fruchtzucker
20 g Butter oder Reform-
margarine*

Zubereitungszeit: 25 Minuten
Teigruhe: 30 Minuten
Backzeit: 15—20 Minuten

Butter klein würfeln und mit dem Weizenvollkornmehl, dem Fruchtzucker und dem Salz rasch zu einem Mürbeteig verkneten. In Pergamentpapier verpackt, 30 Minuten in den Kühlschrank legen.

Die Äpfel halbieren, entkernen, in schmale Spalten schneiden und mit Zitronensaft beträufeln. Eine Springform leicht ausfetten. Den Backofen auf 250°C vorheizen.

Den Mürbeteig zwischen Pergamentpapier oder Folie ausrollen und damit die Springform mit einem 1 cm hohen Rand auskleiden. Die Äpfel darauf dachziegelartig anordnen, so daß sich ein hübsches Bild ergibt.

Die Butter schmelzen und den Fruchtzucker darin auflösen. Die Apfelspalten damit einstreichen. Bei 250°C den Kuchen 15—20 Minuten backen.

Die Apfeltarte in 10 gleichmäßige Stücke schneiden.

Berechnung für 1,5 BE Apfeltarte ($^1/_{10}$ Rezept):
Eiweiß: 2 g   Fett: 10 g   KH: 18 g   BE: 1,5   KJ: 729/Kcal: 174

Berechnung für die ganze Apfeltarte:
Eiweiß: 21 g   Fett: 103 g   KH: 180 g   BE: 15   KJ: 7296/Kcal: 1744

Strudelteig-Grundrezept

Süß gefüllte Strudel nach einem Gemüseeintopf ersetzen bei uns öfter einmal das Mittagessen. Dazu paßt eine Vanillesauce (s. Seite 75) ganz ausgezeichnet.

Damit der Strudelteig weich und elastisch wird, sollten Sie das Vollkornmehl durchsieben und 50 g Kleie zurückbehalten. Diese wird unter die Füllung gemischt und gibt ihr eine leichte Bindung.

Außerdem ist es sehr wichtig, daß der Strudelteig während der Ruhezeit nicht austrocknet: Den Teig dünn mit Sonnenblumenöl bestreichen und unter einen angewärmten Topf legen.

Strudel läßt sich gebacken oder ungebacken bis zu 4 Monaten einfrieren. Ungebackenen Strudel vor dem Backen auftauen lassen. Gebackenen Strudel bei 175°C im vorgeheizten Backofen 15—20 Minuten aufbacken.

<u>Für 1 Strudel:</u>

250 g Weizenvollkorn-
mehl
50 g zerlassene Butter
80 g Wasser

1 TL Obstessig
½ TL Sonnenblumenöl

Zum Ausrollen:
10 g Weizenvollkornmehl

Zubereitungszeit: 20 Minuten
Teigruhe: 30 Minuten

Das Weizenvollkornmehl durchsieben und 50 g Kleie zurückbehalten. Das Mehl, die zerlassene Butter, das Wasser und den Obstessig in die Küchenmaschine geben und 10 Minuten kneten. Der Teig soll weich (nicht klebrig) und elastisch sein.

Den Strudelteig mit Sonnenblumenöl dünn bestreichen und 30 Minuten unter einem angewärmten Kochtopf ruhen lassen. Den Teig den jeweiligen Rezepten entsprechend weiterverarbeiten. Ein sauberes Küchen- oder Leintuch zum Auswellen des Strudels mit Mehl bestreuen.

Berechnung für das Strudelteig-Grundrezept:
Eiweiß: 30 g   Fett: 47 g   KH: 157 g   BE: 13   KJ: 4882/Kcal: 1167

Französischer Apfelstrudel

(Foto Seite 49)

Für 1 Strudel:

1 Rezept Strudelteig nach
dem Grundrezept

Füllung:
440 g Äpfel (geschält und
entkernt gewogen)
30 g Butter
30 g Diabetiker- oder
Fruchtzucker

Schale von 1 Zitrone
½ TL Zimtpulver
1 EL Rum (nach Belieben)
evtl. flüssiger Süßstoff

Zum Bestreichen:
10 g zerlassene Butter

Zum Überstäuben:
12 g Diabetikerzucker

Zubereitungszeit: 70 Minuten
Teigruhe: 30 Minuten
Backzeit: 40—45 Minuten

Den Strudelteig zubereiten und 30 Minuten unter einem
angewärmten Topf ruhen lassen.
Zwischenzeitlich für die Füllung die Äpfel mit einem
Gurkenhobel raspeln. Die Butter in einer Pfanne schmelzen und die Apfelscheiben kurz darin andünsten. Die
ausgesiebte Kleie, den Fruchtzucker, die Zitronenschale und den Rum unter die Äpfel mischen. Die Füllung
eventuell mit dem Süßstoff noch etwas nachsüßen, dann
abkühlen lassen.
Eine flache feuerfeste Form gut ausfetten. Den Backofen
auf 220°C vorheizen.
Ein Küchentuch mit Mehl bestäuben und darauf den
Strudelteig so dünn wie möglich zu einem Rechteck auswellen. Die Füllung gleichmäßig auf dem Teig verteilen,
dabei an den Rändern 1 cm aussparen. Den Strudel
durch Anheben des Tuches von der Längsseite her zu-
sammenrollen und vorsichtig in die Form heben. Den

Apfelstrudel mit der zerlassenen Butter einpinseln und bei 220°C 40—45 Minuten hellbraun backen.
Den gebackenen Apfelstrudel gleichmäßig durch ein Sieb mit dem Diabetikerzucker bestäuben, in 10 gleich große Stücke schneiden und sofort servieren.

Berechnung für 1 Stück französischer Apfelstrudel ($^1/_{10}$ Rezept):
Eiweiß: 3 g   **Fett:** 8 g   **KH:** 25 g   **BE:** 2   **KJ:** 780/**Kcal:** 186

Berechnung für den ganzen Apfelstrudel:
Eiweiß: 31,5 g   **Fett:** 81,5 g   **KH:** 251,5 g   **BE:** 20   **KJ:** 7803/**Kcal:** 1865

Tip: Köstlich dazu: Eine Vanillesauce (Rezept s. Seite 75).

Kirschstrudel

Für 1 Strudel:

1 Rezept Strudelteig
nach dem Grundrezept
(s. Seite 61)

Füllung:
460 g Sauerkirschen, frisch
oder tiefgefroren
24 g Diabetiker- oder
Fruchtzucker

Schale von $^1/_2$ Zitrone
Schale von $^1/_2$ Orange
$^1/_2$ TL Zimtpulver
flüssiger Süßstoff

Zum Bestreichen:
10 g zerlassene Butter

Zum Überstäuben:
12 g Diabetikerzucker

Zubereitungszeit: 75 Minuten
Teigruhe: 30 Minuten
Backzeit: 40—45 Minuten

Den Strudelteig zubereiten und 30 Minuten unter einem angewärmten Topf ruhen lassen.
Für die Füllung die Sauerkirschen entsteinen. Die Kirschen zusammen mit dem Fruchtzucker, dem Zimt, der

Zitronen- und Orangenschale kurz dünsten, so daß die Flüssigkeit dabei verdampft. Die ausgesiebte Kleie unter die Kirschen mischen und auskühlen lassen. Die Füllung mit dem Süßstoff abschmecken.

Eine flache feuerfeste Form gut ausfetten. Den Backofen auf 220°C vorheizen. Ein Küchentuch mit Mehl bestäuben und darauf den Strudelteig zu einer hauchdünnen, rechteckigen Teigplatte auswellen. Die Kirschfüllung gleichmäßig auf dem Teig verteilen, dabei an den Rändern 1 cm aussparen. Den Strudel durch Anheben des Küchentuches von der Längsseite her aufrollen und vorsichtig in die Form legen. Den Kirschstrudel mit der zerlassenen Butter bestreichen und bei 220°C 40—45 Minuten hellbraun backen.

Mit einem Sieb den Diabetikerzucker gleichmäßig über den Kirschstrudel streuen. Den Strudel in 10 gleich große Stücke schneiden und sofort servieren.

Berechnung für 1 Stück Kirschstrudel (¹/₁₀ Rezept):
Eiweiß: 3,5 g   Fett: 5,5 g   KH: 24 g   BE: 2   KJ: 663/Kcal: 158

Berechnung für den ganzen Kirschstrudel:
Eiweiß: 35 g   Fett: 56 g   KH: 241 g   BE: 20   KJ: 6631/Kcal: 1586

Rhabarberstrudel

Für 1 Strudel:

1 Rezept Strudelteig
nach dem Grundrezept
(s. Seite 61)

Füllung:
40 g Walnußkerne
500 g Rhabarber
60 g Diabetiker- oder
Fruchtzucker

30 g trockener Weißwein
oder Wasser
Schale von 1 Orange
1 Msp Zimtpulver
flüssiger Süßstoff

Zum Bestreichen:
10 g zerlassene Butter

Zum Überstäuben:
12 g Diabetikerzucker

Zubereitungszeit: 80 Minuten
Teigruhe: 30 Minuten
Backzeit: 40—45 Minuten

Den Strudelteig zubereiten und 30 Minuten unter einem angewärmten Topf ruhen lassen.
Inzwischen für die Füllung die Walnüsse hacken und in einer trockenen Pfanne leicht anrösten, dann abkühlen lassen. Den Rhabarber in 1 cm lange Stücke schneiden und mit dem Fruchtzucker, dem Weißwein, der Orangenschale und dem Zimt kurz dämpfen (der Rhabarber soll dabei nicht zerfallen). Die ausgesiebte Kleie und die Walnüsse daruntermischen und mit Süßstoff abschmekken. Die Füllung abkühlen lassen.
Eine feuerfeste, flache Form gut ausfetten. Den Backofen auf 220°C vorheizen.
Ein Küchentuch mit Mehl bestäuben und darauf den Strudelteig zu einer hauchdünnen, rechteckigen Teigplatte auswellen. Die Füllung gleichmäßig auf dem Teig verteilen, dabei an den Rändern 1 cm aussparen. Den Strudel durch Anheben des Küchentuches von der Längsseite her aufrollen und vorsichtig in die Form heben. Den Rhabarberstrudel mit der zerlassenen Butter bestreichen und bei 220°C 40—45 Minuten hellbraun backen.

Den Rhabarberstrudel mit dem Diabetikerzucker (durch ein Sieb) gleichmäßig bestäuben und sofort servieren. Mit einem scharfen Messer in 10 gleich große Stücke teilen.

Berechnung für 1 Stück Rhabarberstrudel (¹/₁₀ Rezept):
Eiweiß: 4 g   Fett: 8 g   KH: 24 g   BE: 2   KJ: 737/Kcal: 182

Berechnung für den ganzen Rhabarberstrudel:
Eiweiß: 38,5 g   Fett: 79 g   KH: 238 g   BE: 20   KJ: 7377/Kcal: 1830

Köstliches zum Dessert

Luftig leichte Desserts aus Milchprodukten, frischen Früchten, Nüssen und natürlichen Gewürzen schmecken und sind bekömmlich.
Diese Dessertrezepte eignen sich auch als Zwischenmahlzeit.

Bei Übergewicht: Um Kalorien einzusparen, bei den jeweiligen Rezepten unbedingt den 20 %igen Quark gegen Magerquark und den 3,5 %igen Joghurt gegen fettarmen Joghurt austauschen.

Erfrischendes Apfeldessert

Für 1 Portion:

60 g Apfel mit Schale (rotschalige Sorte)
6 g Diabetiker- oder Fruchtzucker

1 EL Weißwein oder Orangensaft, frisch gepreßt
$\frac{1}{2}$ TL Orangenschale
2 TL Zitronensaft
70 g Quark (20 % Fett)

Zubereitungszeit: 15 Minuten
Kochzeit: ca. 10 Minuten

Den Apfel in dünne Spalten schneiden. Die Apfelspalten mit dem Fruchtzucker, dem Wein, der Orangenschale

und dem Zitronensaft in ein Kochtöpfchen geben und bei milder Hitze in ca. 10 Minuten weich dünsten, dann abkühlen lassen.
Ein Apfelschnitzchen als Garnitur beiseite legen. Die restlichen Äpfel pürieren und mit dem Quark verrühren. Das Apfeldessert in ein Glasschälchen füllen und mit dem Apfelschnitzchen garnieren.

Berechnung für 1 Portion Apfeldessert:
Eiweiß: 9 g   Fett: 4 g   KH: 14,5 g   BE: 1   KJ: 556/Kcal: 133

Tip: Farblich sehr schön wird dieses Dessert, wenn Sie es mit Pistazienkrümeln bestreuen.

Schokoladencreme

<u>Für 1 Portion:</u>

1 Blatt weiße Gelatine
125 g Milch (3,5 % Fett)
1 Msp Vanillepulver
6 g Diabetiker- oder Fruchtzucker

5 g Kakaopulver
flüssiger Süßstoff

Zum Garnieren:
1 Sahnerosette
(s. Seite 70)

Zubereitungszeit: 10 Minuten
Kühlzeit: ca. 30 Minuten

Die Gelatine in kaltem Wasser quellen lassen.
Die Milch mit der Vanille, dem Diabetikerzucker und dem Kakao verrühren und aufkochen. Dabei ab und zu umrühren. Die kochende Milch vom Herd nehmen und etwas abkühlen lassen. Die Gelatine gut ausdrücken und unter die heiße Milch rühren. Die Schokoladenmilch in den Kühlschrank stellen.
Sobald die Schokoladenmilch zu gelieren beginnt, diese mit dem Süßstoff abschmecken und mit dem Rührgerät kurz zu einer glatten Creme aufschlagen. Die Schokola-

dencreme in ein Dessertschälchen füllen und kühl stellen.
Vor dem Servieren die Schokoladencreme mit einer Sahnerosette garnieren.

Berechnung für 1 Portion Schokoladencreme:
Eiweiß: 5,5 g   Fett: 5 g   KH: 13,5 g   BE: 1   KJ: 590/Kcal: 141

Pflaumenröster mit Zimtsahne

Zu diesem würzig abgeschmeckten Pflaumenkompott gehört unbedingt ein Klacks Schlagsahne. Ein Tip, damit Sie ohne großen Aufwand Desserts mit kleinsten Schlagsahnemengen (ca. 8 g) garnieren können: Schlagen Sie 100 g Sahne steif und spritzen Sie diese in 10—12 walnußgroße Rosetten auf ein mit Alufolie belegtes Brettchen. Die Sahnerosetten einfrieren und bei Bedarf einzeln herausnehmen.

Für 1 Portion:

80 g entsteinte Pflaumen
1 EL Wasser
2 g Diabetiker- oder
Fruchtzucker

1 Msp Orangenschale
1 Prise Zimtpulver
3—4 Tropfen Cognac
(nach Belieben)
1 Sahnerosette (s. oben)
1 Prise Zimtpulver

Zubereitungszeit: 10 Minuten
Kochzeit: 3—5 Minuten

Die Pflaumen der Länge nach vierteln und zusammen mit dem Wasser, dem Fruchtzucker, der Orangenschale und dem Zimtpulver 3—5 Minuten bei milder Hitze dünsten, dann abkühlen lassen.
Das Pflaumenkompott mit dem Cognac abschmecken und in einem Glasschälchen anrichten. Den Pflaumenrö-

ster mit der Sahne garnieren und diese mit dem Zimtpulver bestäuben.

Berechnung für 1 Portion Pflaumenröster mit Zimtsahne:
Eiweiß: 0,5 g   Fett: 3 g   KH: 12 g   BE: 1   KJ: 382/Kcal: 80

Variante: Sehr lecker schmeckt auch Aprikosenkompott mit Zimtsahne. Dafür 100 g entsteinte Aprikosen mit 1 EL Weißwein und 2 g Fruchtzucker weich dünsten. Mit Zimt abschmecken und mit einer Sahnerosette garnieren. Die Kohlenhydratberechnung bleibt die gleiche wie bei Pflaumenröster.

Zitronenspeise

Für 1 Portion:

1/2 Eiweiß
6 g Diabetiker- oder Fruchtzucker
60 g Quark (20 % Fett)

1/4 TL Zitronenschale
1—2 TL Zitronensaft

Als Garnitur:
1 Zitronenscheibe (1/2 cm dick)

Zubereitungszeit: 10 Minuten

Das Eiweiß steif schlagen, dann den Diabetikerzucker hineinrieseln lassen und den Eischnee weiterschlagen bis sich der Zucker gelöst hat.
Den Eischnee behutsam unter den Quark heben. Die Quarkcreme mit Zitronenschale und -saft abschmecken und in ein Glasschälchen füllen.
Für die Garnitur die Zitronenscheibe achteln. Fünf Zitronenachtel auf der Zitronenspeise zu einem Stern anordnen. Die Zitronenspeise gut gekühlt servieren.

Berechnung für 1 Portion Zitronenspeise:
Eiweiß: 9,5 g   Fett: 3 g   KH: 8 g   BE: 0,5   KJ: 410/Kcal: 98

Feine Vanillecreme

Diese Vanillecreme läßt sich sehr vielseitig verwenden und mannigfach abwandeln. Sehr gerne biete ich diese Creme zum Dessert an. Mit Kakao, gerösteten Nüssen und Mandeln können Sie die Vanillecreme immer wieder neu variieren.
Diese Creme eignet sich auch für Gebäck: Ob auf einem Mürbeteig als Bett für die Früchte oder, mit geschlagener Sahne unterzogen, als Füllung für Biskuittorten und süße Schnitten (z.B. Bienenstich).
Und zu guter Letzt kann diese Vanillecreme natürlich auch zur Vanillesauce »verflüssigt« werden.

Feine Vanillecreme, als Dessert

Für 4 Portionen:

3 Blatt weiße Gelatine
½ TL Vanillepulver
250 g Milch (3,5 % Fett)

3 Eigelb
36 g Diabetiker- oder
Fruchtzucker
1½ Eiweiß

Zubereitungszeit: 15 Minuten

Die Gelatine in kaltem Wasser quellen lassen. Zwischenzeitlich die Milch mit der Vanille aufkochen. Die Eigelb mit dem Fruchtzucker cremig schlagen. Dann die heiße Milch langsam zur Eiercreme gießen. Alles zurück in den Topf schütten und auf kleiner Flamme unter ständigem Rühren erhitzen, bis die Creme dicklich wird. Nicht kochen lassen! Den Topf vom Herd nehmen. Die Gelatine ausdrücken und unter die Vanillecreme rühren. Diese abkühlen lassen.
Sobald die Creme zu gelieren beginnt, das Eiweiß steif schlagen und darunterziehen.

Die Vanillecreme in 4 Dessertgläser verteilen und evtl. mit frischen Früchten garnieren.

Berechnung für 1 Portion Vanillecreme (¹/₄ Rezept):
Eiweiß: 4 g   Fett: 6 g   KH: 12 g   BE: 1   KJ: 495/Kcal: 118

Berechnung für das ganze Rezept Vanillecreme:
Eiweiß: 16 g   Fett: 24 g   KH: 48 g   BE: 4   KJ: 1983/Kcal: 474

Vanillecreme zum Füllen für Kuchen und Torten

3 Blatt weiße Gelatine
250 g Milch (3,5 % Fett)
¹/₂ TL Vanillepulver

3 Eigelb
36 g Diabetiker- oder
Fruchtzucker

Zubereitungszeit: 15 Minuten

Die Gelatine in kaltem Wasser quellen lassen.
Zwischenzeitlich die Milch mit der Vanille aufkochen. Die Eigelb mit dem Fruchtzucker cremig schlagen. Dann die heiße Milch langsam zur Eiercreme gießen. Alles zurück in den Topf geben und auf kleiner Flamme unter ständigem Rühren erhitzen, bis die Creme dicklich wird. Den Topf vom Herd nehmen. Die Gelatine ausdrücken und unter die Vanillecreme rühren.
Die Vanillecreme in kaltes Wasser stellen, dabei die Creme ab und zu umrühren, damit sich keine Haut bildet. Die Creme den jeweiligen Rezepten entsprechend weiterverarbeiten.

Berechnung für 1 Rezept Vanillecreme:
Eiweiß: 16 g   Fett: 24 g   KH: 48 g   BE: 4   KJ: 1983/Kcal: 474

Kiwigrützchen
mit geeister Johannisbeersauce

(Foto Seite 96)

Für 2 Portionen:

Kiwigrützchen:
120 g geschälte Kiwi
6 g Diabetiker- oder
Fruchtzucker
2 EL kaltes Wasser
3 g Agar-Agar
1 EL kaltes Wasser
flüssiger Süßstoff

Johannisbeersauce:
100 g Joghurt (3,5 % Fett)
30 g gefrorene rote
Johannisbeeren
flüssiger Süßstoff

Als Garnitur:
2 Scheiben Kiwi
einige rote Johannisbeeren

Zubereitungszeit: 40 Minuten
Kühlzeit: 2 Stunden

Die Kiwi mit dem Diabetikerzucker und den 2 EL Wasser im Mixer pürieren. Agar-Agar in 1 EL Wasser auflösen und unter die Kiwi rühren. Das Kiwipüree aufkochen und 1 Minute köcheln lassen.
Die Masse mit Süßstoff abschmecken, in zwei kalt ausgespülte kleine Förmchen oder Mokkatassen füllen und für 2 Stunden kalt stellen.
Die Kiwigrützchen kurz in heißes Wasser tauchen und auf einem Dessertteller stürzen.
Für die Johannisbeersauce den Joghurt mit den gefrorenen Johannisbeeren im Mixer verquirlen, mit Süßstoff abschmecken und neben die Grützchen geben.
Für die Garnitur aus den Kiwischeiben Rosetten ausstechen (mit Plätzchenausstecher), auf die Grützchen legen und das Dessert mit den restlichen Johannisbeeren dekorieren.

Berechnung für 1 Portion Kiwigrützchen mit Johannisbeersauce:
Eiweiß: 2,5 g   Fett: 2 g   KH: 12 g   BE: 1   KJ: 326/Kcal: 78

Berechnung für das ganze Rezept:
Eiweiß: 5 g   Fett: 4 g   KH: 24 g   BE: 2   KJ: 652/Kcal: 157

Vanillesauce

<u>Für 4 Portionen:</u>

250 g Milch (3,5 % Fett)
½ TL Vanillepulver
2 Eigelb

12 g Diabetiker- oder Fruchtzucker
2 g Biobin oder Nestargel
flüssiger Süßstoff

Zubereitungszeit: 10 Minuten

Die Milch mit der Vanille aufkochen.
Inzwischen die Eigelb mit dem Fruchtzucker cremig rühren. Dann die heiße Milch langsam unter die Eigelbcreme rühren. Die Eiermilch zurück in den Kochtopf geben, das Biobin hinzufügen und unter ständigem Rühren leicht erhitzen, bis die Creme dicklich wird. Nicht kochen lassen, sonst gerinnt das Eigelb! Die Vanillesauce mit Süßstoff abschmecken und warm zu den Speisen reichen.

Berechnung für 1 Portion Vanillesauce (¼ Rezept):
Eiweiß: 3,5 g   Fett: 5 g   KH: 6 g   BE: 0,5   KJ: 359/Kcal: 86

Berechnung für das ganze Rezept:
Eiweiß: 14,5 g   Fett: 21 g   KH: 24 g   BE: 2   KJ: 1439/Kcal: 344

Fruchtsalat mit Walnüssen

<u>Für 1 Portion:</u>

25 g Apfel mit Schale
(möglichst rotbackige
Sorte)
30 g Kiwi, geschält
30 g Mandarinen, geschält
15 g Bananen, geschält

½ TL Zitronensaft
½ TL trockener Weißwein
(nach Belieben)
1 Msp Orangenschale
einige Tropfen Rum (nach
Belieben)
flüssiger Süßstoff
5 g Walnußkerne

Zubereitungszeit: 15 Minuten

Apfel, Kiwi, Mandarinenschnitze und Bananen würfeln
und mit dem Zitronensaft beträufeln. Den Obstsalat mit
Wein, Orangenschale, Rum und Süßstoff abschmecken.
Die Walnüsse mittelgrob hacken und in einer trockenen
Pfanne leicht anrösten. Die Nüsse noch heiß unter den
Obstsalat mischen. Dann den Fruchtsalat in Glasschäl-
chen füllen und servieren.
Falls Sie es sich leisten können, schmeckt ein Klacks
Schlagsahne dazu sehr lecker.

Berechnung für 1 Portion Fruchtsalat:
Eiweiß: 1,5 g   Fett: 3,5 g   KH: 12 g   BE: 1   KJ: 360/Kcal: 86

Variationsmöglichkeiten:

Aus sämtlichen Obstsorten (s. Austauschtabelle Seite 19)
kann ein Fruchtsalat bereitet werden. Falls Sie einen
Obstsalat für 1 BE zusammenstellen wollen, nehmen Sie
von 4 verschiedenen Obstsorten jeweils ¼ BE. Statt der
Walnüsse können auch leicht angeröstete Mandelblättchen verwendet werden.

Rote Grütze

(Foto Seite 97)

Für 1 Portion:

70 g Himbeeren oder
60 g Erdbeeren
50 g rote Johannisbeeren
4 g Diabetiker- oder
Fruchtzucker

1 EL Wasser
2 g Agar-Agar
1 EL Wasser
flüssiger Süßstoff

Zum Servieren:
20 g Sahne

Zubereitungszeit: 10 Minuten

Himbeeren, Johannisbeeren, Fruchtzucker und Wasser unter Rühren zum Kochen bringen. Agar-Agar mit dem Wasser vermischen und zu den Beeren geben. Die Beeren unter ständigem Rühren 1 Minute köcheln, dann etwas abkühlen lassen. Sobald die Grütze lauwarm ist, diese mit Süßstoff abschmecken und in ein Dessertschälchen füllen.
Die Rote Grütze bis zum Servieren kühl stellen. Die flüssige Sahne getrennt dazu reichen.

Berechnung für 1 Portion Rote Grütze:
Eiweiß: 2 g   Fett: 6 g   KH: 12 g   BE: 1   KJ: 494/Kcal: 118

Pfirsich Melba

Zu diesem Rezept hat mich vor allem die farbliche Zusammenstellung des Originalrezeptes inspiriert. Ansonsten ist dieses Rezept wesentlich vitaminreicher und kalorienärmer.

<u>Für 2 Portionen:</u>

1 mittelgroßer, gut ausgereifter Pfirsich

Quarkcreme:
*100 g Quark (20 % Fett)
1 Msp Zitronenschale
flüssiger Süßstoff*

Sauce:
*100 g Himbeeren, frisch
oder tiefgekühlt
6 g Diabetiker- oder
Fruchtzucker
flüssiger Süßstoff
evtl. wenige Tropfen
Zitronensaft*

Zubereitungszeit: 25 Minuten

Den Pfirsich kurz in heißes Wasser legen, mit kaltem Wasser abschrecken und mit einem kleinen Messer abziehen. Dann abkühlen lassen.
Für die Quarkcreme den Quark mit der Zitronenschale verrühren und mit Süßstoff abschmecken.
Für die Sauce Himbeeren und Diabetikerzucker im Mixer pürieren und mit Süßstoff und Zitronensaft abschmecken.
Den Pfirsich halbieren, entsteinen und jede Hälfte mit der gewölbten Seite nach unten auf ein Dessertschälchen legen. Die Quarkcreme in einen Spritzbeutel mit großer Sterntülle füllen und damit auf die beiden Pfirsichhälften 2 gleich große Häufchen spritzen. Die Himbeersauce mit einem Löffel gleichmäßig so über die Quarkcreme verteilen, daß noch etwas Quark sichtbar bleibt.
Sobald wie möglich servieren.

Berechnung für 1 Portion Pfirsich Melba:
Eiweiß: 7,5 g   Fett: 2,5 g   KH: 12 g   BE: 1   KJ: 460/Kcal: 110

Berechnung für das ganze Rezept:
Eiweiß: 15 g   Fett: 5 g   KH: 24 g   BE: 2   KJ: 920/Kcal: 220

Bratapfel

In den kalten Wintermonaten schmeckt ein Bratapfel, gefüllt mit dieser Aprikosen-Mandel-Masse, besonders gut.
Saftig und prall bleiben die Äpfel, wenn sie einzeln in Alufolie gegart werden.

Für 1 Portion (1 Bratapfel):

1 kleiner Apfel (ca. 90 g)
10 g geschälte, gemahlene Mandeln
10 g kalorienreduzierte Aprikosenmarmelade

½ EL Orangensaft

Zum Garen:
½ TL Butter
1 EL trockener Weißwein

Zubereitungszeit: 15 Minuten
Backzeit: 35—45 Minuten (je nach Apfelsorte)

Den Backofen auf 200°C vorheizen.
Das Kerngehäuse des Apfels mit einem Apfelausstecher herausstechen. Die Apfelschale spiralförmig einschneiden.
Für die Füllung die Mandeln mit der Aprikosenmarmelade und dem Orangensaft verrühren und damit den Apfel füllen.
Ein Stück Alufolie mit der Butter ausfetten. Den Apfel in die Mitte der Folie setzen und mit dem Weißwein beträufeln. Die Folie über dem Apfel dicht verschließen. Den Apfel bei 200°C 35—45 Minuten im Backofen garen.

Den fertiggebratenen Apfel aus der Folie nehmen, auf einen Dessertteller setzen und mit der Bratflüssigkeit (aus der Folie) übergießen. Sofort genießen!

Berechnung für 1 Bratapfel:
Eiweiß: 2 g   Fett: 8 g   KH: 12 g   BE: 1   KJ: 549/Kcal: 131

Tip: Falls Kinder mitessen, den Weißwein gegen Orangensaft (frisch gepreßt) austauschen.

Variante: **Bratapfel in Weinschaumsauce**

Sauce: 6 g Diabetiker- oder
½ Eigelb   Fruchtzucker
20 g trockener Weißwein

Den Bratapfel zubereiten und im Backofen schmoren lassen. Kurz vor Ende der Garzeit die Weinschaumsauce zubereiten. Dafür Eigelb, Diabetiker-Zucker und Wein mit dem Handrührgerät im heißen Wasserbad zu einer cremigen Schaummasse aufschlagen. Den Bratapfel sofort mit der Sauce servieren.

Berechnung für die Weinschaumsauce:
Eiweiß: 1,5 g   Fett: 3 g   KH: 6 g   BE: 0,5   KJ: 209/Kcal: 50

Gefüllte Birne

<u>Für 2 Portionen:</u>   60 g Quark (20 % Fett)
                              evtl. Vollmeersalz

1 große, weiche Birne
(200—220 g schwer)   Zum Garnieren:
40 g Frischkäse   ¼ TL feingehackte
                              Pistazien oder Nüsse

Zubereitungszeit: 10 Minuten

Die Birne schälen, halbieren und das Kerngehäuse entfernen.

Frischkäse mit dem Quark verrühren und nach Geschmack mit Salz abschmecken.

Die Quarkmasse in einen Spritzbeutel mit Sterntülle füllen und auf die Innenseiten der Birnenhälften spritzen. Mit Pistazien oder Nüssen bestreuen.

Berechnung für 1 Portion gefüllte Birne:
Eiweiß: 7 g   Fett: 8 g   KH: 11 g   BE: 1   KJ: 560/Kcal: 134

Berechnung für das ganze Rezept:
Eiweiß: 14 g   Fett: 16 g   KH: 22 g   BE: 2   KJ: 1120/Kcal: 268

Gefüllte Eisorangen

(Foto Seite 144)

Für 4 Portionen:

2 große Orangen, unbehandelt
2 Eigelb
36 g Diabetiker- oder Fruchtzucker

1 Eiweiß
150 g Sahne

Als Garnitur:
4 Süßkirschen mit Stiel
(falls erhältlich)
Orangenstückchen

Zubereitungszeit: 30 Minuten
Gefrierzeit: 3 Stunden

Die Orangen zur Hälfte durchschneiden und den Saft auspressen. Den Orangensaft auf 200 g auffüllen (evtl. noch eine weitere Orange auspressen). Dann die Orangenhälften mit einem Löffel gut aushöhlen, damit möglichst viel vom weißen »Pelz« entfernt wird und sofort ins Gefrierfach stellen.

Den Orangensaft mit den Eigelb und dem Diabetikerzucker im Wasserbad 5 Minuten dickschaumig schlagen, dann ebenfalls für 30 Minuten ins Gefrierfach stellen.

100 g Sahne steif schlagen, den Rest bis zum Gebrauch im Kühlschrank lassen. Das Eiweiß steif schlagen. Sahne und Eischnee vorsichtig unter die angefrorene Orangencreme heben und für weitere 30 Minuten ins Gefrierfach geben.

Die gefrorenen Orangenhälften mit der Eiscreme füllen und ca. 2 Stunden gefrieren lassen.

Die restliche Sahne steif schlagen, vor dem Servieren die Orangenhälften damit garnieren und mit Belegkirschen und kleinen Orangenstückchen garnieren.

Berechnung für 1 Eisorange (¹/₄ Rezept):
Eiweiß: 3 g   Fett: 15 g   KH: 13 g   BE: 1   KJ: 830/Kcal: 199

Berechnung für das ganze Rezept:
Eiweiß: 10 g   Fett: 60 g   KH: 53 g   BE: 4   KJ: 3322/Kcal: 794

Haselnußjoghurt

Für 1 Portion:

5 g Haselnußkerne
125 g Joghurt (3,5 % Fett)
1 Prise Vanillepulver

¹/₂ TL Kakaopulver
2—3 Tropfen Rum oder
1 TL starker schwarzer Kaffee
flüssiger Süßstoff

Zubereitungszeit: 10 Minuten

Die Haselnüsse fein reiben und in einer trockenen Pfanne leicht anrösten.

Den Joghurt mit den Nüssen und den Gewürzen verrühren und mit Süßstoff abschmecken.

Falls Sie den Joghurt etwas andicken möchten, können Sie 1 g Biobin oder Nestargel darunterrühren.

Berechnung für 1 Portion Haselnußjoghurt:
Eiweiß: 5 g   Fett: 7,5 g   KH: 6 g   BE: 0,5   KJ: 475/Kcal: 113

Mokkadessert

Für 1 Portion:

2 EL sehr starker, heißer Kaffee
20 g Milch (3,5 % Fett)

1,5 Blatt weiße Gelatine
125 g Joghurt (3,5 % Fett)
flüssiger Süßstoff
½ TL Kakaopulver
1 Msp Vanillepulver

Als Garnitur:
1 Sahnerosette
(s. Seite 70)
1 Msp Kakaopulver

Zubereitungszeit: 15 Minuten
Kühlzeit: ca. 30 Minuten

Die Gelatine in kaltem Wasser 5 Minuten quellen lassen. Den Joghurt mit dem Süßstoff, dem Kakaopulver und der Vanille abschmecken. Die Gelatine gut ausdrücken und in dem heißen Kaffee auflösen. Diese Lösung unter den Joghurt rühren und in den Kühlschrank stellen. Sobald der Mokkajoghurt fest ist, unter kräftigem Rühren die Milch hinzufügen. Die Mokkacreme sofort in ein Dessertschälchen füllen, mit der Sahnerosette garnieren und mit Kakaopulver bestäuben.

Berechnung für 1 Portion Mokkadessert:
Eiweiß: 5 g   Fett: 7,5 g   KH: 6 g   BE: 0,5   KJ: 472/Kcal: 113

Haferdessert mit Sauerkirschen

<u>Für 1 Portion:</u>

10 g Haferflocken
½ TL Butter oder Reform-
margarine

60 g Quark (20 % Fett)
flüssiger Süßstoff
55 g Sauerkirschen, frisch
oder aus dem Glas (mit
Süßstoff eingemacht)

Zubereitungszeit: 10 Minuten

Die Haferflocken zusammen mit der Butter in einer Pfanne unter Rühren leicht bräunen, dann abkühlen lassen.
Den Quark mit ⅔ der Haferflocken verrühren, mit Süßstoff abschmecken und in ein Dessertschälchen geben.
Die Sauerkirschen mit etwas Süßstoff beträufeln und rund um die Quarkcreme setzen.
Die Quarkcreme mit den restlichen Flocken bestreuen und sofort servieren.

Berechnung für 1 Portion Haferdessert mit Sauerkirschen:
Eiweiß: 9 g   Fett: 6 g   KH: 14 g   BE: 1   KJ: 787/Kcal: 188

Festliche Desserts für besondere Anlässe

Die folgenden sechs Dessertrezepte sind als krönender Abschluß eines festlichen Menüs gedacht.
Vor allem bei Übergewicht sollten diese Desserts ausschließlich speziellen Gelegenheiten vorbehalten bleiben.

Weißweincreme

<u>Für 1 Portion:</u>

1,5 Blatt weiße Gelatine
50 g trockener Weißwein
Zitronensaft
Zitronenschale

1 Eigelb
12 g Diabetiker- oder Fruchtzucker
40 g Sahne
flüssiger Süßstoff

Zubereitungszeit: 20 Minuten
Kühlzeit: 15—20 Minuten

Die Gelatine in kaltem Wasser quellen lassen.
Den Weißwein mit Zitronensaft und -schale abschmekken und zusammen mit dem Eigelb und dem Fruchtzukker im heißen Wasserbad 2—3 Minuten schaumig schlagen. Die Gelatine ausdrücken und in einem kleinen Töpfchen bei milder Hitze auflösen. Die gelöste Gelatine unter den Weinschaum rühren und kühl stellen.

Sobald der Weinschaum zu gelieren beginnt, die Sahne steif schlagen. 2 TL Schlagsahne in einen Spritzbeutel füllen, die restliche Sahne vorsichtig unter den Weinschaum ziehen. Die Weincreme mit Süßstoff abschmecken, in ein Glas füllen und bis zum Servieren im Kühlschrank stehenlassen.
Die Weincreme mit einer Sahnerosette und Zitronenmelisse garnieren.

Berechnung für 1 Portion Weißweincreme:
Eiweiß: 4 g   Fett: 18,5 g   KH: 14,5 g   BE: 1   KJ: 1133/Kcal: 271

Tip: Anstatt Weißwein können Sie auch einen trockenen Rotwein verwenden.

Himbeer-Charlotte

Für 1 Charlottenform
(16—18 cm Ø) oder
1 entsprechend großen
Kochtopf:

*½ Rezept Löffelbiskuits
(s. Seite 207)*

Füllung:
*1 Rezept Vanillecreme
(s. Seite 73), mit 5 Blatt
Gelatine zubereitet*

*150 g Sahne
flüssiger Süßstoff
200 g Himbeeren*

Zum Bestreuen:
12 g Diabetikerzucker

Zubereitungszeit: 35 Minuten (ohne Löffelbiskuits)
Kühlzeit: 3 Stunden

Den Boden und den Rand der Form dicht und gleichmäßig mit den Löffelbiskuits auslegen. Falls Löffelbiskuits
übrigbleiben, diese zwischen der Himbeer- und Vanille-
cremeschicht einlegen.

Die Vanillecreme zubereiten und abkühlen lassen. Sobald die Creme zu gelieren beginnt, die Sahne steif schlagen und darunterheben. Die Vanille-Sahne-Creme mit
wenigen Tropfen Süßstoff abschmecken.

8 schöne Himbeeren beiseite legen. In die vorbereitete
Form eine Schicht Creme einfüllen und glattstreichen.
Darauf die Himbeeren gleichmäßig verteilen und die restliche Creme darüberstreichen. Die Form mit einem Teller
abdecken und für 3 Stunden in den Kühlschrank stellen.
(Wenn es schneller gehen soll, die Charlotte 45 Minuten
im Gefrierfach lassen.)

Die Charlotte auf eine Tortenplatte stürzen und mit dem
Diabetikerzucker (durch ein Sieb) bestäuben. In die Mitte der Charlotte einige Blätter Zitronenmelisse legen und
die Himbeeren kreisförmig darum anordnen.

Die Charlotte mit einem nassen Messer in 8 gleich große
Stücke teilen und gut gekühlt servieren.

Berechnung für 1 Stück Himbeer-Charlotte (¹/₈ Rezept):
Eiweiß: 4 g   Fett: 10 g   KH: 18,5 g   BE: 1,5   KJ: 765/Kcal: 183

Berechnung für die ganze Charlotte:
Eiweiß: 34 g   Fett: 81 g   KH: 148,5 g   BE: 12   KJ: 6125/Kcal: 1464

Mousse au Chocolat

(Foto Seite 145)

Für 1 Portion:

2 g Kokosfett
25 g Diabetikerschokolade
»Zartbitter«
½ Ei

1 TL Rum oder starker
schwarzer Kaffee
40 g Sahne
evtl. flüssiger Süßstoff

Als Garnitur:
20 g Sahne

Zubereitungszeit: 20 Minuten
Kühlzeit: 10—15 Minuten

Das Kokosfett im Wasserbad bei milder Hitze schmelzen. Die Diabetikerschokolade grob hacken, zum Kokosfett geben und schmelzen.
Das Ei und den Rum im heißen Wasserbad 2—3 Minuten schaumig schlagen. Die geschmolzene Schokolade
vorsichtig unter den Eischaum heben. Die Schokoladenmasse in den Kühlschrank stellen.
Sobald die Schokoladenmasse fest wird, die Sahne schlagen und darunterziehen. Die Schokoladencreme evtl.
mit Süßstoff nachsüßen und in ein Dessertschälchen füllen. Für die Garnitur die Sahne steif schlagen und als
Häubchen auf die Schokoladencreme setzen. Gut gekühlt servieren.

Berechnung für 1 Portion Mousse au Chocolat:
Eiweiß: 5 g   Fett: 31 g   KH: 14 g   BE: 1   KJ: 1510/Kcal: 361

Kalorienärmere Variante: Als Garnitur die Schokoladencreme anstatt mit Sahne mit etwas grobgeriebenen Scho-
koladenspänen garnieren.

Mandarinen mit Eisfüllung

Besorgen Sie sich für dieses Dessert kleine Clementinen mit Blättern.

<u>Für 4 Portionen:</u>

4 kleine Clementinen mit Blättern
2 Eigelb

36 g Diabetiker- oder Fruchtzucker
½ TL Orangenschale
1 g Biobin oder Nestargel
100 g Sahne

Zubereitungszeit: 40 Minuten
Gefrierzeit: 2 Stunden

Von den Clementinen einen Deckel abschneiden, die Blätter nicht entfernen. Die Clementinen auspressen.
100 g Mandarinensaft, die Eigelb, Zucker und Orangenschale im heißen Wasserbad 5 Minuten zu einer schaumigen Creme aufschlagen, dann das Biobin unterrühren und die Creme abkühlen lassen.
Die Sahne steif schlagen und unter die Eigelb-Zucker-Creme heben. Diese Mischung 1 Stunde in der Tiefkühltruhe gefrieren lassen.
Inzwischen mit einem kleinen Löffel die Mandarinen aushöhlen. Die Ränder der ausgehöhlten Schalen mit einem Zackenrand versehen.
Das halbgefrorene Eis aus der Tiefkühltruhe nehmen, mit dem Rührgerät kräftig schlagen bis es eine spritzfähige Konsistenz hat. Die Eiscreme in einen Spritzbeutel mit großer Sterntülle geben und die Mandarinen damit füllen. Die gefüllten Mandarinen mit Alufolie abgedeckt 1 Stunde einfrieren.
Die Deckel auf die Mandarinen setzen und diese auf weißen Desserttellern servieren.

Berechnung für 1 Mandarine mit Eisfüllung:
Eiweiß: 2,5 g   Fett: 11 g   KH: 12 g   BE: 1   KJ: 669/Kcal: 160

Berechnung für das ganze Rezept:
Eiweiß: 9,2 g   Fett: 44 g   KH: 51 g   BE: 4   KJ: 2667/Kcal: 640

Ingwercreme mit Orangenfilets

Für 2 Portionen:

120 g Quark (20 % Fett)
2 EL Orangensaft
¼ TL Delifrut oder
Orangenschale

2 Msp Ingwerknolle, fein
gerieben
flüssiger Süßstoff
1 kleine Orange

Zum Garnieren:
Pistazienkrümel

Zubereitungszeit: 10 Minuten

Den Quark mit dem Orangensaft, den Gewürzen und dem Süßstoff verrühren und in ein Glasschälchen geben. Für die Orangenfilets die Orangenschale mit einem Messer großzügig schälen, so daß die weiße Haut ebenfalls entfernt wird. Mit einem kleinen Messer die Orangenfilets vorsichtig aus den Häutchen schneiden. Die Filets einmal quer halbieren und auf der Quarkcreme rosettenförmig anordnen. Die Orangenrosette in der Mitte mit Pistazienkrümeln bestreuen.

Berechnung für 1 Portion Ingwercreme mit Orangenfilets:
Eiweiß: 8 g   Fett: 3 g   KH: 8 g   BE: 0,5   KJ: 387/Kcal: 92

Berechnung für das ganze Rezept:
Eiweiß: 16 g   Fett: 6 g   KH: 16 g   BE: 1   KJ: 774/Kcal: 185

Frucht-Sahne-Eis

Für 4 Portionen:

1 Eiweiß
40 g Diabetiker- oder
Fruchtzucker

200 g gekühlte Sahne
100 g Himbeeren oder
100 g Erdbeeren oder
70 g Brombeeren
etwas Zitronensaft

Zubereitungszeit: 20 Minuten
Kühlzeit: ca. 4 Stunden

Das Eiweiß steif schlagen. Diabetikerzucker hineinrieseln lassen und weiterschlagen, bis dieser sich gelöst hat.
Die Sahne steif schlagen. Die Himbeeren pürieren.
Das Himbeerpüree unter den Eischnee ziehen. Dann die Sahne behutsam unter die Himbeermasse heben. Die Creme mit Zitronensaft abschmecken und in den Gefrierschrank stellen. Nach 30 Minuten die Creme herausnehmen, kurz mit dem elektrischen Rührgerät aufschlagen und wieder einfrieren. Diesen Vorgang noch zweimal wiederholen. Dann die Creme in 4 kleine Portionsförmchen (z. B. Puddingförmchen aus Kunststoff) füllen, mit Alufolie luftdicht abdecken und noch 90 Minuten einfrieren.
Danach die Förmchen kurz in heißes Wasser tauchen und das Eis auf Dessertteller stürzen. Mit frischen Früchten garnieren.

Berechnung für 1 Portion Frucht-Sahne-Eis:
Eiweiß: 2,5 g   Fett: 16 g   KH: 13 g   BE: 1   KJ: 863/Kcal: 206

Berechnung für das ganze Rezept:
Eiweiß: 10 g   Fett: 64 g   KH: 53 g   BE: 4   KJ: 3456/Kcal: 824

Himbeer-Eis-Torte

Eine eiskalte Köstlichkeit: Ein lockerer Biskuit, gefüllt mit cremigem Himbeerparfait.
Die Parfaitmasse ist eine warm aufgeschlagene Ei-Frucht-zucker-Creme, vereint mit Sahne, Fruchtpüree und etwas Alkohol. Dies verhindert die Eiskristallbildung. Daher ist für diese Torte eine Eismaschine nicht erforderlich.

<u>Für 1 Eistorte (26 cm Ø):</u>

1 Biskuitboden nach Grundrezept I (s. Seite 170), 1 × durchgeschnitten

Füllung:
300 g Himbeeren

4 Eigelb
78 g Diabetiker- oder Fruchtzucker
300 g gekühlte Sahne
2 EL Himbeerwasser (nach Belieben)
Saft von ½ Zitrone
flüssiger Süßstoff

Zubereitungszeit: 50 Minuten (ohne Biskuit)
Kühlzeit: 30 Minuten

Für die Füllung die Himbeeren pürieren. Die Eigelb mit dem Fruchtzucker im Wasserbad (Seite 170) 5 Minuten warm aufschlagen und weitere 5 Minuten kalt schlagen. Die Sahne steif schlagen. Himbeerpüree, Ei-Zucker-Masse und Schlagsahne behutsam miteinander vermischen und mit Himbeerwasser und Zitronensaft abschmecken. Den Süßstoff sehr sparsam dosieren, da seine Süßkraft bei niedrigen Temperaturen zunimmt. ⅓ der Füllung bis zum Gebrauch im Kühlschrank aufbewaren. Den unteren Tortenboden mit einem Tortenring umstellen. Die Parfaitmasse einfüllen und glattstreichen. Den oberen Boden aufsetzen und die Torte so lange im Gefrierfach stehenlassen, bis die Füllung fest ist (ca. 30 Minuten).
Nach der Kühlzeit den Tortenring lösen und die Torte

rundum mit der restlichen Creme bestreichen. Die Torte in einer Tortenkühlbox bis zum Gebrauch einfrieren.

Die Torte 1 Stunde vor dem Servieren in den Kühlschrank stellen. Die letzten 10 Minuten die Torte bei Zimmertemperatur antauen lassen. Die Eistorte mit einem in Wasser getauchten Messer in 12 gleich große Stücke schneiden.

Berechnung für 1 Stück Himbeer-Eis-Torte, ohne Sahnerosette:
Eiweiß: 6 g   Fett: 12,5 g   KH: 24 g   BE: 2   KJ: 990/Kcal: 236

Berechnung für die ganze Eistorte, ohne Sahnerosetten:
Eiweiß: 72 g   Fett: 153 g   KH: 298 g   BE: 24   KJ: 11886/Kcal: 2841

Tip: Sehr hübsch sieht die Torte aus, wenn Sie auf jedes Tortenstück eine Sahnerosette spritzen (100 g Sahne steif schlagen), darauf eine Himbeere setzen und jede Himbeere mit 2 Pistazienhälften (als Blätter) garnieren. Der Energiegehalt der Torte erhöht sich hierbei um insgesamt ca. 300 Kcal.

Variante: Die Himbeeren können Sie bei gleicher Kohlenhydratberechnung gegen 300 g Erdbeeren oder 250 g Brombeeren austauschen. Bei Erdbeeren die Parfaitmasse mit Kirschwasser aromatisieren.

Zur Kaffeestunde: Gebäck vom Hefestuten bis zur Punschtorte

Zur gemütlichen Kaffee- oder Teestunde darf ein Stückchen Kuchen, Kleingebäck oder Torte nicht fehlen. (Hierfür kann die Brot-BE gegen die entsprechende Menge Gebäck ausgetauscht werden.)

Dieses Kapitel bietet Ihnen, nach den verschiedenen Teigsorten geordnet, ein umfassendes Angebot an Kuchen und Torten aus vollwertigen Zutaten.

Die üppigeren Kuchen und Torten sollten allerdings nicht täglich auf Ihrem Kaffeetisch stehen. Hier empfiehlt sich kalorienärmeres Gebäck aus Hefeteig, Plunderteig oder leichtem Biskuit.

Süßer Hefeteig

Die meisten scheuen sich vor der Zubereitung eines Hefeteiges, denn er gilt als heikel und umständlich.

Ein Hefeteig aus Vollkornmehl ist einfacher und schneller herzustellen, da die im frisch gemahlenen Mehl reichlich vorhandenen Vitamine den Hefezellen zur Entwicklung genügend Nahrung bieten. Dadurch ist die Bereitung eines Vorteigs nicht mehr nötig, der beim Hefeteig aus Auszugsmehl dazu dient, die Hefezellenentwicklung in Schwung zu bringen.

Sehr günstig für Diabetiker: Im Gegensatz zu den meisten Teigen kann der Hefeteig ausschließlich mit Süßstoff gesüßt werden, ohne daß Geschmack oder Konsistenz darunter leiden.

Tips rund um den Hefeteig

Die Zutaten:

- *Hefe:* Für den Hefeteig bevorzuge ich frische Hefe. Diese erkennen Sie an der seidig glänzenden Oberfläche und am fein-säuerlichen Geruch.

- *Butter:* Die Butter bzw. Reformmargarine sollte nicht unmittelbar mit der Hefe in Berührung kommen. Dies würde die Entwicklung der Hefezellen bremsen. Die Butter wird flöckchenweise unter den Teig gearbeitet.

- *Streumehl:* Das im Rezept angegebene Mehl zum Auswellen des Teiges ist einberechnet. Sehr praktisch finde ich es, den aufgegangenen Hefeteig in die Mitte des Backbleches zu legen, mit dem Mehl zu bestäuben und mit einem kleinen Teigroller gleichmäßig auszuwellen.

- *Wichtig:* Teigzutaten sollten Zimmertemperatur haben.

Der Teig:

- *Kneten:* Der Vollkornhefeteig ist beim Kneten noch weich und klebrig; während der Teigruhe quillt er aus und wird dadurch fester. Daher ist es praktischer, den Hefeteig in der Küchenmaschine bei niedrigster Geschwindigkeit zu kneten. Selbstverständlich kann der Hefeteig auch in einer genügend großen Backschüssel mit einem Holzrührlöffel bearbeitet werden.

- *Teigruhe:* Der Hefeteig sollte während der Teigruhe mit einem feuchten Tuch abgedeckt werden, damit die Teigoberfläche nicht abtrocknet.

- *Backformen:* Die Zutaten für Hefeblechkuchen reichen jeweils für ein normales Backblech von 40×45 cm. Der Blechkuchen wird nach dem Backen in 20 bzw.

24 gleichmäßige Stücke geteilt. Hierfür den Kuchen in der Breite 4- bzw. 5mal und in der Länge 3mal durchschneiden.

Die Lagerung:

- Hefekuchen schmecken frisch am besten. Für den Vorrat die Kuchenstücke noch eben warm einfrieren. Bei Bedarf diese bei Zimmertemperatur auftauen lassen und im vorgeheizten Backofen bei 175 °C kurz aufbacken.

- Hefestollen und -zöpfe neigen durch den Kleieanteil im Vollkornmehl etwas zum Bröckeln. Diese sollten Sie deshalb vor dem Anschneiden einen Tag in Alufolie eingeschlagen an einem kühlen Platz durchziehen lassen.

Hefeteig-Grundrezept

Dieser unkomplizierte Hefeteig eignet sich besonders gut für sämtliche Arten von Blechkuchen, aber auch für Zöpfe und Stollen.

Für 1 Backblech oder
2 Springformen (26 cm Ø):

40 g Hefe
200 g lauwarmes Wasser
480 g Weizenvollkorn-
mehl
1 Ei

1 Eigelb
Schale von 1 Zitrone
2½ TL flüssiger Süßstoff
100 g Butter oder Reform-
margarine, zimmerwarm

Zum Ausrollen:
20 g Weizenvollkornmehl

Zubereitungszeit: 15 Minuten
Teigruhe: 50 Minuten

Die Hefe im Wasser auflösen. Weizenvollkornmehl, Ei, Eigelb, Zitronenschale und Süßstoff dazugeben und in

Kiwigrützchen mit geeister Johannisbeersauce ▷
(Rezept S. 74)

der Küchenmaschine kurz verkneten. Die Küchenmaschine in Betrieb lassen, nach und nach die Butter flöckchenweise darunterarbeiten. Den Hefeteig noch 5 Minuten kneten. Mit einem feuchten Tuch abdecken und bei Zimmertemperatur gehen lassen, bis sich sein Volumen verdoppelt hat (ca. 50 Minuten).
Die Arbeitsfläche mit Mehl bestreuen und den Hefeteig je nach Rezept weiterverarbeiten.

Berechnung für das gesamte Rezept:
Eiweiß: 86,5 g Fett: 106 g KH: 302 g BE: 25 KJ: 10309/Kcal: 2464

Wickelkuchen mit Mohn

Für 1 Kastenform
(30 cm lang):

*1 Rezept Hefeteig nach
dem Grundrezept
(s. Seite 96)*

Füllung:
40 g Butter oder Reformmargarine

*150 g gemahlener Mohn
78 g Diabetiker- oder
Fruchtzucker
1 Ei
3—4 EL Milch*

Zum Bestreichen:
*1 Eigelb
1 TL Milch*

Zubereitungszeit: 40 Minuten
Teigruhe: 75—80 Minuten
Backzeit: 45—50 Minuten

Den Hefeteig zubereiten und gehen lassen.
Inzwischen die Füllung zubereiten. Dafür die Butter bei milder Hitze schmelzen und mit dem Mohn, dem Fruchtzucker und dem Ei verrühren. Soviel Milch hinzufügen, daß eine streichfähige Paste entsteht.
Die Kastenform gut ausfetten. Die Arbeitsfläche mit dem Mehl bestäuben. Den Hefeteig nochmals kurz durch-

◁ *Rote Grütze* (Rezept S. 77)

kneten, dann zu einem Quadrat von 30 × 30 cm ausrollen. Die Teigfläche gleichmäßig mit der Mohnmasse bestreichen. Den Hefeteig aufrollen und, mit der »Naht« nach unten, in die Kastenform legen. Den Teig mit einem feuchten Tuch abdecken und 30 Minuten gehen lassen. Den Backofen auf 180°C vorheizen. Ein Schälchen mit heißem Wasser auf den Backofenboden stellen. Eigelb und Milch verquirlen.

Die Teigoberfläche mit dem Eigelb bestreichen. Den Wickelkuchen bei 180°C 45—50 Minuten goldbraun backen. Nach dem Backen den Kuchen kurz in der Kastenform abkühlen lassen, dann mit einem Messer vorsichtig von der Form lösen. Den Wickelkuchen auf ein Kuchengitter stürzen und auskühlen lassen.

Den Kuchen in 22 gleich große Stücke schneiden.

Berechnung für 1 Stück Wickelkuchen ($^1/_{22}$ Rezept, ca. 50 g):
Eiweiß: 6 g   Fett: 9,5 g   KH: 18 g   BE: 1,5   KJ: 754/Kcal: 180

Berechnung für den ganzen Wickelkuchen, ca. 1100 g:
Eiweiß: 127 g   Fett: 213,5 g   KH: 395 g   BE: 33   KJ: 16602/Kcal: 3968

Tip: Dieser Wickelkuchen läßt sich besser schneiden, wenn Sie ihn nach dem Auskühlen, in Alufolie verpackt, einen Tag an einem kühlen Platz durchziehen lassen.

Sächsische Eierschecke

<u>Für 1 Backblech:</u>

*1 Rezept Hefeteig nach
dem Grundrezept
(s. Seite 96)*

Füllung:
*800 g Magerquark
75 g Aprikosenmarmelade,
mit Fruchtzucker gesüßt
2 Eier
48 g Diabetiker- oder
Fruchtzucker
2—3 TL flüssiger Süßstoff
Schale von 1 Zitrone
40 g Butter oder Reform-
margarine*

Guß:
*4 Eier
200 g Sahne
60 g Diabetiker- oder
Fruchtzucker
4 g Biobin oder Nestargel*

Streusel:
*100 g Weizenvollkorn-
mehl
48 g Diabetiker- oder
Fruchtzucker
50 g Butter oder Reform-
margarine*

Zubereitungszeit: 60 Minuten
Teigruhe: 80 Minuten
Backzeit: 40—45 Minuten

Den Hefeteig zubereiten und gehen lassen.
Zwischenzeitlich für die Füllung Quark, Aprikosenmarmelade, Eier, Fruchtzucker und Butter verrühren. Mit
Süßstoff abschmecken. Für den Guß die Eier, Sahne,
Fruchtzucker und Biobin verquirlen. Weizenvollkornmehl,
Fruchtzucker und Butter zwischen den Fingern zu Streuseln zerbröseln.
Ein Backblech gut ausfetten. Den Hefeteig nochmals gut
durchkneten, auf das Blech legen, mit Mehl bestäuben
und mit einem Teigroller gleichmäßig auswellen. Einen
kleinen Rand formen. Mit einem feuchten Tuch bedeckt,
30 Minuten bei Zimmertemperatur gehen lassen.
Den Backofen auf 180°C vorheizen. Den Hefeteig

gleichmäßig mit der Quarkmasse bestreichen. Den Kuchen 20 Minuten bei 180°C backen. Den Kuchen kurz aus dem Ofen nehmen, mit dem Guß überziehen und gleichmäßig mit den Streuseln bestreuen und 20—25 Minuten weiterbacken. Die Eierschecken in 20 gleich große Stücke schneiden und auf dem Kuchengitter auskühlen lassen.

Berechnung für 1 Stück Eierschecke (¹/₂₀ Rezept):
Eiweiß: 13 g   Fett: 14 g   KH: 36 g   BE: 2   KJ: 1238/Kcal: 296

Berechnung für das ganze Rezept:
Eiweiß: 251 g   Fett: 286 g   KH: 587 g   BE: 40   KJ: 24769/Kcal: 5920

Preiselbeerwähe

<u>Für 1 Springform (26 cm Ø) oder ½ Backblech:</u>

½ Rezept Hefeteig nach dem Grundrezept (s. Seite 96)

Belag:
400 g Preiselbeeren, frische oder aus dem Glas, mit Süßstoff gesüßt

Zubereitungszeit: 50 Minuten
Teigruhe: 75—80 Minuten
Backzeit: 40—45 Minuten

Guß:
*3 Eier
200 g Sahne
70 g Diabetiker- oder Fruchtzucker
½ TL Zimt*

Den Hefeteig zubereiten und gehen lassen.
Für den Belag frische Preiselbeeren waschen, verlesen

und trockentupfen. Preiselbeeren aus dem Glas gut abtropfen lassen und mit Küchenkrepp abtupfen. Eier, Sahne, Fruchtzucker und Zimt verquirlen. Ein Backblech gut ausfetten.

Den Hefeteig nochmals kurz durchkneten, auf die Blechmitte legen, mit Mehl bestäuben und gleichmäßig ausrollen. Einen kleinen Rand formen. Mit einem feuchten Tuch abdecken und 20 Minuten bei Zimmertemperatur gehen lassen. Den Backofen auf 180°C vorheizen.

Die Preiselbeeren gleichmäßig auf dem Hefeteig verteilen, den Guß darübergießen und 40—45 Minuten bei 180°C backen.

Auf einem Kuchengitter auskühlen lassen. Den Kuchen in 10 gleich große Stücke schneiden.

Berechnung für 1 Stück Preiselbeerwähe ($^1/_{10}$ Rezept):
Eiweiß: 7 g   Fett: 14 g   KH: 25 g   BE: 2   KJ: 1046/Kcal: 250

Berechnung für das ganze Rezept:
Eiweiß: 71 g   Fett: 137 g   KH: 250 g   BE: 20   KJ: 10468/Kcal: 2502

Tip: Sehr praktisch und farblich reizvoll finde ich es, zwei verschiedene Kuchen auf einem Blech zu backen. Achten Sie dann darauf, daß die Rezepte bezüglich der Kohlenhydratberechnung und der Backzeit übereinstimmen. Beispielsweise könnte man ½ Rezept sächsische Eierschecke und 1 Rezept Preiselbeerwähe gut kombinieren, da beide Kuchen 40 BE entsprechen. Oder Sie backen ½ Blech »Obstkuchen vom Blech« und ½ Rezept Eierschecke zusammen. In diesem Fall den Obstkuchen während der letzten 10 Minuten Backzeit mit Pergamentpapier abdecken.

Obstkuchen vom Blech

Ob Äpfel, Birnen oder Pflaumen, ob frische, eingelagerte oder tiefgekühlte Früchte, dieser Obstkuchen schmeckt zu allen Jahreszeiten.
Für dieses Rezept habe ich Äpfel gewählt und diese mit Aprikosenmarmelade überglänzt. Das gibt dem Kuchen ein appetitliches Aussehen und hält ihn länger frisch.

<u>Für 1 Backblech
(24 Stück):</u>

*1 Rezept Hefeteig nach
dem Grundrezept
(s. Seite 96)*

*Belag:
1500 g Äpfel (z. B. Cox
Orange, Herbstreinetten,
Boskop)*

Zitronensaft

*Zum Bestreuen:
100 g Walnußkerne oder
gestiftelte Mandeln*

*Zum Überglänzen:
175 g Diabetiker-
aprikosenmarmelade (mit
Fruchtzucker)
2 EL Wasser*

Zubereitungszeit: 60 Minuten
Teigruhe: 75—80 Minuten
Backzeit: 30—35 Minuten

Den Hefeteig zubereiten und gehen lassen.
Zwischenzeitlich die Äpfel schälen, das Kerngehäuse entfernen und in gleichmäßige Spalten schneiden. Die Apfelspalten sofort mit Zitronensaft beträufeln. Die Walnußkerne grob hacken und in einer trockenen Pfanne leicht anrösten. (Falls Sie Mandelstifte nehmen, diese ebenfalls leicht anrösten.)
Das Backblech gut ausfetten. Das Mehl zum Auswellen abwiegen.
Den Hefeteig in die Blechmitte legen, mit Mehl bestäuben und gleichmäßig ausrollen, dabei den Rand etwas hochziehen. Den Hefeteig gleichmäßig mit den Apfelspalten belegen und mit den Walnüssen oder Mandeln

bestreuen. Den Kuchen, mit einem Tuch abgedeckt, 25—30 Minuten gehen lassen.

Den Backofen auf 180°C vorheizen. Den Hefekuchen 30—35 Minuten bei 180°C backen. 5 Minuten vor Ende der Backzeit die Aprikosenmarmelade mit dem Wasser unter Rühren zum Kochen bringen. Den Apfelkuchen auf dem Blech sofort mit der Marmelade einpinseln, in 24 gleich große Stücke schneiden und auf dem Kuchengitter auskühlen lassen.

Berechnung für 1 Stück Apfelkuchen ($\frac{1}{24}$ Rezept):
Eiweiß: 4,5 g   Fett: 7 g   KH: 24 g   BE: 2   KJ: 739/Kcal: 176

Berechnung für das ganze Rezept:
Eiweiß: 106 g   Fett: 174 g   KH: 576 g   BE: 48   KJ: 17748/Kcal: 4242

Variante: Die Äpfel können Sie gegen 1800 g Birnen oder 1500 g Pflaumen austauschen.

Bienenstich

Für 1 Backblech:

1 Rezept Hefeteig nach dem Grundrezept (s. Seite 96)

Belag:
125 g Butter
96 g Diabetiker- oder Fruchtzucker
200 g Milch (3,5 % Fett)
200 g gehobelte Mandeln

Zubereitungszeit: 45 Minuten
Teigruhe: 80—85 Minuten
Backzeit: 30—35 Minuten

Den Hefeteig zubereiten und gehen lassen.
Inzwischen ein Backblech gut ausfetten. Für den Belag die Butter bei milder Hitze schmelzen, den Fruchtzucker

darin lösen und die Milch dazugießen. Die Flüssigkeit 2—3 Minuten unter Rühren köcheln lassen, bis sie dickflüssig wird. Die Mandeln darunterrühren. Die Mandelmasse auskühlen lassen.

Den Hefeteig kurz durchkneten, auf das Backblech legen und mit Mehl bestäuben. Den Teig gleichmäßig ausrollen. Die Mandelmasse darauf verteilen und glattstreichen. Den Kuchen bei Zimmertemperatur 30—35 Minuten gehen lassen. Den Backofen auf 180°C vorheizen.

Den Bienenstich bei 180°C 30—35 Minuten backen. Sofort auf dem Blech in 24 gleich große Stücke schneiden und auf einem Kuchengitter auskühlen lassen.

Berechnung für 1 Stück Bienenstich ($^1/_{24}$ Rezept):
Eiweiß: 5,5 g Fett: 13,5 g KH: 18 g BE: 1,5 KJ: 896/Kcal: 214

Berechnung für den ganzen Bienenstich:
Eiweiß: 132 g Fett: 325 g KH: 433 g BE: 36 KJ: 21507/Kcal: 5140

Variante: Besonders gut schmeckt der Bienenstich mit einer Vanillecreme gefüllt. Dies möchte ich jedoch nur Diabetikern empfehlen, die nicht auf die Kalorien achten müssen.

Für die Vanillefüllung:

2 Rezepte Vanillecreme nach dem Grundrezept (s. Seite 73)

Zum Unterziehen:
200 g gekühlte Sahne 1—2 TL flüssiger Süßstoff

Eine Vanillecreme zubereiten und abkühlen lassen. Sobald die Creme zu stocken beginnt, die Sahne steif schlagen und sorgfältig darunterheben. Mit Süßstoff abschmecken.

Die Portionsstücke des Bienenstichs einmal quer durchschneiden, die untere Hälfte gleichmäßig mit der Vanillecreme bestreichen und die obere wieder aufsetzen. Durch das Füllen erhöht sich der Kohlenhydratgehalt von einem Stück Bienenstich um $^1/_3$ BE.

Schlesischer Mohnkuchen
mit Streuseln

Diesen Mohnkuchen, gefüllt mit einer saftigen Mohn-Marzipan-Masse, lieben Kinder ganz besonders.

Für 1 Backblech
(24 Stück):

*1 Rezept Hefeteig nach
dem Grundrezept
(s. Seite 96)*

Füllung:
*100 g geschälte Mandeln
400 g Milch (3,5 % Fett)
300 g gemahlener Mohn
20 g Vollkorngrieß
90 g Diabetiker- oder
Fruchtzucker*

*abgeriebene Schale von
½ Zitrone
3—4 Tropfen Bitter-
mandelöl*

Streusel:
*60 g Butter oder Reform-
margarine
100 g Weizenvollkorn-
mehl
48 g Diabetiker- oder
Fruchtzucker*

Zubereitungszeit: 60 Minuten
Teigruhe: 75—80 Minuten
Backzeit: 30—35 Minuten

Zuerst den Hefeteig zubereiten und gehen lassen. Zwischenzeitlich die Mandeln im Mixer mehlfein mahlen. Die Milch zum Kochen bringen. Den Mohn, den Grieß und den Fruchtzucker dazuschütten und unter

Rühren die Masse einmal aufwallen lassen. Die Mandeln, die Zitronenschale und das Bittermandelöl darunterrühren; die Mohnfüllung abkühlen lassen.

Ein Backblech gut ausfetten. Das Mehl zum Ausrollen abwiegen.

Den Hefeteig auf das Backblech legen, mit Mehl bestäuben und auswellen, dabei an den Rändern etwas hochziehen. Die Mohnfüllung darauf verteilen, glattstreichen und nochmals 25—30 Minuten, mit einem Tuch bedeckt, gehen lassen.

Den Backofen auf 200°C vorheizen. Für die Streusel die Butter bei milder Hitze schmelzen, das Weizenvollkornmehl und den Fruchtzucker dazugeben und mit den Fingern zu Streuseln zerbröseln.

Die Streusel gleichmäßig auf der Mohnfüllung verteilen und den Kuchen bei 200°C 30—35 Minuten backen.

Den Mohnkuchen auf dem Blech in 24 gleich große Stücke schneiden und diese auf einem Kuchengitter auskühlen lassen.

Berechnung für 1 Stück Mohnkuchen mit Streusel ($^1/_{24}$ Rezept):
Eiweiß: 8 g   Fett: 14,5 g   KH: 23,5 g   BE: 2   KJ: 1068/Kcal: 255

Berechnung für den ganzen Mohnkuchen:
Eiweiß: 193 g   Fett: 349 g   KH: 565 g   BE: 47   KJ: 25647/Kcal: 6130

Nußzopf

Dieser Haselnußzopf ist ein ideales Gebäck für jeden Tag. Durch seine saftige Füllung hält er sich gut eine Woche lang frisch. Zur Abwechslung können Sie ihn auch einmal mit Walnüssen füllen.

Für 1 Kastenform
(30 cm lang):

Hefeteig:
250 g Dinkelvollkornmehl
250 g Weizenvollkorn-
mehl
40 g Hefe
160 g Wasser
2 Eier à 50 g
12 g Diabetiker- oder
Fruchtzucker
2 TL flüssiger Süßstoff
Schale von ½ Zitrone
50 g weiche Butter oder
Reformmargarine

Füllung:
150 g Haselnüsse

80 g Milch
1 Msp Vanillepulver
48 g Diabetiker- oder
Fruchtzucker
1 EL Rum oder starker
schwarzer Kaffee
1 TL Kakao
1 Msp Zimt

Zum Ausrollen:
30 g Weizenvollkorn-
mehl

Zum Bestreichen:
1 Eigelb
1 TL Wasser

Zum Bestreuen:
30 g gestiftelte Mandeln

Zubereitungszeit: 60 Minuten
Teigruhe: 75—80 Minuten
Backzeit: 50 Minuten

Dinkel- und Weizenvollkornmehl, Hefe, Wasser, Eier, Fruchtzucker sowie Süßstoff in die Küchenmaschine geben und kurz kneten. Die Maschine in Betrieb lassen, dabei die Butter flöckchenweise darunterarbeiten. Den Hefeteig insgesamt 10 Minuten kneten. Mit einem feuchten Tuch abdecken und bei Zimmertemperatur gehen lassen, bis sich sein Volumen verdoppelt hat (ca. 40 Minuten).

Zwischenzeitlich für die Füllung die Haselnüsse mahlen und in einer trockenen Pfanne unter Rühren leicht anrösten. Darauf achten, daß sich die braunen Häutchen nicht schwarz färben. Die Milch mit der Vanille aufkochen und vom Herd nehmen. Haselnüsse, Fruchtzucker, Rum, Kakao und Zimt darunterrühren. Die Haselnußmasse abkühlen lassen.

Eine Kastenform gut ausfetten. Den Hefeteig nochmals kurz durchkneten, auf der bemehlten Arbeitsfläche zu einem Quadrat von 30 × 30 cm ausrollen und halbieren. Mit einem nassen Messer die Nußmasse auf beiden Teighälften gleichmäßig verstreichen. Die Teigstücke jeweils von der Längsseite her aufrollen. Die Teigrollen vorsichtig miteinander zu einer Spirale verdrehen, in die Kastenform legen und mit einem feuchten Tuch abgedeckt 35—40 Minuten gehen lassen.

Den Backofen auf 180°C vorheizen. Eigelb und Wasser verquirlen und den Zopf vorsichtig damit bestreichen. Mit den Mandelstiften bestreuen. Den Nußzopf bei 180°C 50 Minuten backen. (Den Zopf evtl. nach der halben Backzeit mit Pergamentpapier abdecken, damit die Kruste nicht zu hart wird.) Nach dem Backen den Kuchen mit einem spitzen Messer behutsam vom Rand der Form lösen, auf ein Kuchengitter stürzen und auskühlen lassen. In Alufolie verpackt an einem kühlen Platz aufbewahren.

Berechnung für 1 1/2 BE Nußzopf (1/22 Rezept, ca. 50 g):
Eiweiß: 5 g Fett: 8 g KH: 18 g BE: 1,5 KJ: 695/Kcal: 166

Berechnung für den gesamten Zopf (ca. 1100 g):
Eiweiß: 107,5 Fett: 179 g KH: 406 g BE: 33 KJ: 15302/Kcal: 3657

Quarkstuten mit Nüssen

Der Quarkstuten, ein süßes Hefebrot, wird im Originalrezept mit Rosinen zubereitet. Da Rosinen aufgrund ihres hohen Glucosegehalts für Diabetiker ungünstig sind,
habe ich sie gegen Haselnüsse ausgetauscht. Sehr gut
passen auch Walnüsse oder Cashewnüsse.

<u>Für 1 Kastenform
(30 cm lang):</u>

*240 g Weizenvollkorn-
mehl
100 g Dinkelvollkorn-
mehl
30 g Hefe
30 g Diabetiker- oder
Fruchtzucker
1 TL flüssiger Süßstoff
200 g Magerquark*

*abgeriebene Schale von
1 Zitrone
2 Eier
2 TL Rum (nach Belieben)
1 Prise Vollmeersalz
50 g weiche Butter oder
Reformmargarine
60 g Haselnüsse*

Zum Bestreichen:
*1 Eigelb
1 TL Wasser*

Zubereitungszeit: 35 Minuten
Teigruhe: 65—75 Minuten
Backzeit: 35—40 Minuten

Das Weizenvollkornmehl, Dinkelvollkornmehl, Hefe,
Fruchtzucker, Süßstoff, Quark, Zitronenschale, Eier, Rum
und Salz in die Küchenmaschine geben und kurz durchkneten. Die Maschine in Betrieb lassen, dabei die Butter
flöckchenweise darunterarbeiten. Den Teig insgesamt
8—10 Minuten kneten, bis er glatt und glänzend ist. Den
Hefeteig mit einem feuchten Tuch abdecken und bei
Zimmertemperatur gehen lassen, bis sich sein Volumen
verdoppelt hat (40—45 Minuten).
Zwischenzeitlich die Kastenform gut ausfetten. Die Haselnüsse in einer trockenen Pfanne leicht rösten, die
braunen Häutchen abrubbeln, grob hacken und abkühlen lassen.

Den Hefeteig nochmals kräftig durchkneten und die Haselnüsse daruntermengen. Den Teig in die Kastenform füllen, glattstreichen und mit einem feuchten Tuch bedeckt, 25—30 Minuten gehen lassen.
Den Backofen auf 200°C vorheizen. Eigelb und Wasser verquirlen und damit den Kuchen vorsichtig bestreichen.
Den Quarkstuten bei 200°C 35—40 Minuten backen. Nach der halben Backzeit mit Alufolie abdecken, damit die Oberfläche nicht zu hart wird.
Den Quarkstuten auf einem Kuchengitter auskühlen lassen und in 20 gleichmäßige Stücke schneiden.

Berechnung für 1 Stück Quarkstuten ($^1/_{20}$ Rezept):
Eiweiß: 4,5 g Fett: 5 g KH: 12,5 g BE: 1 KJ: 486/Kcal: 116

Berechnung für den ganzen Quarkstuten:
Eiweiß: 94 g Fett: 104 g KH: 253 g BE: 20 KJ: 9725/Kcal: 2324

Brioches

Brioches, die französischen Hefebrötchen, liebe ich besonders zu einem gemütlichen Sonntagsfrühstück.
Den Hefeteig können Sie schon am Vorabend zubereiten und am nächsten Morgen formen und backen.
In fettdichten Papierförmchen aus dem Haushaltswarengeschäft lassen sich die Brioches BE-gerecht portionieren und behalten beim Backen ihre Form.

Für 1 Backblech
(12 Brioches):

250 g Weizenvollkorn-mehl
25 g Hefe
50 g handwarmes Wasser

2 Eier
$^1/_4$ TL flüssiger Süßstoff
$^1/_4$ TL Vollmeersalz
100 g weiche Butter

Zum Bestreichen:
1 Eigelb

Zubereitungszeit: 30 Minuten
Teigruhe: 12—13 Stunden
Backzeit: 20 Minuten

Das Weizenvollkornmehl, die Hefe, Wasser, Eier, Süßstoff und Salz in die Küchenmaschine geben und kurz
durchkneten. Die Küchenmaschine in Betrieb lassen, dabei die Butter flöckchenweise unter den Teig arbeiten.
Den weichen Hefeteig noch 5 Minuten kneten.
Den Hefeteig in eine Schüssel legen und diese luftdicht
abdecken, damit der Teig nicht austrocknet. Den Hefeteig 11—12 Stunden im Kühlschrank gehen lassen.
Am nächsten Morgen den Teig in 12 Portionen (ca. 40 g)
teilen. Jede Teigportion wiederum in 2 Stücke teilen. Ein
großes Stück (ca. 30 g) für den Körper und ein kleines
Stück (ca. 10 g) für das Köpfchen der Brioche. Beide
Teigstücke zu Kugeln rollen. Die große Teigkugel in das
Papierförmchen legen, die kleine Kugel, als Köpfchen
auf die große Kugel setzen. Die Brioches auf ein Backblech setzen und abgedeckt 1 Stunde gehen lassen.
Den Backofen auf 180°C vorheizen. Die Brioches mit
dem Eigelb bestreichen und in ca. 20 Minuten bei 180°C
goldbraun backen.
Die Brioches aus den Förmchen nehmen, am besten
noch lauwarm servieren.

Berechnung für 1 Brioche ($^1/_{12}$ Rezept):
Eiweiß: 4 g Fett: 8,5 g KH: 12,5 g BE: 1 KJ: 608/Kcal: 145

Berechnung für das ganze Rezept:
Eiweiß: 46 g Fett: 105 g KH: 154,5 g BE: 12,5 KJ: 7305/Kcal: 1746

Tips zum Einfrieren: Fertige Brioche lauwarm einfrieren.
Langsam auftauen und nur kurz aufbacken.

Plunderteig

Der Vollkornplunderteig ist ein Teig ganz besonderer Güte. Die eingezogene Butter verleiht dem Hefeteig einen fein nussigen Geschmack.

Plunderteig, die edle Version des Hefeteigs, schmeckt »pur« als Croissant oder gefüllt mit Nüssen, Quark oder Obst.

Zunächst bereitet man einen leichten Hefeteig und zieht dann Butter ein, indem man dem Teig — wie beim Blätterteig — »Touren« gibt.

Tips rund um den Teig

Die Zutaten:

- Den Hefeteig läßt man im Kühlschrank gehen, dadurch erhält er eine festere Konsistenz. Den Butterteig läßt man ebenfalls im Kühlschrank fest werden. Beide Teige, Hefeteig und Butterteig, müssen dieselbe Festigkeit aufweisen. Falls der Hefeteig zu weich ist, verbindet sich die Butter damit. Dann entstehen keine Schichten.

Der Teig:

- Da der Hefeteig Kleie enthält, ist er nicht so elastisch und kann beim Auswellen aufreißen. Dies beeinträchtigt wohl die Struktur des Teiges, dem Geschmack tut es jedoch keinen Abbruch.

- Damit der Teig beim Auswellen nicht kleben bleibt, Teig und Arbeitsplatte ausreichend mit Mehl bestäuben.

- Nach jeder »Tour« den Plunderteig luftdicht einpacken und im Kühlschrank fest werden lassen.

- Den Teig vor dem Backen mit einem feuchten Tuch abdecken und an einem nicht zu warmen Platz — sonst schmilzt die Butter — gehen lassen.

- Der Plunderteig ist geschmacklich neutral und kann sowohl pikant (Champignonfüllung wie Piroggen s. Seite 247 oder mit einer Gemüsefüllung wie z.B. »Chinesische Gemüsehörnchen«) als auch süß gefüllt werden.

- Den Teig nicht formen oder kneten sondern mit einem scharfen Messer schneiden, damit die Teigschichten nicht zusammengedrückt werden.

Die Lagerung:

- Das Gebäck noch lauwarm vorgefrieren, dann portionsweise verpacken und einfrieren.

- Bei Bedarf das Gebäck im vorgeheizten Backofen bei 200°C 5 Minuten aufbacken, dann aus dem Ofen nehmen und weitere 10 Minuten auf dem Blech nachziehen lassen. So schmeckt es wie frisch gebacken.

Plunderteig-Grundrezept

Für den Hefeteig:
350 g Weizenvollkorn-mehl
175 g kaltes Wasser
25 g Hefe
30 g Butter
1 Prise Vollmeersalz
½ TL flüssiger Süßstoff

Für den Butterteig:
150 g kalte Butter
50 g Weizenvollkorn-mehl

Zum Ausrollen:
60 g Weizenvollkorn-mehl

Zubereitungszeit: 45 Minuten
Teigruhe: 4—5 Stunden

Für den Hefeteig Weizenvollkornmehl, Hefe, Wasser, Butter, Salz und flüssigen Süßstoff in die Küchenmaschine geben und 10 Minuten kneten. Den Teig in einer Schüssel, mit Alufolie abgedeckt, 3—4 Stunden im Kühlschrank gehen lassen.

Inzwischen für den Butterteig die Butter mit dem Weizenvollkornmehl gut verkneten. Den Butterteig zwischen Pergamentpapier zu einem Ziegel von 15 × 20 cm ausrollen und ebenfalls in den Kühlschrank legen.

Die Arbeitsfläche ausreichend mit Mehl bestäuben. Darauf den Hefeteig zu einem Rechteck von 20 × 30 cm ausrollen. Den Butterziegel auf die eine Teighälfte legen, die andere Hälfte darüberschlagen. Den Teig wiederum zu einem Rechteck von 20 × 30 cm auswellen. Den Teig von den Schmalseiten aus dreifach übereinanderklappen und zu einem Rechteck von 20 × 10 cm. Dann den Teig in Pergamentpapier einschlagen und 20 Minuten im Kühlschrank ruhen lassen.

Den Plunderteig erneut zu einer Fläche von 20 × 30 cm auswellen, dreifach zusammenklappen, 20 Minuten im Kühlschrank ruhen lassen. Diesen Vorgang noch einmal wiederholen. Anschließend den Plunderteig den jeweiligen Rezepten entsprechend weiterverarbeiten.

Das restliche Mehl zum Bestreuen von Arbeitsfläche oder Backblech wird für die einzelnen Rezepte jeweils noch benötigt.

Berechnung für 1 Rezept Plunderteig:
Eiweiß: 56,5 g   Fett: 159 g   KH: 281 g   BE: 23   KJ: 11629/Kcal: 2779

Croissants

<u>Für 1 Backblech</u>
<u>(12 Stück):</u>

Zum Bestreichen:
1 Eigelb

1 Rezept Plunderteig nach
dem Grundrezept
(s. Seite 113)

Zubereitungszeit: 70 Minuten
Teigruhe: 4,5—5,5 Stunden
Backzeit: 20—25 Minuten

Den Plunderteig zubereiten und im Kühlschrank ruhen lassen.

Ein Backblech leicht ausfetten. Die Arbeitsplatte mit Mehl bestäuben. Lineal und Teigrädchen bereitlegen.

Den Plunderteig zu einer Fläche von 40×30 cm gleichmäßig ausrollen. Diese Teigplatte der Länge nach halbieren, so daß 2 Rechtecke von 40×15 cm entstehen. Mit Lineal und Teigrädchen aus jeder Teigplatte 5 gleichschenkelige Dreiecke von 13 cm Breite und 15 cm Höhe ausrädeln. Die Dreiecke von der Breitseite her aufrollen, halbrund zu Hörnchen biegen und auf das Blech setzen. (Dies ergibt 10 Croissants.) Die Teigabschnitte aufeinanderlegen und zu einem Quadrat von 15×15 cm ausrollen. Das Quadrat diagonal in 2 Dreiecke teilen, aufrollen, zu Hörnchen biegen und auf das Blech setzen. Die Croissants mit einem feuchten Tuch abdecken und 30—40 Minuten gehen lassen.

Den Backofen auf 200°C vorheizen. Ein Gefäß mit heißem Wasser auf den Backofenboden stellen.

Die Croissants sorgfältig mit Eigelb bestreichen (die Schnittflächen der Hörnchen nicht bestreichen, sonst gehen sie nicht auf). Bei 200°C die Croissants hellbraun backen (ca. 20—25 Minuten).

Berechnung für 1 Croissant ($^1/_{12}$ Rezept):
Eiweiß: 5 g   Fett: 13,5 g   KH: 23,5 g   BE: 2   KJ: 992/Kcal: 237

Berechnung für das ganze Rezept:
Eiweiß: 60 g   Fett: 165 g   KH: 281 g   BE: 23,5   KJ: 11913/Kcal: 2847

Tip: Übrige Croissants noch warm einfrieren. Bei Bedarf die gefrorenen Croissants im vorgeheizten Backofen bei 175°C 10—15 Minuten aufbacken. Am besten noch warm verspeisen.

Nußhörnchen

Diese Nußhörnchen haben es »in sich«.
Bei Übergewicht besser die Croissants bevorzugen!

<u>Für 1 Backblech</u>
<u>(12 Nußhörnchen):</u>

1 Rezept Plunderteig nach
dem Grundrezept
(s. Seite 113)

Füllung:
200 g gemahlene Hasel-
nüsse

60 g Diabetiker- oder
Fruchtzucker
15 g Kakao
½ TL Vanillepulver
1 Ei
1 EL Rum oder starker
schwarzer Kaffee
evtl. 1 EL Milch

Zum Bestreichen:
1 Eigelb

Zubereitungszeit: 80 Minuten
Teigruhe: 4,5—5,5 Stunden
Backzeit: 20—25 Minuten

Den Plunderteig zubereiten und im Kühlschrank ruhen lassen. Inzwischen die Haselnüsse in einer trockenen Pfanne leicht anrösten, dann abgekühlt mit den restlichen Zutaten zu einer streichfähigen Masse verkneten, eventuell 1 EL Milch dazugeben.
Das Backblech leicht ausfetten. Die Arbeitsfläche mit Mehl bestäuben. Lineal und Teigrädchen bereitlegen.
Den Plunderteig zu einem Rechteck von 40 × 30 cm ausrollen. Diese Teigplatte der Länge nach halbieren, so daß 2 Rechtecke von 40 × 15 cm entstehen. Mit Lineal und Teigrädchen aus jeder Teigplatte 5 gleichschenkelige Dreiecke von 13 cm Breite und 15 cm Höhe ausrädeln. Pro Dreieck ¹⁄₁₂ der Füllung (ca. 25 g) aufstreichen. Die Dreiecke von der Breitseite her aufrollen, zu Hörnchen biegen und auf das Blech setzen. (Dies ergibt 10 Hörnchen). Die Teigabschnitte aufeinanderlegen und zu ei-

nem Quadrat von 15 × 15 cm ausrollen. Dieses Quadrat diagonal in 2 Dreiecke teilen, füllen, aufrollen und auf das Blech setzen. Die Nußhörnchen mit einem feuchten Tuch abdecken und 30—40 Minuten gehen lassen.

Den Backofen auf 200°C vorheizen. Ein feuerfestes Schälchen mit heißem Wasser auf den Backofenboden stellen. Die Nußhörnchen sorgfältig mit Eigelb bestreichen. (Achten Sie darauf, daß auf die Schnittkanten der Hörnchen kein Eigelb kommt, sonst gehen sie nicht auf). Die Nußhörnchen bei 200°C 20—25 Minuten hellbraun backen.

Berechnung für 1 Nußhörnchen (¹/₁₂ Rezept):
Eiweiß: 7,5 g   Fett: 24 g   KH: 30 g   BE: 2,5   KJ: 1544/Kcal: 369

Berechnung für das ganze Rezept:
Eiweiß: 93 g   Fett: 289 g   KH: 365 g   BE: 30   KJ: 18536/Kcal: 4430

Heidelbeerkuchen mit Zimtstreuseln
(Foto Seite 176)

<u>Für 1 Backblech
(24 Stück):</u>

*1 Rezept Plunderteig nach
dem Grundrezept
(s. Seite 113)*

Belag:
*1050 g frische oder tiefge-
kühlte Heidelbeeren*

Streusel:
*60 g Butter oder Reform-
margarine
140 g Weizenvollkorn-
mehl
72 g Diabetiker- oder
Fruchtzucker
1 TL Zimtpulver
evtl. 1—2 EL Milch*

Zubereitungszeit: 70 Minuten
Teigruhe: 4,5—5,5 Stunden
Backzeit: 35—40 Minuten

Den Plunderteig zubereiten und im Kühlschrank gehen lassen.

Inzwischen die Heidelbeeren verlesen, waschen und gut trocknen lassen.

Für die Streusel die Butter bei milder Hitze schmelzen. Das Weizenvollkornmehl, den Fruchtzucker und den Zimt zur lauwarmen Butter geben und zwischen den Fingern zerbröseln. Falls die Streusel zu trocken sind, 1—2 EL Milch darunterkneten.

Das Backblech leicht ausfetten. Den Plunderteig auf das Backblech legen und mit Mehl bestäuben. Den Teig mit einem Teigroller gleichmäßig ausrollen, am Blechrand etwas hochziehen und mit den Heidelbeeren belegen. Die Streusel gleichmäßig auf den Heidelbeeren verteilen. Den Kuchen abgedeckt 30 Minuten gehen lassen.

Den Backofen auf 200°C vorheizen. Den Heidelbeerkuchen 35—40 Minuten bei 200°C backen.

Nach dem Backen den Kuchen auf dem Blech in 24 gleich große Stücke schneiden, auf ein Kuchengitter heben und auskühlen lassen.

Berechnung für 1 Stück Heidelbeerkuchen ($^1/_{24}$ Rezept):
Eiweiß: 3 g Fett: 9 g KH: 24 g BE: 2 KJ: 801/Kcal: 191

Berechnung für das ganze Rezept:
Eiweiß: 79 g Fett: 211 g KH: 574 g BE: 48 KJ: 19230/Kcal: 4596

Tip: Sehr hübsch sieht dieser Kuchen aus, wenn Sie ihn in einer Pie-Form backen, in der Sie ihn gleich auf den Tisch bringen können. Für eine Pie-Form von 28 cm Ø nur die Hälfte der Zutaten nehmen.

Oma Annas Brieflekuchen

Nach einem Rezept meiner schlesischen Großmutter. Die Brieflekuchen schmecken am leckersten frisch serviert aus dem Backofen zur Teestunde.

Für 1 Backblech (6 Brieflekuchen à 4 Stück):

1 Rezept Plunderteig nach dem Grundrezept
(s. Seite 113)

Füllung:
500 g Magerquark
2 Eigelb
36 g Diabetiker- oder Fruchtzucker
50 g Aprikosenmarmelade (mit Fruchtzucker gesüßt)

abgeriebene Schale von ½ Zitrone
1 EL Rum (nach Belieben)
1 TL flüssiger Süßstoff

Streusel:
100 g Weizenvollkornmehl
36 g Diabetiker- oder Fruchtzucker
50 g Butter oder Reformmargarine
1 Msp Zimtpulver

Zubereitungszeit: 90 Minuten
Teigruhe: 4,5—5,5 Stunden
Backzeit: 30 Minuten

Den Plunderteig zubereiten und im Kühlschrank ruhen lassen.
Inzwischen für die Füllung alle Zutaten miteinander verrühren. Ein Backblech leicht ausfetten.
Die Arbeitsfläche gut mit Mehl bestäuben und darauf den Plunderteig zu einem Rechteck von 30×45 cm ausrollen. Mit einem Lineal und Teigrädchen den Teig in 6 Quadrate von 15×15 cm ausrädeln. In die Mitte jedes Quadrates ⅙ (ca. 100 g) der Füllung geben und etwas verstreichen. Die 4 Ecken des Quadrats, wie bei einem Briefumschlag, zur Mitte hin einschlagen und die Ecken leicht zusammendrücken. Mit einer Bratschaufel die Briefle auf das Backblech heben und mit einem feuchten

Tuch abdecken. Die Brieflekuchen 30—40 Minuten gehen lassen.

Zwischenzeitlich für die Streusel die Butter bei milder Hitze schmelzen. Den Fruchtzucker, Zimt und das Weizenvollkornmehl zur lauwarmen Butter geben und zwischen den Fingern zerbröseln. Die Streusel abkühlen lassen.

Den Backofen auf 200°C vorheizen. Ein feuerfestes Schälchen mit heißem Wasser auf den Backofenboden stellen.

Die Briefle mit kaltem Wasser bestreichen, die Streusel gleichmäßig darauf verteilen. Die Brieflekuchen bei 200°C 30 Minuten hellbraun backen.

Nach dem Backen jedes Briefle vierteln, auf ein Kuchengitter heben und auskühlen lassen. Dieses Rezept ergibt 24 Kuchenstücke.

Berechnung für 1 Stück Brieflekuchen ($^1/_{24}$ Rezept):
Eiweiß: 6 g Fett: 9 g KH: 19 g BE: 1,5 KJ: 758/Kcal: 181

Berechnung für das ganze Rezept:
Eiweiß: 142 g Fett: 216 g KH: 457,5 g BE: 36 KJ: 18193/Kcal: 4348

Tip: Die Brieflekuchen lassen sich sehr gut noch warm einfrieren. Bei Bedarf die gefrorenen Kuchenstücke im vorgeheizten Backofen bei 175°C 12—15 Minuten aufbacken.

Variante: Falls Ihnen die Zubereitung der Briefle zu zeitaufwendig ist, können Sie mit dem Plunderteig ein Backblech belegen, die Quarkmasse daraufstreichen und die Streusel gleichmäßig darüberstreuen. Nach dem Backen den Kuchen in 24 gleich große Stücke schneiden.

Schneckennudeln

Die Plunderschnecken schmecken, frisch aus dem Backofen, jedoch abgekühlt, am besten.
Sie können ein Rezept Schneckennudeln mit 2 verschiedenen Füllungen zubereiten (dafür je ½ Rezept Füllung zubereiten). Bei Übergewicht sollten Sie jedoch der Quarkfüllung den Vorzug geben.

Für 1 Backblech
Schneckennudeln
(20 Stück):

1 Rezept Plunderteig nach
dem Grundrezept
(s. Seite 113)

Quarkfüllung:
400 g Magerquark

60 g Diabetiker- oder
Fruchtzucker
abgeriebene Schale von
½ Zitrone
½ TL Vanillepulver

Glasur:
175 g Aprikosen-
marmelade (mit Frucht-
zucker gesüßt)

Zubereitungszeit: 80 Minuten
Teigruhe: 4,5—5,5 Stunden
Backzeit: 25—30 Minuten

Den Plunderteig zubereiten und im Kühlschrank ruhen lassen.
Für die Füllung den Quark in ein Küchentuch geben und durch dieses 100 g Molke ausdrücken. Den ausgedrückten Quark mit dem Fruchtzucker, der Zitronenschale und dem Vanillepulver verrühren.
Das Backblech leicht ausfetten. Die Arbeitsfläche mit Mehl bestäuben.
Den Plunderteig zu einem Rechteck von 25 × 30 cm gleichmäßig auswellen. Die Quarkmasse darauf verstreichen. Die Teigplatte von der Breitseite her aufrollen, so daß eine 30 cm lange Rolle entsteht. Mit einem Lineal die Rolle in 1,5 cm breite Stücke einteilen und mit einem

scharfen Messer behutsam durchschneiden. Dabei den Teig nicht zusammendrücken.

Die Schneckennudeln auf das Blech legen, mit einem feuchten Tuch bedecken und 30—40 Minuten gehen lassen.

Den Backofen auf 200°C vorheizen. Ein Schälchen mit heißem Wasser auf den Backofenboden stellen. Die Schneckennudeln bei 200°C in 25—30 Minuten hellbraun backen.

Kurz vor Ende der Backzeit die Aprikosenmarmelade mit 2 EL Wasser erhitzen und unter Rühren köcheln lassen.

Die Schneckennudeln aus dem Ofen nehmen, auf ein Kuchengitter heben und sofort mit der heißen Marmelade satt einpinseln.

Berechnung für 1 Schneckennudel ($^1/_{20}$ Rezept):
Eiweiß: 5,5 g   Fett: 8 g   KH: 22 g   BE: 1,75   KJ: 765/Kcal: 182

Berechnung für das ganze Rezept:
Eiweiß: 110 g   Fett: 160 g   KH: 441 g   BE: 35   KJ: 15304/Kcal: 3658

Variante: Marzipanschnecken

Marzipanfüllung:	*2—3 Tropfen Bitter-*
240 g geschälte Mandeln	*mandelöl*
36 g Diabetiker- oder	*etwas Sahne*
Fruchtzucker	*flüssiger Süßstoff*

Die Herstellung der Marzipanschnecken erfolgt genauso wie die der Quarkschnecken. Nur die Füllung unterscheidet sich. Für die Füllung die Mandeln im Mixer mehlfein mahlen. Den Fruchtzucker und das Bittermandelöl daruntermischen. Soviel Sahne hinzufügen, daß die Masse streichfähig wird. Mit dem flüssigen Süßstoff die Marzipanfüllung abschmecken. Weitere Zubereitung siehe Schneckennudeln mit Quarkfüllung.

Pflaumenkuchen mit Mandeln

<u>Für 1 Backblech
(24 Stück):</u>

*1 Rezept Plunderteig nach
dem Grundrezept
(s. Seite 113)*

*Belag:
40 g Vollkornsemmel-
brösel*

*1750 g entsteinte,
halbierte Pflaumen*

*Zum Bestreuen:
70 g gestiftelte Mandeln
60 g Diabetiker- oder
Fruchtzucker
1 gestrichener TL Zimt-
pulver*

Zubereitungszeit: 80 Minuten
Teigruhe: 4,5—5,5 Stunden
Backzeit: 40—45 Minuten

Den Plunderteig zubereiten und im Kühlschrank ruhen
lassen.
Das Backblech leicht ausfetten. Den Plunderteig auf das
Backblech legen, mit Mehl bestäuben und mit einem
kleinen Teigroller gleichmäßig auswellen. Rund um das
Blech einen kleinen Rand formen. Den Plunderteig gleichmäßig mit den Vollkornbröseln bestreuen, damit der Boden durch die Pflaumen nicht aufgeweicht wird. Den
Teig dicht mit den Pflaumen belegen (Schnittfläche nach
oben). Die Mandelsplitter auf den Pflaumen verteilen
und den Kuchen 30 Minuten, mit einem feuchten Tuch
abgedeckt, gehen lassen.

Den Backofen auf 200°C vorheizen. Den Pflaumenkuchen bei 200°C 40—45 Minuten backen.
Fruchtzucker und Zimt mischen. Den Kuchen aus dem Ofen nehmen, sofort mit Zimtzucker gleichmäßig bestreuen und in 24 gleich große Stücke schneiden.
Die Kuchenstücke auf ein Kuchengitter heben und auskühlen lassen.
Ganz frisch schmeckt dieser Pflaumenkuchen am besten.

Berechnung für 1 Stück Pflaumenkuchen ($^1/_{24}$ Rezept):
Eiweiß: 3,5 g Fett: 8 g KH: 24 g BE: 2 KJ: 776/Kcal: 185

Berechnung für das ganze Rezept:
Eiweiß: 85 g Fett: 199 g KH: 579 g BE: 48 KJ: 18631/Kcal: 4453

Mürbeteig

Ein knuspriger Vollkornmürbeteig ist schnell zubereitet und kann vielseitig verwendet werden.
Trotzdem erfordert er eine gewisse Sorgfalt: kühle Zutaten, kühle Hände, und möglichst eine kühle Arbeitsplatte. Der Teig sollte sich auf keinen Fall beim Kneten erwärmen (Handwärme), sonst wird er klebrig und bröckelt nach dem Backen.

Tips rund um den Teig

Die Zutaten:

- Die Zutaten, besonders Butter und Ei, sollten kalt sein.

- Die Butter mit einem Messer klein würfeln, dann erst mit den restlichen Zutaten verkneten. So erübrigt sich ein langes Kneten.

- Eine kleine Menge Diabetiker- bzw. Fruchtzucker karamelisiert beim Backen und macht den Teig mürbe und zartschmelzend. Ausschließlich mit Süßstoff gesüßt, wird der Vollkornmürbeteig trocken und schmeckt strohig.

- Zur Abwechslung kann der Mürbeteig auch mit einem kleinen Anteil Nüsse — besonders gut finde ich Walnüsse — verfeinert werden. Dabei dann die entsprechende Mehl- und BE-Menge abziehen.

- Falls der Teig etwas zu trocken ist, rasch 1—2 EL kalte Milch darunterkneten.

Der Teig:

- Den Mürbeteig sofort nach dem Kneten in Pergamentpapier einschlagen und 30 Minuten im Kühlschrank ruhen lassen. In dieser Zeit kann das Vollkornmehl ausquellen. Auch läßt sich der Teig danach besser ausrollen.

- Zum Auswellen den Mürbeteig zwischen 2 Lagen Pergamentpapier oder Backtrennpapier legen und gleichmäßig auswellen. Dadurch sparen Sie Mehl.

Das Backen:

- Für saftige Obst- oder Quarkbeläge sollte der Teig vorgebacken werden. Dabei muß der Teigrand gestützt werden, sonst sinkt er beim Backen um. Ohne großen Aufwand gelingt Ihnen dies mit einem mehrfach gefalzten Streifen Alufolie, den Sie am Formrand entlang gegen den Teig drücken. Zusätzlich mit einer Gabel mehrmals in den Teigboden stechen, damit dieser während des Backens keine Blasen wirft.

- Torteletts, die erst nach dem Backen belegt werden, sollten »blindgebacken« werden. Dafür die mit Teig ausgeschlagene Torteletttform mit Pergamentpapier belegen und mit Hülsenfrüchten beschweren.

Die Lagerung:

- Mürbeteig läßt sich gut einfrieren. Bei Bedarf den Teig im Kühlschrank auftauen lassen.

Mürbeteig-Grundrezept

Dieser Vollkornmürbeteig mit seinem nussigen Geschmack, bietet Kuchen, Törtchen und Torten eine knusprige Unterlage. Auch zu mürben Butterkeksen kann dieser Teig verwendet werden.

<u>Für 1 Springform</u>
<u>(26 cm Ø) oder</u>
<u>6 Torteletförmchen</u>
<u>12 cm Ø):</u>

90 g kalte Butter oder
Reformmargarine

36 g Diabetiker- oder
Fruchtzucker
180 g Weizenvollkorn-
mehl
1 Ei
Schale von ½ Zitrone

Zubereitungszeit: 10 Minuten
Teigruhe: 30 Minuten

Die Butter klein würfeln und zusammen mit dem Fruchtzucker, dem Weizenvollkornmehl, dem Ei und der Zitronenschale rasch verkneten. Den Mürbeteig in Pergamentpapier einschlagen und 30 Minuten im Kühlschrank ruhen lassen.
Den Mürbeteig entsprechend der jeweiligen Rezepte weiterverarbeiten.

Berechnung für 1 Rezept Mürbeteig:
Eiweiß: 26,5 g Fett: 83,5 g KH: 145 g BE: 12 KJ: 6024/Kcal: 1440

Oberschwäbische Kirschtörtchen

Für 6 Tortelettförmchen
(12 cm Ø):

1 Rezept Mürbeteig nach
dem Grundrezept
(s. Seite 126)

Belag:
350 g entsteinte Sauer-
kirschen aus dem Glas
(mit Süßstoff) oder frische/
tiefgekühlte Sauerkirschen,
mit Süßstoff gedünstet

Guß:
2 Eigelb
36 g Diabetiker- oder
Fruchtzucker
50 g Magerquark
1/2 TL Zitronenschale
1 Msp Vanillepulver
1 Eiweiß

Zubereitungszeit: 50 Minuten
Teigruhe: 30 Minuten
Backzeit: 25—35 Minuten

Den Mürbeteig zubereiten und im Kühlschrank ruhen
lassen.
Inzwischen die Tortelettförmchen gut ausfetten. Den
Guß vorbereiten. Dafür die Eigelb mit 20 g Fruchtzucker,
dem Magerquark und den Gewürzen verrühren. Das Eiweiß kühl stellen. Die Sauerkirschen in einem Sieb abtropfen lassen.
Den Mürbeteig zwischen Pergamentpapier 3 mm dick
ausrollen. Entsprechend große Plätzchen ausstechen und
die Tortelettförmchen damit auslegen.
Den Backofen auf 200°C vorheizen. Für den Guß das Eiweiß steif schlagen. Den restlichen Fruchtzucker hinzufügen und kurz weiterschlagen. Das Eiweiß behutsam unter die Quarkmasse heben.
Die abgetropften Sauerkirschen gleichmäßig in die
Förmchen verteilen. Den Guß mit einem Eßlöffel darübergeben.
Die Törtchen bei 200°C 25 Minuten goldbraun backen.

Die Förmchen aus dem Backofen nehmen, den Teigrand mit einem Messer lösen. Die Törtchen auf einen Teller stürzen und sofort wieder umdrehen, dabei die Törtchen auf das Kuchengitter legen. Damit der Boden knusprig wird, die Kirschtörtchen auf dem Kuchengitter 5—10 Minuten im heißen Backofen nachbacken. Die Oberfläche mit Pergamentpapier abdecken. Danach die Törtchen auf dem Kuchengitter auskühlen lassen.

Berechnung für 1 Kirschtörtchen (12 cm Ø, $\frac{1}{6}$ Rezept):
Eiweiß: 8 g Fett: 16 g KH: 36 g BE: 3 KJ: 1358/Kcal: 324

Berechnung für das ganze Rezept:
Eiweiß: 47 g Fett: 97,5 g KH: 220 g BE: 18 KJ: 8148/Kcal: 1947

Tip: Aus den Zutaten für diese Kirschtörtchen können Sie auch eine Kirschtorte in einer Springform (26 cm Ø) backen. Dann den Mürbeteigboden 15 Minuten bei 200°C vorbacken. Die Kirschen darauf verteilen, den Guß darübergießen und den Kuchen so lange weiterbacken, bis der Guß goldgelb und fest ist (25—30 Minuten). Den Kuchen auf dem Kuchengitter auskühlen lassen und in 12 gleich große Stücke schneiden.

Berechnung für 1 Stück Kirschkuchen:
Eiweiß: 4 g Fett: 8 g KH: 18 g BE: 1,5 KJ: 679/Kcal: 162

Berechnung für den ganzen Kirschkuchen:
Eiweiß: 48 g Fett: 96 g KH: 216 g BE: 18 KJ: 8148/Kcal: 1944

Kirschkuchen »Ambrosia«

Für 1 Springform
(26 cm Ø):

Mürbeteig:
50 g gekochte, geschälte
Kartoffeln
100 g kalte Butter oder
Reformmargarine
150 g Weizenvollkorn-
mehl
24 g Diabetiker- oder
Fruchtzucker
1 Eigelb
Schale von ½ Zitrone

Belag:
360 g Sauerkirschen aus
dem Glas (mit Süßstoff ein-
gemacht) oder 360 g ent-
steinte Sauerkirschen, mit
Süßstoff abgeschmeckt

Guß:
40 g Haselnüsse
2 Eier
48 g Diabetiker- oder
Fruchtzucker
125 g Sauerrahm
1 Msp Vanillepulver
½ TL Zimtpulver

Zum Bestäuben:
12 g Diabetikerzucker

Zubereitungszeit: 70 Minuten
Teigruhe: 30 Minuten
Backzeit: 40—45 Minuten

Die Kartoffeln fein reiben. Die Butter klein würfeln. Kartoffeln, Butter, Weizenvollkornmehl, Fruchtzucker, Eigelb
und Zitronenschale rasch zu einem Mürbeteig verkneten
und 30 Minuten kalt stellen.
Zwischenzeitlich für den Guß die Haselnüsse mahlen
und in einer trockenen Pfanne leicht anrösten, dann abkühlen lassen. Haselnüsse, Eier, Fruchtzucker, Sauerrahm
und Gewürze verquirlen. Die Kirschen in einem Sieb abtropfen lassen.
Den Backofen auf 180°C vorheizen. Die Springform leicht
ausfetten. Den Mürbeteig zwischen Pergamentpapier
auswellen und damit die Springform auslegen. Einen
kleinen Rand hochziehen. Den Teigrand mit doppelt ge-

falteter Alufolie stützen. Mit einer Gabel mehrmals in den Teigboden stechen. Den Boden bei 180°C 20 Minuten vorbacken.

Die Alufolie entfernen und die Kirschen auf dem vorgebackenen Boden gleichmäßig verteilen. Den Guß über die Kirschen gießen. Den Kuchen noch so lange backen, bis der Guß fest und goldbraun ist (ca. 20—25 Minuten). Den Kirschkuchen auf einem Kuchengitter auskühlen lassen und mit dem Diabetikerzucker (durch ein Sieb) bestäuben. Vor dem Servieren den Kuchen in 12 gleich große Stücke schneiden.

Berechnung für 1 Stück Kirschkuchen (¹/₁₂ Rezept):
Eiweiß: 3,5 g Fett: 10,5 g KH: 18,5 g BE: 1,5 KJ: 785/Kcal: 187

Berechnung für den ganzen Kirschkuchen:
Eiweiß: 44,5 g Fett: 130,5 g KH: 225 g BE: 18 KJ: 9430/Kcal: 2254

Pflaumenkuchen mit Walnußkrokant

Für 1 Springform
(26 cm Ø):

*1 Rezept Mürbeteig nach dem Grundrezept
(s. Seite 126)*

Belag:
500 g entsteinte Pflaumen

Krokant:
*60 g Walnußkerne
30 g Diabetiker- oder Fruchtzucker*

Zum Bestreuen:
*12 g Diabetiker- oder Fruchtzucker
1 gestrichener TL Zimtpulver*

Zubereitungszeit: 45 Minuten
Teigruhe: 30 Minuten
Backzeit: 30—35 Minuten

Den Mürbeteig zubereiten und 30 Minuten im Kühl-schrank ruhen lassen. Inzwischen die Pflaumen der Län-ge nach vierteln. Für den Krokant die Walnüsse mittel-grob hacken. Die Walnüsse zusammen mit dem Frucht-zucker in einer trockenen Pfanne unter Rühren erhitzen, bis sich der Zucker gelöst und mit den Nüssen verbun-den hat. Dann den Krokant abkühlen lassen.

Den Backofen auf 180°C vorheizen. Die Springform leicht ausfetten.

Den Mürbeteig zwischen Pergamentpapier auswellen und damit die Springform mit einem 2 cm hohen Rand auslegen. Die Pflaumen auf dem Boden sehr dicht, mit der Schnittfläche nach oben, anordnen. Die Pflaumen gleichmäßig mit dem Krokant bestreuen. Den Pflaumen-kuchen bei 180°C 30—35 Minuten backen.

Fruchtzucker und Zimtpulver vermischen und den Ku-chen sofort nach dem Backen damit bestreuen. Den Pflaumenkuchen vorsichtig auf das Kuchengitter heben, auskühlen lassen und in 12 gleich große Stücke schnei-den.

Berechnung für 1 Stück Pflaumenkuchen ($^1/_{12}$ Rezept):
Eiweiß: 3 g Fett: 10 g KH: 21 g BE: 1,75 KJ: 788/Kcal: 188

Berechnung für das ganze Rezept:
Eiweiß: 38,5 g Fett: 121 g KH: 252 g BE: 21 KJ: 9463/Kcal: 2261

Tip: Für den Krokant können Sie anstatt der Walnußker-ne auch grobgehackte Haselnüsse oder Mandeln ver-wenden.

Linzertorte

(Foto Seite 177)

Für 1 Springform
(26 cm Ø):

Mürbeteig:
100 g kalte Butter
68 g Diabetiker- oder
Fruchtzucker
40 g gemahlene Walnüsse
1 Ei
1 Eigelb
1 TL Kakao
1 gestrichener TL Zimt-
pulver
Schale von ½ Zitrone
1 Prise Nelkenpulver
1 Msp Backpulver

Zubereitungszeit: 50 Minuten
Teigruhe: 30 Minuten
Backzeit: 30—35 Minuten

200 g Weizenvollkorn-
mehl

Füllung:
175 g Diabetiker-
marmelade (Erdbeer,
Himbeer oder Johannis-
beer)
200 g frische oder tiefge-
kühlte Himbeeren

Zum Bestreichen:
1 Eigelb

Zum Bestäuben:
10 g Diabetikerzucker

Die Butter klein würfeln und mit den restlichen Zutaten
rasch zu einem Mürbeteig verkneten. Den Teig abgedeckt 30 Minuten im Kühlschrank ruhen lassen.
Inzwischen die Springform leicht einfetten. Für die Füllung die Marmelade mit den Himbeeren im Mixer vermischen. Den Backofen auf 175°C vorheizen.
⅔ des Mürbeteigs zwischen Pergamentpapier auswellen
und damit die Springform mit einem 1 cm hohen Rand
belegen. Die Füllung auf den Boden geben und glattstreichen. Den restlichen Teig ausrollen und in 1,5 cm
breite Streifen ausrädeln. Die Fruchtfüllung mit den Teig-
streifen gitterförmig belegen. Das Teiggitter mit Eigelb
bestreichen. Den Kuchen auf der zweituntersten Schiene
bei 175°C 30—35 Minuten backen.

132

Die Linzertorte auf einem Kuchengitter auskühlen lassen und in Alufolie eingepackt, mindestens 1 Tag an einem kühlen Platz durchziehen lassen.
Den Kuchen vor dem Servieren in 12 gleich große Stücke schneiden und gleichmäßig durch ein Sieb mit dem Diabetikerzucker bestäuben.

Berechnung für 1 Stück Linzertorte ($\frac{1}{12}$ Rezept):
Eiweiß: 3,5 g Fett: 10,5 g KH: 24 g BE: 2 KJ: 857/Kcal: 204

Berechnung für die ganze Torte:
Eiweiß: 41,5 g Fett: 125 g KH: 288 g BE: 24 KJ: 10288/Kcal: 2459

Unterländer Apfelkuchen

<u>Für 1 Springform
(26 cm Ø):</u>

Mürbeteig:
*90 g kalte Butter oder
Reformmargarine
180 g Weizenvollkorn-
mehl
24 g Diabetiker- oder
Fruchtzucker
1 Ei*

Belag:
*600 g säuerliche Äpfel,
geschält*

Zitronensaft

*Guß:
2 Eier
36 g Diabetiker- oder
Fruchtzucker
125 g saure Sahne (10 %
Fett)
abgeriebene Schale von
1 Zitrone
1 EL Rum (nach Belieben)
flüssiger Süßstoff*

Zubereitungszeit: 60 Minuten
Teigruhe: 30 Minuten
Backzeit: 45—50 Minuten

Die Butter klein würfeln und mit dem Weizenvollkorn-mehl, dem Fruchtzucker und dem Ei rasch verkneten.

Den Teig in Pergamentpapier schlagen und 30 Minuten im Kühlschrank ruhen lassen.

Zwischenzeitlich die Äpfel achteln, das Kernhaus herausschneiden und mit etwas Zitronensaft beträufeln. Den Backofen auf 200°C vorheizen. Eine Springform leicht ausfetten.

Anschließend den Mürbeteig zwischen Pergamentpapier auswellen und die Springform, mit einem kleinen Rand, damit auslegen. Den Teig dicht mit den Apfelspalten belegen. Den Kuchen auf der zweituntersten Schiene bei 200°C 20 Minuten backen.

Zwischenzeitlich für den Guß die Eier trennen. Das Eiweiß kalt stellen. Die Eigelb mit dem Fruchtzucker schaumig schlagen. Die Sahne, die Zitronenschale und den Rum dazugeben. Das Eiweiß steif schlagen und unter die Eigelbcreme heben. Mit Süßstoff abschmecken. Den Guß gleichmäßig auf dem vorgebackenen Kuchen verteilen und bei 200°C backen, bis er fest und goldbraun ist (ca. 25—30 Minuten).

Den Apfelkuchen auf einem Kuchengitter auskühlen lassen und in 10 gleichmäßige Stücke schneiden.

Berechnung für 1 Stück Unterländer Apfelkuchen (¹/₁₀ Rezept):
Eiweiß: 4,5 g   Fett: 12 g   KH: 24 g   BE: 2   KJ: 908/Kcal: 217

Berechnung für den ganzen Kuchen:
Eiweiß: 46 g   Fett: 112 g   KH: 247 g   BE: 20   KJ: 9087/Kcal: 2172

Rhabarberkuchen mit Baiser

Ein erfrischender Sommerkuchen nach einem italienischen Rezept. Die im Originalrezept vorgesehene Füllung aus roten Johannisbeeren und Johannisbeergelee habe ich gegen Rhabarber ausgetauscht, dessen Kohlenhydratgehalt nicht berechnet werden muß. Trotzdem finde ich, daß dieser Kuchen einem Vergleich mit dem Originalkuchen standhält, obwohl er kalorisch etwa um die Hälfte reduziert ist.

<u>Für 1 Springform</u>
<u>(26 cm Ø):</u>

1 Eigelb
20 g Sahne

Mürbeteig:
180 g Weizenvollkorn-
mehl
90 g kalte Butter oder
Reformmargarine
24 g Diabetiker- oder
Fruchtzucker
1 Ei

Rhabarberfüllung:
500 g Rhabarber, geschält
100 g trockener Weißwein
oder Wasser
2—3 TL flüssiger Süßstoff
1 Msp Zimtpulver
Schale von ½ Zitrone
2 g Biobin oder Nestargel

Mandelfüllung:
80 g geschälte Mandeln
1 Tropfen Bittermandelöl
24 g Diabetiker- oder
Fruchtzucker

Baiser:
3 Eiweiß
1 Prise Vollmeersalz
55 g Diabetiker- oder
Fruchtzucker

Zubereitungszeit: 75 Minuten
Teigruhe: 30 Minuten
Backzeit: 30 Minuten

Butter klein würfeln und rasch mit dem Weizenvollkornmehl, dem Fruchtzucker und dem Ei zu einem Mürbeteig verkneten. In Pergamentpapier einschlagen und 30 Minuten im Kühlschrank ruhen lassen. Den Backofen auf 200°C vorheizen. Eine Springform ausfetten.
Den Rhabarber in 2 cm lange Stücke schneiden und mit Weißwein, Zimt, Zitronenschale und Süßstoff wenige Minuten weich dünsten. Biobin darüberstäuben und unterrühren. Abkühlen lassen.
Für die Mandelfüllung die Mandeln im Mixer mehlfein mahlen und mit dem Bittermandelöl, dem Fruchtzucker,

dem Eigelb und der Sahne zu einer weichen Paste verkneten.

Den Mürbeteig zwischen Pergamentpapier ausrollen. Die Springform mit einem 1 cm hohen Rand damit auslegen. Die Mandelfüllung mit einem Teigschaber daraufstreichen. Den Mürbeteigrand mit einem Streifen doppelt gefalteter Alufolie stützen, damit er beim Backen nicht nach innen kippt. Mit einer Gabel mehrmals in den Kuchenboden stechen. Bei 200°C 20 Minuten backen.

Zwischenzeitlich für den Baiser das Eiweiß mit dem Salz steif schlagen, dabei den Fruchtzucker langsam hineinrieseln lassen.

Die Rhabarberfüllung auf dem vorgebackenen Boden verteilen. Die Baisermasse in einen Spritzbeutel mit großer Tülle füllen und spiralförmig auf den Rhabarber spritzen. Sie können den Baiser auch mit einem Teigschaber glatt aufstreichen. Den Kuchen bei 200°C in 8—10 Minuten hellbraun backen. Auf einem Kuchengitter auskühlen lassen. Den Rhabarberkuchen in 12 gleichmäßige Stücke schneiden.

Dieser Kuchen eignet sich nicht zum Einfrieren.

Berechnung für 1 Stück Rhabarberkuchen ($^1/_{12}$ Rezept):
Eiweiß: 4,5 g Fett: 11,5 g KH: 25 g BE: 1,5 KJ: 843/Kcal: 201

Berechnung für den ganzen Rhabarberkuchen (1000 g):
Eiweiß: 54 g Fett: 138,5 g KH: 300 g BE: 18 KJ: 10125/Kcal: 2420

Festliche Himbeertorte

(Foto Seite 224)

(Foto Seite 224)

<u>Für 1 Springform</u>
<u>(26 cm Ø):</u>

½ Rezept Biskuit-Grund-
rezept II (s. Seite 172)

Mürbeteig:
50 g kalte Butter oder
Reformmargarine
18 g Diabetiker- oder
Fruchtzucker
100 g Weizenvollkornmehl
½ Ei

Zum Tränken der Böden:
75 g Himbeermarmelade,
mit Fruchtzucker gesüßt

1 EL Rum (nach Belieben)
2 EL trockener Weißwein
(nach Belieben)

Belag:
200 g gekühlte Sahne
2 g Biobin oder Nestargel
24 g Diabetiker- oder
Fruchtzucker
400 g Himbeeren, frisch
oder tiefgekühlt

Garnitur:
30 g leicht geröstete
Mandelblättchen

Zubereitungszeit: 50 Minuten (ohne Biskuitboden)
Teigruhe: 30 Minuten
Backzeit: ca. 20 Minuten

Einen Biskuitteig herstellen und im vorgeheizten Backofen bei 180°C 15—20 Minuten backen. Dann auf einem
Kuchengitter auskühlen lassen.
Zwischenzeitlich die Butter klein würfeln und mit dem
Fruchtzucker, dem Weizenvollkornmehl und dem Ei rasch
verkneten. Den Mürbeteig in Pergamentpapier schlagen
und für 30 Minuten in den Kühlschrank legen.
Den Backofen auf 200°C vorheizen. Einen Springformboden leicht ausfetten. Den Mürbeteig auf das Blech geben, Pergamentpapier darauflegen und auswellen. Mit
einer Gabel mehrmals in den Boden stechen und diesen

bei 200°C hellbraun backen (ca. 20 Minuten). Den Teigboden auf einem Kuchengitter auskühlen lassen.

Den Mürbeteigboden auf eine Tortenplatte legen und mit 50 g Himbeermarmelade gleichmäßig bestreichen. Den Biskuitboden daraufsetzen. Die restliche Marmelade mit Rum und Weißwein verquirlen, den Biskuit damit tränken.

Die Sahne mit Biobin steif schlagen, den Fruchtzucker am Schluß kurz darunterrühren. 2 EL Sahne bis zum Gebrauch kühl stellen. Mit der restlichen Sahne den Biskuit gleichmäßig bestreichen. Die Himbeeren auf der Sahne verteilen. Nach Belieben die Himbeeren mit einem Geleeguß (s. Seite 178) überziehen.

Den Tortenrand mit der beiseite gestellten Sahne bestreichen und mit den Mandelblättchen garnieren. Den Kuchen in 10 gleich große Stücke schneiden.

Berechnung für 1 Stück Himbeertorte ($^1/_{10}$ Rezept):
Eiweiß: 5 g Fett: 14 g KH: 23 g BE: 2 KJ: 980/Kcal: 244

Berechnung für die ganze Torte:
Eiweiß: 50 g Fett: 141 g KH: 228 g BE: 20 KJ: 9881/Kcal: 2442

Variante: Sie können bei dieser Torte anstatt der Himbeeren, bei gleicher Berechnung, dieselbe Menge Erdbeeren verarbeiten.

Hohenloher Heidelbeertorte

Im Hochsommer verbringen wir manches Wochenende im Wald, um unsere Wintervorräte an Heidelbeeren zu sammeln. Zur Belohnung gibt es dann am Sonntag diese köstliche Heidelbeertorte. Der knusprige Mürbeteigboden harmoniert besonders gut mit der zarten Cremefüllung und dem herb-süßen Heidelbeerbelag.

Für 1 Springform
(26 cm Ø):

Mürbeteig:
70 g Butter oder Reform-
margarine, gut gekühlt
140 g Weizenvollkornmehl
24 g Diabetiker- oder
Fruchtzucker
1 Eigelb

Füllung:
6 Blatt weiße Gelatine
2 Eigelb
36 g Diabetiker- oder
Fruchtzucker

125 g Milch (3,5 % Fett)
1 Msp Vanillepulver
300 g süße Sahne
150 g Heidelbeeren
2 TL Zitronensaft
flüssiger Süßstoff

Belag:
250 g Heidelbeeren
12 g Diabetiker- oder
Fruchtzucker

Zum Garnieren:
30 g leicht gebräunte
Mandelblättchen

Zubereitungszeit: 60 Minuten
Backzeit: 15—20 Minuten

Die Butter klein würfeln und zusammen mit dem Weizenvollkornmehl, dem Diabetikerzucker und dem Eigelb rasch verkneten. Den Mürbeteig in Pergamentpapier einschlagen und 30 Minuten kalt stellen.
Den Backofen auf 200°C vorheizen. Einen Springformboden leicht ausfetten.
Den Mürbeteig zwischen Pergamentpapier ausrollen und den Springformboden damit belegen. Mit einer Ga-

bel mehrmals in den Teig stechen. Bei 200 °C den Boden 15—20 Minuten backen. Vorsichtig vom Blech lösen und auf einem Kuchengitter auskühlen lassen.

Für die Füllung die Gelatine in kaltem Wasser 10 Minuten quellen lassen. Die Milch mit dem Vanillepulver aufkochen, vom Herd nehmen und 2 Minuten abkühlen lassen. Die Gelatine ausdrücken und unter die Milch rühren. Die Eigelb und den Diabetikerzucker mit dem Schneebesen kräftig schlagen, dabei die Milch langsam zugießen. Die Creme im Eiswasser kalt rühren.

Die Heidelbeeren pürieren. Die Sahne steif schlagen Heidelbeeren und Sahne unter die gerade gelierende Creme heben.

Die Füllung mit Zitronensaft und Süßstoff abschmecken. Davon 2 EL abnehmen und bis zum Gebrauch im Kühlschrank aufbewahren.

Den Mürbeteigboden mit einem Tortenring umstellen, die Creme einfüllen, glattstreichen und, mit Alufolie abgedeckt, mindestens 2 Stunden im Kühlschrank gut durchkühlen lassen.

Vor dem Servieren die Heidelbeeren mit dem Diabetikerzucker behutsam mischen und auf der Cremefüllung verteilen. Den Tortenring lösen. Mit der restlichen Creme den Tortenrand bestreichen und mit den gerösteten Mandelblättchen garnieren. Die Torte mit einem scharfen Messer in 12 gleich große Stücke schneiden.

Berechnung für 1 Stück Torte ($^1/_{12}$ Rezept):
Eiweiß: 4 g Fett: 15 g KH: 18 g BE: 1,5 KJ: 1050/Kcal: 251

Berechnung für die gesamte Torte:
Eiweiß: 48 g Fett: 190 g KH: 220 g BE: 18 KJ: 12635/Kcal: 3020

Pfirsich-Mandel-Kuchen

Für 1 Springform
(26 cm Ø):

Mürbeteig:
90 g kalte Butter oder
Reformmargarine
180 g Weizenvollkorn-
mehl
1 Ei
24 g Diabetiker- oder
Fruchtzucker

Belag:
540 g frische Pfirsiche
oder 4 BE Pfirsiche aus
dem Glas (mit Süßstoff zubereitet)

Guß:
70 g geschälte Mandeln
2 Eier
42 g Diabetiker- oder
Fruchtzucker
3 Tropfen Bittermandelöl
20 g Weizenvollkornmehl
flüssiger Süßstoff

Zubereitungszeit: 70 Minuten
Teigruhe: 30 Minuten
Backzeit: 55—60 Minuten

Für den Mürbeteig die Butter klein würfeln und mit dem
Weizenvollkornmehl, dem Ei und dem Fruchtzucker rasch
verkneten. In Pergamentpapier eingeschlagen, den Teig
30 Minuten im Kühlschrank ruhen lassen.
Zwischenzeitlich die Pfirsiche je nach Reife 2—3 Minuten in kochendes Wasser geben, mit einem kleinen Messer die Haut abziehen und abkühlen lassen. Danach die
Pfirsiche halbieren, den Stein herauslösen und in ½ cm
dicke Spalten schneiden.
Den Backofen auf 180°C vorheizen. Eine Springform
leicht ausfetten. Den Mürbeteig mit Hilfe von Pergamentpapier auswellen und die Springform mit einem 2 cm
hohen Rand damit auskleiden. Den Mürbeteigrand mit
doppelt gefalteter Alufolie stützen, mit einer Gabel mehrmals in den Teigboden stechen. Den Mürbeteig 20 Minuten bei 180°C vorbacken.
Inzwischen für den Guß die Mandeln im Mixer mehlfein

mahlen. Die Eier trennen. Das Eiweiß kühl stellen. Den Fruchtzucker mit dem Eigelb und dem Bittermandelöl 5 Minuten im Wasserbad (s. Seite 170) warm aufschlagen. Danach das Töpfchen mit der Eiercreme aus dem Wasserbad nehmen und weitere 5 Minuten schlagen. Die Eiweiß steif schlagen. Die Mandeln und das Weizenvollkornmehl zusammen mit der Hälfte des Eischnees unter die Eiercreme ziehen. Das restliche Eiweiß darunterheben. Den Guß mit Süßstoff abschmecken. Den vorgebackenen Boden dicht mit den Pfirsichspalten belegen, den Guß darauf verteilen und glattstreichen. Den Kuchen bei 180°C noch 35—40 Minuten backen.

Den Pfirsichkuchen auf einem Kuchengitter auskühlen lassen. Mit einem nassen Messer in 10 gleichmäßige Stücke schneiden.

Berechnung für 1 Stück Pfirsich-Mandel-Kuchen (¹⁄₁₀ Rezept):
Eiweiß: 6 g   Fett: 13 g   KH: 24 g   BE: 2   KJ: 842/Kcal: 201

Berechnung für den ganzen Pfirsich-Mandel-Kuchen:
Eiweiß: 60 g   Fett: 135 g   KH: 243 g   BE: 20   KJ: 8426/Kcal: 2014

Schwäbischer Träublekuchen

Für 1 Springform
(26 cm Ø):

Mürbeteig:
90 g kalte Butter oder
Reformmargarine
30 g Diabetiker- oder
Fruchtzucker
180 g Weizenvollkornmehl
1 Ei

Belag:
60 g Hafer, fein gemahlen
125 g Haselnüsse
600 g rote Johannisbeeren,
gezupft
4 Eiweiß
60 g Diabetiker- oder
Fruchtzucker
Schale von ¹⁄₂ Zitrone
3—4 TL flüssiger Süßstoff

Zubereitungszeit: 50 Minuten
Teigruhe: 30 Minuten
Backzeit: 55—60 Minuten

Die Butter klein würfeln und mit dem Fruchtzucker, dem Weizenvollkornmehl und dem Ei rasch verkneten. Den Mürbeteig, in Pergamentpapier verpackt, 30 Minuten im Kühlschrank ruhen lassen.

Inzwischen das Hafermehl in einer trockenen Pfanne unter ständigem Rühren leicht anrösten, bis es würzig duftet. Die Haselnüsse fein reiben und ebenfalls in einer trockenen Pfanne leicht anrösten. Beides abkühlen lassen.

Den Backofen auf 180°C vorheizen. Eine Springform leicht ausfetten. Den Mürbeteig zwischen Pergamentpapier auswellen und die Form, mit einem 2 cm hohen Rand, damit auskleiden. Den Mürbeteigrand mit einem Streifen doppelt gefalteter Alufolie (s. Seite 125) stützen. Mit einer Gabel mehrmals in den Teigboden stechen. Den Mürbeteig 15 Minuten bei 180°C vorbacken.

Währenddessen die Eiweiß steif schlagen, den Fruchtzucker hineinrieseln lassen. Das Hafermehl, die Nüsse, die Zitronenschale und die Johannisbeeren unter das Eiweiß heben. Mit dem flüssigen Süßstoff abschmecken.

Die Eiweißmasse auf dem vorgebackenen Boden verteilen, glattstreichen und bei 180°C 40—45 Minuten backen. Der Träublekuchen ist fertig, sobald die Oberfläche appetitlich gebräunt ist. Den Kuchen auf dem Kuchengitter auskühlen lassen. Mit einem scharfen Messer den Johannisbeerkuchen in 12 gleich große Stücke teilen.

Berechnung für 1 Stück Träublekuchen ($^1/_{12}$ Rezept):
Eiweiß: 5,5 g   Fett: 13,5 g   KH: 24 g   BE: 2   KJ: 1021/Kcal: 244

Berechnung für den ganzen Träublekuchen:
Eiweiß: 68 g   Fett: 164 g   KH: 290 g   BE: 24   KJ: 12254/Kcal: 2929

Variante: Der Kuchen schmeckt auch sehr gut, wenn Sie anstatt der Johannisbeeren 460 g grüne, halbreife Stachelbeeren nehmen. In diesem Fall bleibt die Kohlenhydratmenge gleich.

Mazarintorte mit Rhabarber

Die Mazarintorte, mit ihrem feinen Mandelguß, habe ich schon mit den verschiedensten Fruchtfüllungen ausprobiert. Aber am besten schmeckt mir die erfrischendsäuerliche Rhabarberfüllung. Diese bietet noch einen zusätzlichen Vorteil für Diabetiker: Rhabarber muß bezüglich der Kohlenhydrate nicht berechnet werden.
Für Übergewichtige ist diese Torte aufgrund ihres relativ hohen Fettgehalts nicht geeignet.

<u>Für 1 Springform
(26 cm Ø):</u>

Mürbeteig:
*100 g kalte Butter oder
Reformmargarine
200 g Weizenvollkorn-
mehl
30 g Diabetiker- oder
Fruchtzucker
1 Ei
½ TL Vanillepulver
1—2 Tropfen Bitter-
mandelöl
1—2 EL kaltes Wasser (je
nach Teigbeschaffenheit)*

Rhabarberfüllung:
*700 g geschälter
Rhabarber*

*2—3 TL flüssiger Süßstoff
50 g trockener Rotwein
oder Wasser
Schale von ½ Orange*

Mandelguß:
*100 g weiche Butter oder
Reformmargarine
84 g Diabetiker- oder
Fruchtzucker
2 Eigelb
Schale von ½ Zitrone
2—3 Tropfen Bitter-
mandelöl
100 g geschälte, sehr fein
gemahlene Mandeln
10 g Weizenvollkorn-
mehl
2 Eiweiß*

Zubereitungszeit: 60 Minuten
Teigruhe: 30 Minuten
Backzeit: 55—60 Minuten

Für den Mürbeteig die Butter klein würfeln und mit dem Weizenvollkornmehl, dem Fruchtzucker, dem Ei, der Va-

Gefüllte Eisorangen (Rezept S. 81) ▷

nille und dem Bittermandelöl rasch verkneten. Falls der Teig zu fest ist etwas Wasser hinzufügen. Den Mürbeteig in Pergamentpapier wickeln und für 30 Minuten in den Kühlschrank legen.

Inzwischen den Rhabarber in 2 cm lange Stücke schneiden und in dem Rotwein 5 Minuten dünsten. Danach mit Orangenschale und Süßstoff abschmecken und abkühlen lassen.

Den Backofen auf 180°C vorheizen. Eine Springform leicht ausfetten. Den Mürbeteig zwischen Pergamentpapier auswellen und damit die Form mit einem 2 cm hohen Rand auslegen. Den Mürbeteigrand mit einem Streifen doppelt gefalteter Alufolie stützen und mit einer Gabel mehrmals den Boden einstechen. Den Mürbeteig bei 180°C 20 Minuten vorbacken.

Für den Mandelguß die Butter schaumig rühren. Den Fruchtzucker langsam hineinrieseln lassen. Sobald der Fruchtzucker gelöst ist, die Eigelb darunterrühren. Diese Masse noch 2—3 Minuten rühren.

Die Eiweiß steif schlagen. Die Hälfte des Eischnees zusammen mit der Zitronenschale, dem Bittermandelöl, den Mandeln und dem Weizenvollkornmehl unter die Buttermasse rühren. Das restliche Eiweiß vorsichtig unter den Teig heben.

Auf dem vorgebackenen Boden die Rhabarberfüllung verteilen, die Mandelmasse darüber verteilen und glattstreichen. Bei 180°C die Mazarintorte 35—40 Minuten backen. Falls die Oberfläche zu dunkel wird, den Kuchen mit Pergamentpapier abdecken. Die Mazarintorte auf einem Kuchengitter auskühlen lassen und in 10 gleichmäßige Stücke teilen.

Berechnung für 1 Stück Mazarintorte (¹/₁₀ Rezept):
Eiweiß: 7 g   Fett: 24,5 g   KH: 26,5 g   BE: 2   KJ: 1477/Kcal: 353

Berechnung für die ganze Torte:
Eiweiß: 68,5 g   Fett: 244 g   KH: 265 g   BE: 20   KJ: 14711/Kcal: 3530

◁ *Mousse au Chocolat* (Rezept S. 88)

Käsetorte

(Foto Seite 225)

<u>Für 1 Springform</u>
<u>(26 cm Ø):</u>

Mürbeteig:
90 g kalte Butter oder
Reformmargarine
180 g Weizenvollkorn-
mehl
36 g Diabetiker- oder
Fruchtzucker
1 großes Ei

Käsemasse:
550 g Magerquark
80 g Diabetiker- oder
Fruchtzucker
½ TL Vanillepulver
abgeriebene Schale von
½ Zitrone
5 Eigelb
20 g Speisestärke
2 TL Rum
4 Eiweiß
½—1 TL flüssiger Süßstoff

Zubereitungszeit: 30 Minuten
Teigruhe: 30 Minuten
Backzeit: 50—55 Minuten

Die Butter klein würfeln und mit dem Weizenvollkornmehl, dem Fruchtzucker und dem Ei rasch verkneten.
Den Mürbeteig in Pergamentpapier wickeln und 30 Minuten im Kühlschrank ruhen lassen.
Inzwischen den Quark mit 40 g Fruchtzucker, Vanille, Zitronenschale, Eigelb, Stärke und Rum verrühren. Die Eiweiß bis zum Gebrauch in den Kühlschrank stellen. Den
Backofen auf 180°C vorheizen. Eine Springform leicht
ausfetten.
Den Mürbeteig zwischen Pergamentpapier gleichmäßig
auswellen. Damit die Springform mit einem 2,5 cm hohen Rand auslegen. Den Mürbeteigrand mit doppelt gefalteter Alufolie stützen, mit einer Gabel mehrmals in
den Teigboden stechen. Den Mürbeteig 10 Minuten vorbacken.
Zwischenzeitlich das Eiweiß steif schlagen, den restlichen
Fruchtzucker hineinrieseln lassen und 2—3 Minuten wei-

terschlagen. Den Eischnee sorgfältig unter die Quarkmasse heben und mit Süßstoff abschmecken.
Die Quarkfüllung auf den vorgebackenen Boden geben,
glattstreichen und bei 180 °C backen. Nach 35 Minuten
den Ofen ausschalten. Den Käsekuchen mit Alufolie abdecken und noch 10 Minuten im abgeschalteten Ofen
stehenlassen.
Den Kuchen aus dem Ofen nehmen und erst nach 10 Minuten vom Blech lösen.
Auf einem Kuchengitter auskühlen lassen und in 10 gleich
große Stücke schneiden.

Berechnung für 1 Stück Käsetorte ($^1/_{10}$ Rezept):
Eiweiß: 12,5 g Fett: 11 g KH: 26 g BE: 2 KJ: 1077/Kcal: 257

Berechnung für die ganze Torte:
Eiweiß: 126 g Fett: 112,5 g KH: 264 g BE: 20 KJ: 10773/Kcal: 2575

Variante: **Käse-Kirsch-Kuchen**

450 g Sauerkirschen entsteinen, dünsten, mit Süßstoff
und etwas Zimt abschmecken und abkühlen lassen
(oder 450 g Sauerkirschen aus dem Glas, mit Süßstoff
eingemacht verwenden). Die Kirschen gut abtropfen lassen, auf dem vorgebackenen Boden verteilen und die
Quarkmasse darüberstreichen. Weitere Zubereitung wie
bei der Käsetorte. Den Käse-Kirsch-Kuchen in 12 gleichmäßige Stücke schneiden.

Berechnung für 1 Stück Käse-Kirsch-Kuchen ($^1/_{12}$ Rezept):
Eiweiß: 11 g Fett: 9,5 g KH: 26 g BE: 2 KJ: 976/Kcal: 233

Berechnung für den ganzen Käse-Kirsch-Kuchen:
Eiweiß: 131 g Fett: 114 g KH: 311 g BE: 24 KJ: 11715/Kcal: 2800

Tip: Falls Sie nicht auf die Kalorien achten müssen, können Sie unter die Käsemasse noch 60 g zerlassene Butter
ziehen.

Rührteig

Wie der Name schon sagt, spielt bei diesem Teig das Rühren eine große Rolle. Auch in welcher Reihenfolge die Zutaten gerührt werden, beeinflußt das Resultat: Zuerst Butter, dann Diabetikerzucker und danach das Eigelb ergibt einen saftigen, feinporigen Kuchen. Oder zuerst Eigelb, dann Diabetikerzucker und dann Butter ergibt einen lockeren, biskuitähnlichen Rührkuchen. Oder wie z. B. beim Stockholmer Nußkuchen: Eier und Diabetikerzucker werden kurz verrührt, dann die restlichen Zutaten daruntergemengt, was einen schweren, saftigen Kuchen ergibt, der am besten schmeckt, wenn er 1—2 Tage durchgezogen hat.

Im Volksmund nennt man den Rührteig auch Eischwerteig, weil er aus gleichen Mengen Eiern, Butter, Zucker und Mehl zubereitet werden kann.

Doch diese großen Zucker- und Fettmengen sind für das Gelingen eines Rührkuchens nicht notwendig.

Die folgenden Rezepte zeigen Ihnen saftige, bekömmliche Rührkuchen mit wesentlich geringeren Diabetikerzucker- und Fettanteilen.

Tips rund um den Teig

Die Zutaten:

- Alle Zutaten sollten Zimmertemperatur haben, sonst kann der Teig gerinnen.

- Halten Sie sich an die angegebenen Rührzeiten, damit sich die Zutaten gründlich miteinander verbinden.

- Das Weizenvollkornmehl gut mit dem Backpulver vermischen und am Schluß nur kurz unter die Ei-Butter-Masse rühren.

- Den Eischnee portionsweise unter den Teig heben.

Der Teig:

- Den fertiggestellten Teig sofort in die Form füllen, glatt-streichen und backen, sonst fällt der Eischnee zusammen und das Backpulver verliert an Triebkraft.

Das Backen:

- 10 Minuten vor Ende der angegebenen Backzeit mit einem Holzstäbchen in den Kuchen stechen. Wenn am Stäbchen nichts hängen bleibt, ist der Kuchen durchgebacken.

- Bei Verwendung von Fruchtzucker bräunt der Kuchen schneller. Mit Alufolie oder mehreren Lagen nassem Pergamentpapier die Kuchenoberfläche abdecken.

Die Lagerung:

- Dank seines relativ hohen Fettgehalts bleibt der Rührkuchen knapp 1 Woche lang frisch. Meistens schmeckt er nach 1—2 Tagen (luftdichter und kühler) Lagerung am allerbesten.

- Sehr praktisch für den kleinen Haushalt: Den Rührkuchen in BE-gerechte Stücke teilen, die einzelnen Scheiben vorgefrieren, dann in Beutel verpacken und einfrieren. So kann man bei Bedarf einzelne Kuchenstücke aus der Gefriertruhe nehmen und bei Zimmertemperatur auftauen lassen.

Rehrücken

Ein Festtagskuchen zu besonderen Anlässen. Wegen seines hohen Fettgehalts ist der Rehrücken bei Übergewicht leider nicht geeignet.

Für 1 Rehrückenform:

100 g Diabetiker-schokolade »Zartbitter«
100 g Haselnüsse
5 Eier
100 g weiche Butter oder Reformmargarine

96 g Diabetiker- oder Fruchtzucker
100 g Weizenvollkorn-mehl
1 TL Backpulver

Zum Spicken:
30 g Mandelstifte

Zubereitungszeit: 45 Minuten
Backzeit: 45—55 Minuten

Die Rehrückenform gut ausfetten. Den Backofen auf 180°C vorheizen.
Die Nüsse in einer trockenen Pfanne leicht anrösten, abkühlen lassen und fein mahlen. Die Diabetikerschokolade fein reiben. Die Eier trennen. Das Eiweiß kühl stellen. Die Butter mit 70 g Fruchtzucker schaumig rühren. Sobald sich der Fruchtzucker gelöst hat, die Eigelb hinzufügen. Butter, Fruchtzucker und Eigelb ca. 5 Minuten aufschlagen, bis eine dicke, cremige Masse entsteht.
Weizenvollkornmehl, Backpulver, geriebene Schokolade und Haselnüsse vermischen und kurz unter die Schaummasse rühren. Die Eiweiß steif schlagen, dabei den restlichen Fruchtzucker hinzufügen. Den Eischnee behutsam unter den Teig ziehen.
Den Rührteig in die Rehrückenform füllen, glattstreichen und auf der zweituntersten Schiene bei 180°C backen. Nach der halben Backzeit den Rehrücken mit Alufolie abdecken, damit er nicht zu dunkel wird. Nach 45 Minuten Backzeit die Stäbchenprobe machen.

Den fertiggebackenen Kuchen in der Backform wenige Minuten auskühlen lassen, danach auf ein Kuchengitter stürzen. Den abgekühlten Rehrücken mit den Mandelstiften spicken und in 12 gleichmäßige Stücke schneiden.

Berechnung für 1 Stück Rehrücken ($^1/_{12}$ Rezept):
Eiweiß: 5 g   Fett: 17 g   KH: 18 g   BE: 1,5   KJ: 1055/Kcal: 252

Berechnung für das ganze Rezept:
Eiweiß: 64 g   Fett: 207 g   KH: 221 g   BE: 18   KJ: 12669/Kcal: 3028

Stockholmer Nußkuchen

Der Stockholmer Nußkuchen ist mein liebster und schnellster Rührkuchen. Er ist ideal, wenn man Lust auf frisches Gebäck, aber keine Zeit hat, sich lange in die Küche zu stellen. Auch mit ungerösteten Haselnüssen schmeckt er sehr lecker.

Für 1 Kastenform
(30 cm lang):

400 g Haselnüsse
40 g Weizenvollkornmehl
2 gestrichene TL Back-
pulver

1 gestrichener TL Vanille-
pulver
4 Eier à 60 g
180 g Diabetiker- oder
Fruchtzucker

Zubereitungszeit: 30 Minuten
Backzeit: etwa 65 Minuten

Haselnüsse auf einem Backblech bei 175 °C 5—10 Minuten leicht rösten. Danach auf ein Küchentuch geben und die braunen Häutchen abrubbeln. Die Haselnüsse abkühlen lassen, fein reiben und mit dem Weizenvollkornmehl, dem Backpulver und dem Vanillepulver vermischen. Den Backofen auf 180 °C vorheizen.

Die Eier mit dem Diabetikerzucker 2 Minuten aufschlagen. Die Nuß-Mehl-Mischung darunterrühren.
Die Kastenform sorgfältig ausfetten oder mit Backtrennpapier auslegen. Den Teig in die Form füllen, glattstreichen und bei 180°C etwa 65 Minuten backen.
Mit einem Holzstäbchen prüfen, ob der Kuchen durchgebacken ist. Dann die Nußkuchen kurz in der Form abkühlen lassen. Die Ränder vorsichtig mit einem Messer lösen, den Kuchen auf ein Kuchengitter stürzen und auskühlen lassen.
Den Nußkuchen in 20 gleichmäßige Stücke zu je 40 g schneiden.
Noch würziger schmeckt der Stockholmer Nußkuchen, wenn Sie ihn in Alufolie verpackt, 1—2 Tage durchziehen lassen.

Berechnung für 1 Stück Nußkuchen ($^1/_{20}$ Rezept):
Eiweiß: 4 g Fett: 13 g KH: 12 g BE: 1 KJ: 782/Kcal: 187

Berechnung für den ganzen Nußkuchen (800 g):
Eiweiß: 82 g Fett: 260 g KH: 240 g BE: 20 KJ: 15640/Kcal: 3740

Varianten zum Stockholmer Nußkuchen

Zimt-Nußkuchen: Geben Sie zu der Nuß-Mehl-Mischung zusätzlich 1 EL Zimtpulver

Schokoladen-Nußkuchen: Teilen Sie den Teig und rühren Sie unter die eine Hälfte 1 EL Kakaopulver und 1 EL Rum. Füllen Sie abwechselnd 1 EL hellen Teig und 1 EL dunklen Teig in die Form.

Nußkuchen mit Schokoladenglasur: Falls Sie nicht auf die Kalorien achten müssen, überziehen Sie den Nußkuchen doch mit einer Schokoladenglasur nach Grundrezept (Seite 219), jedoch mit Diabetiker-Schokolade. Dadurch erhöht sich der Kohlenhydratgehalt des Nußkuchens um 4 BE.

Österreichischer Kirschkuchen

Dieser saftige Rührkuchen, aus einer Rezeptsammlung meiner Großmutter, ist gleichzeitig eine ideale Resteverwertung für altbackenes Vollkornbrot. Dafür die Brotreste im Mixer fein mahlen. Bei Übergewicht ist dieser Kuchen nicht geeignet.

<u>Für 1 Springform
(26 cm Ø):</u>

*565 g Sauerkirschen, frisch oder aus dem Glas (mit Süßstoff zubereitet)
5 Eier
120 g Butter oder Reformmargarine
120 g Diabetiker- oder Fruchtzucker*

*2 TL flüssiger Süßstoff
20 g Kakao
1/2 TL Zimt
Schale von 1/2 Orange
2 EL Kirschwasser oder Milch
90 g Vollkornbrösel
120 g gemahlene Mandeln
2 gestrichene EL Backpulver
90 g Weizenvollkornmehl*

Zubereitungszeit: 30 Minuten
Backzeit: 55—60 Minuten

Die Kirschen entsteinen und abtropfen lassen. Eine Springform gut ausfetten. Den Backofen auf 190°C vorheizen. Die Eier trennen, das Eiweiß kühl stellen.
Die Butter mit dem Fruchtzucker so lange schaumig rühren, bis sich der Zucker vollständig gelöst hat. Nacheinander die Eigelb dazugeben. Süßstoff, Kakao, Zimt, Orangenschale und Kirschwasser untermengen. Den Teig etwa 10 Minuten rühren.
Vollkornbrösel, Weizenvollkornmehl, Mandeln und Backpulver vermischen. Die Eiweiß steif schlagen. Davon die Hälfte zusammen mit dem Mehlgemisch unter den Teig heben. Den restlichen Eischnee leicht unterziehen.
Den Teig in die Springform füllen, glattstreichen und dicht mit den Sauerkirschen belegen. Den Kuchen auf der

zweituntersten Schiene 55—60 Minuten backen. Nach 30 Minuten Backzeit den Kuchen mit Pergamentpapier abdecken.

Den Kirschkuchen auf einem Kuchengitter auskühlen lassen und in 12 gleichmäßige Stücke schneiden. Noch besser schmeckt dieser Kuchen, wenn Sie ihn, gut in Alufolie verpackt, 1 Tag durchziehen lassen.

Berechnung für 1 Stück Kirschkuchen ($^{1}/_{12}$ Rezept):
Eiweiß: 7 g   Fett 16,5 g   KH: 26 g   BE: 2   KJ: 1183/Kcal: 282

Berechnung für den ganzen Kuchen:
Eiweiß: 84 g   Fett: 198 g   KH: 322 g   BE: 24   KJ: 14206/Kcal: 3395

Erfrischungskuchen

<u>Für 1 Kastenform (30 cm lang):</u>

4 Eier
120 g weiche Butter oder Reformmargarine
120 g Diabetiker- oder Fruchtzucker
60 g Magerquark
240 g Weizenvollkornmehl
Schale von 2 Zitronen
Schale von $^{1}/_{2}$ Orange

2 gestrichene TL Backpulver
$^{1}/_{2}$—1 TL flüssiger Süßstoff

Zum Tränken:
24 g Diabetiker- oder Fruchtzucker
50 ml Orangensaft, frisch gepreßt
$^{1}/_{2}$ TL geriebene Orangenschale
1 TL Zitronensaft

Zubereitungszeit: 35 Minuten
Backzeit: 45—50 Minuten

Eine Kastenform mit Backtrennpapier auslegen. Den Backofen auf 180 °C vorheizen. Die Eier trennen. Das Eiweiß kühl stellen.

Die Butter mit 80 g Fruchtzucker schaumig rühren. Sobald sich der Fruchtzucker gelöst hat, die Eigelb nacheinander darunterrühren. Diese Masse insgesamt ca. 8 Minuten dick und goldgelb aufschlagen. Quark, Weizenvollkornmehl, Zitronen-, Orangenschale und Backpulver kurz unter den Teig mischen. Die Eiweiß mit dem restlichen Fruchtzucker steif schlagen und behutsam unter den Teig heben. Bei Bedarf den Rührteig mit flüssigem Süßstoff abschmecken.

Den Teig in die Kastenform füllen, glattstreichen und bei 180°C 45—50 Minuten backen. Nach 45 Minuten Backzeit die Stäbchenprobe machen.

Inzwischen den Fruchtzucker in einem kleinen Töpfchen schmelzen. Orangensaft, -schale und Zitronensaft vermischen und damit den gelösten Fruchtzucker ablöschen. Vorsicht Spritzgefahr! Die Orangenglasur einmal aufwallen lassen.

Den fertigen Kuchen auf ein Kuchengitter stürzen, das Backpapier abziehen und sofort mit der Orangenglasur rundum einpinseln. Den Kuchen auskühlen lassen.

Dieser Kuchen schmeckt am besten, wenn Sie ihn 1—2 Tage, in Alufolie verpackt, an einem kühlen Platz durchziehen lassen.

Den Erfrischungskuchen in 16 gleichmäßige Stücke schneiden.

Berechnung für 1 Stück Erfrischungskuchen (¹/₁₆ Rezept):
Eiweiß: 4 g   Fett: 8 g   KH: 18 g   BE: 1,5   KJ: 683/Kcal: 163

Berechnung für das ganze Rezept:
Eiweiß: 63,5 g   Fett: 129,5 g   KH: 298 g   BE: 24   KJ: 10934/Kcal: 2613

Englischer Teekuchen

Für 1 Kastenform
(30 cm lang):

240 g geschälte Mandeln
60 g Weizenvollkornmehl
1½ gestrichene TL Back-
pulver
100 g weiche Butter oder
Reformmargarine

170 g Diabetiker- oder
Fruchtzucker
6 Tropfen Bittermandelöl
Schale von ½ Orange
1 Msp gemahlener Ingwer
½ TL Vanillepulver
4 Eier

Zum Bestäuben:
12 g Diabetikerzucker

Zubereitungszeit: 45 Minuten
Backzeit: 50—55 Minuten

Die Mandeln fein mahlen und mit dem Weizenvollkornmehl und dem Backpulver mischen.
Den Backofen auf 180°C vorheizen. Die Kastenform gut
ausfetten.
Die Butter mit dem Fruchtzucker 4—5 Minuten schaumig
rühren. Die Gewürze hinzufügen. Die Eier trennen. Das
Eiweiß kühl stellen. Die Eigelb nach und nach unter die
Buttermasse rühren. Sobald sich die Eigelb mit der Buttermasse verbunden haben, die Mandelmischung schnell
unterrühren. Die Eiweiß steif schlagen und unter den Teig
heben. Den Rührteig in die Kastenform füllen, glattstreichen und bei 180°C backen. Nach 45 Minuten die Stäbchenprobe machen. Den Kuchen eventuell weitere 10 Minuten backen.
Den Teekuchen auf einem Kuchengitter auskühlen lassen. Diesen danach in Alufolie einpacken und vor dem
Verzehr mindestens 1 Tag an einem kühlen Platz durchziehen lassen. Den Teekuchen vor dem Servieren in 20
gleich große Stücke schneiden und mit 12 g Diabetikerzucker gleichmäßig bestäuben.

Berechnung für 1 Stück Teekuchen (¹/₂₀ Rezept):
Eiweiß: 4 g   Fett: 11,5 g   KH: 12 g   BE: 1   KJ: 697/Kcal: 167

Berechnung für den ganzen Teekuchen:
Eiweiß: 74 g   Fett: 235 g   KH: 230 g   BE: 20   KJ: 13949/Kcal: 3334

Tip: Damit der Teekuchen nicht zu dunkel wird, die Oberfläche während der letzten 15 Minuten Backzeit mit Alufolie abdecken.

Schokoladenkuchen

Für 1 Kastenform
(30 cm lang):

4 Eier
100 g weiche Butter oder Reformmargarine
120 g Diabetiker- oder Fruchtzucker
50 g grobgehackte Diabetikerschokolade »Vollmilch«

50 g feingemahlene Mandeln
200 g Weizenvollkorn- mehl
2 gestrichene TL Back- pulver
2 EL Rum oder starker schwarzer Kaffee
10 g Kakao

Zubereitungszeit: 35 Minuten
Backzeit: 45—55 Minuten

Die Kastenform mit Backtrennpapier auslegen. Den Backofen auf 180°C vorheizen.
Die Eier trennen. Das Eiweiß kühl stellen. Die Butter mit 80 g Fruchtzucker schaumig schlagen. Sobald der Fruchtzucker sich gelöst hat, die Eigelb dazugeben. Butter, Fruchtzucker und Eigelb in ca. 8 Minuten dick und goldgelb aufschlagen.
Diabetikerschokolade, Mandeln, Weizenvollkornmehl, Backpulver, Rum und Kakao vermischen und unter die

157

Creme rühren. Die Eiweiß steif schlagen, dabei den restlichen Fruchtzucker hinzufügen.

Den Eischnee behutsam unter den Teig ziehen.

Den Teig in die Form füllen, glattstreichen und bei 180°C backen. Nach 45 Minuten Backzeit die Stäbchenprobe machen.

Den Kuchen auf ein Gitter stürzen und auskühlen lassen. In 15 gleichmäßige Stücke schneiden.

Berechnung für 1 Stück Schokoladenkuchen (¹/₁₅ Rezept):
Eiweiß: 5,5 g Fett: 10 g KH: 18 g BE: 1,5 KJ: 769/Kcal: 184

Berechnung für den ganzen Kuchen:
Eiweiß: 82 g Fett: 155 g KH: 273 g BE: 22,5 KJ: 11543/Kcal: 2759

Burgenländer Mohntorte

Diese saftige Mohntorte ist schnell zubereitet.

Der Clou: Legen Sie auf die ausgekühlte Torte eine Tortenspitze aus Papier und bestäuben Sie die Oberfläche mit puderfeinem Diabetikerzucker. So erhält die dunkle Torte ein dekoratives Spitzenmuster aus Puderzucker.

Für 1 Springform
(26 cm Ø):

100 g weiche Butter
4 Eier
72 g Diabetiker- oder
Fruchtzucker
120 g feingemahlener
Mohn

Schale von ½ Zitrone
1 Msp Zimtpulver
200 g mit der Schale
geraspelte Äpfel

Zum Überstäuben:
12 g Diabetikerzucker

Zubereitungszeit: 25 Minuten
Backzeit: 40—45 Minuten

158

Die Eier trennen. Das Eiweiß kühl stellen. Butter und Fruchtzucker schaumig rühren. Die Eigelb nach und nach dazugeben. Die Masse insgesamt 6—8 Minuten rühren. Die Springform ausfetten. Den Backofen auf 180°C vorheizen.

Den Mohn mit den Gewürzen mischen und unter die Ei-Butter-Masse rühren. Die Eiweiß steif schlagen und zusammen mit den geraspelten Äpfeln unter den Teig heben.

Den Rührteig in die Springform füllen, glattstreichen und bei 180°C auf der zweituntersten Schiene backen. Nach 40 Minuten die Stäbchenprobe machen. Den Kuchen eventuell noch weiterbacken.

Die fertiggebackene Torte einige Minuten in der Form lassen, dann auf ein Gitter heben und auskühlen lassen. Mit Alufolie abgedeckt, 1 Tag durchziehen lassen. Kurz vor dem Servieren eine entsprechend große Spitze auf die Mohntorte legen. Wenn möglich den Diabetikerzucker im Mixer puderfein mahlen. Damit die ausgesparten Teile der Tortenspitze besieben. Dann die Tortenspitze abheben, die Mohntorte in 12 gleich große Stücke schneiden und 1 Tag durchziehen lassen.

Berechnung für 1 Stück Burgenländer Mohntorte (¹/₁₂ Rezept):
Eiweiß: 4,5 g   Fett: 13 g   KH: 9,5 g   BE: 0,75   KJ: 733/Kcal: 175

Berechnung für die ganze Mohntorte:
Eiweiß: 52 g   Fett: 158 g   KH: 117 g   BE: 9   KJ: 8798/Kcal: 2103

Quark-Apfel-Kuchen nach Frau Leiß

Beim vorweihnachtlichen Diabetikertreffen verriet uns eine Teilnehmerin das Rezept für Ihren saftigen Quark-Apfel-Kuchen.

<u>Für 1 Springform (26 cm Ø):</u>

400 g Äpfel, geschält und entkernt
flüssiger Süßstoff
1/4 TL Zimtpulver
3 kleine Eier
48 g Diabetiker- oder Fruchtzucker
abgeriebene Schale von 1/2 Zitrone
1 EL Rum (nach Belieben)
80 g Vollkorngrieß
3 gestrichene TL Backpulver
500 g Magerquark oder Schichtkäse
70 g zerlassene Butter oder Reformmargarine

Zubereitungszeit: 35 Minuten
Backzeit: 50—60 Minuten

Die Äpfel in schmale Spalten schneiden, diese halbieren und mit Zimt und Süßstoff abschmecken.
Den Springformboden mit Backtrennpapier belegen, den Rand gut ausfetten. Den Backofen auf 175°C vorheizen.
Die Eier mit dem Diabetikerzucker, Zitronenschale und Rum bei höchster Stufe schaumig schlagen. Den Grieß mit dem Backpulver mischen und zusammen mit dem Quark und der Butter unter die Eimasse heben. Die Äpfel vorsichtig unter den Teig ziehen.
Die Quark-Apfel-Masse in die vorbereitete Form füllen, glattstreichen und bei 175°C 50—60 Minuten backen. Der Kuchen ist fertig, sobald sich die Oberfläche fest anfühlt. Falls der Kuchen zu dunkel wird, mit Alufolie abdecken.
Den Kuchen in der Form etwas abkühlen lassen, dann mit einem scharfen Messer vom Rand lösen und auf ein

Kuchengitter stürzen. Das Backtrennpapier behutsam abziehen und den Kuchen auskühlen lassen.
Den erkalteten Kuchen auf eine Tortenplatte stürzen und in 12 gleichmäßige Stücke teilen.

Berechnung für 1 Stück Quark-Apfel-Kuchen ($^1/_{12}$ Rezept):
Eiweiß: 8 g   Fett: 6,5 g   KH: 14 g   BE: 1   KJ: 609/Kcal: 146

Berechnung für das ganze Rezept:
Eiweiß: 95 g   Fett: 78 g   KH: 167 g   BE: 12   KJ: 7305/Kcal: 1746

Englische Käseküchlein

Diese Käseküchlein, ein Art Quarkauflauf, schmecken am besten frisch aus dem Ofen. Sie passen auch sehr gut als Nachspeise zu einem leichten Mittagessen.

<u>Für 10 Tortelettförmchen (11 cm Ø):</u>

300 g Pfirsiche oder 2 BE Pfirsiche aus dem Glas (mit Süßstoff gesüßt)

Quarkmasse:
60 g Diabetiker- oder Fruchtzucker

6 Eigelb
abgeriebene Schale von 1 Orange
1 EL Rum oder Orangen-saft
flüssiger Süßstoff
500 g Magerquark
60 g Vollkornbrösel

Zubereitungszeit: 30 Minuten
Backzeit: 20 Minuten

Die Pfirsiche 2—3 Minuten in kochendes Wasser legen, mit einem kleinen Messer schälen, entsteinen und in ½ cm breite Spalten schneiden.
Die Tortelettförmchen gut ausfetten. Den Backofen auf 180°C vorheizen.

Den Fruchtzucker mit den Eigelb dick schaumig rühren. Nacheinander Orangenschale, Rum, Quark und Vollkornbrösel darunterheben. Mit Süßstoff abschmecken.
In jede Tortelettform 80 g Quarkmasse geben und glattstreichen. 25 g Pfirsichspalten pro Küchlein spiralförmig anordnen, so daß ein hübsches Bild entsteht.
Die Küchlein bei 180°C 20 Minuten backen. Sofort servieren.

Berechnung für 1 Käseküchlein ($^1/_{10}$ Rezept):
Eiweiß: 9,5 g   Fett: 4 g   KH: 14 g   BE: 1   KJ: 560/Kcal: 134

Berechnung für das ganze Rezept:
Eiweiß: 96 g   Fett: 39 g   KH: 140 g   BE: 10   KJ: 5602/Kcal: 1339

Tip: Die übrigen Eiweiß können Sie für Schokoladenmakronen oder Nuß- bzw. Mandelböden verwenden oder bis zum Gebrauch einfrieren.

Brandteig

Kaum ein anderer Teig ist so schnell und problemlos gemacht. Allerdings ist die Zubereitung des Brandteigs für manchen ungewohnt und vielleicht auch unverständlich.
Für den Brandteig wird das Mehl in kochendes (mit Fett angereichertes) Wasser geschüttet und gerührt, bis sich die Masse als Kloß vom Topf löst. Bei diesem Vorgang wird das heiße Wasser vom Mehl gebunden und zu einem zähen Teigkloß verkleistert. Die Eier, die nacheinander daruntergerührt werden, lockern das feste Teiggerüst und bilden beim Backen große Luftkammern, die für das zarte Brandteiggebäck, wie Windbeutel, typisch sind.
Da Brandteig nicht gesüßt zu werden braucht und relativ BE- und kalorienarm ist, eignet er sich, gefüllt mit einer lockeren Creme, sehr gut als leichtes Kaffeegebäck.

Tips rund um den Teig

Die Zutaten:

- Wichtigste Voraussetzung für das Gelingen des Brandteigs ist das exakte Abmessen der Zutaten und die genaue Einhaltung der Koch- und Backzeiten.

- Das Wasser mit dem Fett zum Kochen bringen und sofort die gesamte Mehlmenge hineinschütten, sonst verdunstet zuviel Wasser und die Menge stimmt nicht mehr.

- Den Teigkloß in eine kühle Rührschüssel umfüllen und erst dann die Eier hinzufügen. Die Eier würden im heißen Kochtopf gerinnen und ihre Bindungsfähigkeit dadurch verlieren.

- Die Eier nach und nach unter den Teigkloß rühren. Vom letzten Ei nur soviel, daß der Teig stark glänzt und in Spitzen am Löffel hängen bleibt. Gibt man zuviele Eier in den Teig, läuft dieser beim Backen auseinander.

Der Teig:

- Den Brandteig mit einem Spritzbeutel auf das Blech spritzen oder mit 2 Löffeln abstechen und Häufchen auf das Blech setzen.

- Die Teighäufchen mit großem Abstand auf das Blech setzen, da sich das Volumen des Gebäcks beim Backen mindestens verdoppelt.

Das Backen:

- Das Backblech gut ausfetten oder mit Backtrennpapier auslegen.

- Den Backofen während der ersten Hälfte der Backzeit keinesfalls öffnen, sonst fällt das Gebäck zusammen.

- Das Gebäck zum Füllen noch heiß aufschneiden, jedoch erst abgekühlt füllen.

Die Lagerung:

- Brandteiggebäck sollte, vor allem wenn es gefüllt ist, gleich gegessen werden, da es bei normaler Luftfeuchtigkeit rasch seine Knusprigkeit verliert und weich wird.

- Übriges Gebäck sofort einfrieren und bei Bedarf im vorgeheizten Backofen bei 175°C 5 Minuten aufbacken.

Süße-Windbeutel-Grundrezept

Für 1 Backblech
(16 Stück):

250 g Wasser
80 g Butter

1 Tropfen flüssiger Süßstoff
1 Prise Vanillepulver
160 g Weizenvollkornmehl
3½—4 Eier

Zubereitungszeit: 30 Minuten
Backzeit: 20—25 Minuten

Wasser mit Butter, Süßstoff und Vanille in einem kleinen Topf aufkochen. Sofort das gesamte Weizenvollkornmehl hinzuschütten und kräftig rühren, bis sich ein Kloß bildet. 2 Minuten bei mittlerer Hitze weiterrühren, bis der Teig abgebrannt ist, das heißt, daß sich am Topfboden ein weißer Belag bildet.

Den Teig in eine Rührschüssel umfüllen, 1 Minute abkühlen lassen und nacheinander 3 Eier unterrühren. Das letzte Ei verquirlen und nur soviel dazugeben, daß sich feste Spitzen bilden und der Teig glänzt.

Den Backofen auf 210°C vorheizen. Ein Backblech gut einfetten. Mit einem feuchten Eßlöffel oder einem Spritzbeutel Häufchen von je 38 g Teiggewicht auf das Blech setzen. Halten Sie dabei genügend Abstand; da sich das Volumen der Windbeutel mindestens verdoppelt.

Die Windbeutel bei 210°C 20—25 Minuten backen.

Während der ersten 20 Minuten den Backofen auf keinen Fall öffnen, sonst fallen die Windbeutel zusammen. Die Windbeutel mit einem spitzen Messer noch heiß waagerecht durchschneiden und auskühlen lassen.

Berechnung für 1 Windbeutel ($^1/_{16}$ Rezept):
Eiweiß: 2,5 g   Fett: 5,5 g   KH: 6 g   BE: 0,5   KJ: 357/Kcal: 86
Berechnung für das ganze Rezept:
Eiweiß: 41 g   Fett: 90,5 g   KH: 97 g   BE: 8   KJ: 5727/Kcal: 1369

Gefüllte Mandelringe

<u>Für 1 Backblech
(16 Mandelringe):</u>

*1 Rezept Brandteig für
Windbeutel (s. Seite 164)*

Zubereitungszeit: 35 Minuten
Backzeit: 20—25 Minuten

Zum Bestreichen:
*1 Eigelb
1 TL Wasser*

Zum Bestreuen:
30 g gehobelte Mandeln

Einen Brandteig zubereiten.
Ein Backblech ausfetten. Den Backofen auf 210°C vorheizen. Den Brandteig in einen Spritzbeutel mit großer Sterntülle füllen und Ringe von je 38 g Teiggewicht mit genügend großem Abstand auf das Backblech spritzen.
Eigelb und Wasser verquirlen. Damit die Ringe vorsichtig bestreichen (mehr tupfen als streichen) und sparsam mit den Mandeln bestreuen. Bei 210°C die Mandelringe 20—25 Minuten backen. Während der ersten 20 Minuten Backzeit den Backofen auf keinen Fall öffnen, sonst fallen die Ringe zusammen.

Die Mandelringe noch heiß mit einem spitzen Messer waagerecht durchschneiden und auf einem Kuchengitter auskühlen lassen.

Berechnung für 1 Mandelring (¹/₁₆ Rezept):
Eiweiß: 3 g   Fett: 7 g   KH: 6 g   BE: 0,5   KJ: 423/Kcal: 101

Berechnung für das ganze Rezept:
Eiweiß: 50 g   Fett: 113 g   KH: 100 g   BE: 8   KJ: 6765/Kcal: 1617

Süße Füllungen für Windbeutel und Mandelringe

Sie sollten sich exakt an diese Zutatenmengen halten, dann brauchen Sie die Füllungen bezüglich der Kohlenhydrate nicht zu berechnen.

Frucht-Sahne-Füllung

<u>Für 16 Windbeutel oder Mandelringe:</u>

400 g Himbeeren oder Erdbeeren

¹/₂ TL flüssiger Süßstoff
250 g Sahne

Zubereitungszeit: 15 Minuten

Die untere Hälfte der Windbeutel oder Mandelringe mit Himbeeren oder in Scheiben geschnittenen Erdbeeren belegen. Die Sahne steif schlagen, mit flüssigem Süßstoff abschmecken und auf die Früchte spritzen. Den Deckel auflegen.

Berechnung für 1 Portion (¹/₁₆ Rezept):
Eiweiß: 0,6 g   Fett: 5 g   KH: 2 g   KJ: 236/Kcal: 56

Berechnung für das ganze Rezept:
Eiweiß: 9,2 g   Fett: 81 g   KH: 34 g   KJ: 3782/Kcal: 904

Schoko-Quark-Füllung

Für 16 Windbeutel oder Mandelringe:

200 g Magerquark
30 g Haselnüsse

2 TL flüssiger Süßstoff
1—2 TL Kakao
½ TL Vanillepulver
200 g Sahne

Zubereitungszeit: 20 Minuten

Haselnüsse reiben und in einer trockenen Pfanne unter Rühren leicht anrösten. Quark mit Haselnüssen, Süßstoff, Kakao und Vanille verrühren. Die Sahne steif schlagen und unter die Quarkmasse heben. Mit einem Spritzbeutel die Füllung auf die Böden der Windbeutel oder Mandelringe spritzen und den Deckel auflegen.

Berechnung für 1 Portion (¹/₁₆ Rezept):
Eiweiß: 2 g   Fett: 5 g   KH: 1 g   KJ: 249/Kcal: 60

Berechnung für das ganze Rezept:
Eiweiß: 35 g   Fett: 82 g   KH: 18 g   KJ: 3999/Kcal: 956

Mandarinencremefüllung

<u>Für 16 Windbeutel oder</u>
<u>Mandelringe:</u>

250 g Dickmilch
Saft und Schale von
¹⁄₂ Orange
2—3 TL flüssiger Süßstoff

100 g Mandarinenfilets
(Mandarinen mit Süßstoff
eingemacht oder bei
frischen Mandarinen die
Häutchen abziehen)
3 Blatt weiße Gelatine
150 g Sahne

Zubereitungszeit: 40 Minuten

Gelatine 10 Minuten in kaltem Wasser einweichen. Dickmilch mit Orangensaft und -schale verrühren. Mit Süßstoff abschmecken. Gelatine ausdrücken und in einer
Schöpfkelle im Wasserbad lösen.
Die aufgelöste Gelatine gründlich unter die Dickmilch
rühren. Die Sahne steif schlagen. Sobald die Dickmilch
zu gelieren beginnt, Sahne und Mandarinenfilets sorgfältig unterheben. Mit einem Teelöffel gleichmäßig auf den
Windbeutel- oder Mandelringböden verteilen. Die Dek-
kel aufsetzen.

Berechnung für 1 Portion (¹⁄₁₆ Rezept):
Eiweiß: 0,8 g   Fett: 3,5 g   KH: 1,5 g   KJ: 172/Kcal: 42

Berechnung für das ganze Rezept:
Eiweiß: 12,5 g   Fett: 56,5 g   KH: 25 g   KJ: 2761/Kcal: 660

Biskuitteig

Besonders Gebäck aus Biskuitteig fand bei den »Probe-
essern« für dieses Buch großen Anklang.
Auch ich war bei meinen ersten Backversuchen über-
rascht, wie gut Biskuitteig mit Vollkornmehl und Diabeti-
ker- bzw. Fruchtzucker gelingt und schmeckt.
Als Treibmittel wirkt beim Biskuit in erster Linie die unter
Eigelb und Eiweiß eingeschlagene Luft. Diese dehnt sich
beim Backen aus und vergrößert das Volumen des Teiges
bis fast um das Doppelte.

Tips rund um den Teig
Die Zutaten:

- Das Eigelb wird mit Diabetiker- bzw. Fruchtzucker im
  Wasserbad dick cremig geschlagen. Durch das Erwärmen nimmt die Bindungsfähigkeit des Eigelbs zu, die
  Masse wird fester und das Volumen vergrößert sich.
  Achten Sie darauf, daß die Eimasse im Wasserbad nur
  warm, nicht heiß wird, sonst gerinnt das Eigelb.
  Falls Ihnen dies zu umständlich erscheint, können Sie
  das Eigelb ohne Erwärmen (wie gewohnt) aufschlagen. Der Biskuit wird dann nicht ganz so hoch und
  locker.

- Weizenvollkornmehl mit Backpulver gut mischen und
  mit der Hälfte des Eischnees behutsam mit einem
  Gummischaber oder Kochlöffel unter die Eimasse heben. Erst wenn sich das Mehl vollständig mit der Eigelbcreme verbunden hat, wird der Teig mit dem restlichen Eischnee gelockert.

- Den Biskuitteig unverzüglich in den vorgeheizten Backofen schieben, sonst entweicht die Luft und der Teig
  fällt zusammen.

Das Backen:

- Den Springformboden mit Backtrennpapier oder ge-
  fettetem Pergamentpapier auslegen. Den Formrand

nicht ausfetten, sonst findet der Teig am Rand keinen Halt und sackt in sich zusammen.

- Nach dem Backen den Biskuit auf ein Kuchengitter heben, nicht stürzen, damit er nicht zusammengedrückt wird. Erst nach dem Auskühlen das Backtrennpapier vorsichtig von der Rückseite abziehen.

Die Lagerung:

- Ausgekühlter Biskuit kann gut eingefroren werden. Für den kleinen Haushalt den Biskuit in der Mitte durchschneiden und mit der halben Menge an Zutaten füllen oder belegen. Dies ergibt je nach Rezept 5, bzw. 6 Kuchen oder Tortenstücke. Die andere Bodenhälfte einfrieren und bei Bedarf bei Zimmertemperatur auftauen lassen.

Biskuit-Grundrezept I

Dieser Biskuitboden eignet sich besonders gut für hohe, gefüllte Torten. Er gibt ihnen Halt und Stabilität.

Für 1 Springform
(26 cm Ø):

5 Eier
108 g Diabetiker- oder
Fruchtzucker

2 EL kaltes Wasser
140 g Weizenvollkornmehl
1 gestrichener TL Back-
pulver
abgeriebene Schale von
1/2 Zitrone

Zubereitungszeit: 35 Minuten
Backzeit: ca. 30 Minuten

Den Boden der Springform mit Backtrennpapier auslegen, den Springformrand nicht ausfetten. Den Backofen auf 180°C vorheizen. Eigelb und Eiweiß trennen. Das Eiweiß kühl stellen.

Für das Wasserbad in einem mittelgroßen Topf Wasser erhitzen. Einen kleinen Topf so hineinstellen, daß er die Wasseroberfläche nicht berührt. In diesen Eigelb, Diabetikerzucker und Wasser geben und zu einer dicken, cremigen Masse schlagen. Das Wasser darf dabei nicht kochen. Nach 5 Minuten die Eiercreme aus dem Wasserbad nehmen und weitere 5 Minuten schlagen.

Weizenvollkornmehl, Backpulver und Zitronenschale vermischen. Das Eiweiß steif schlagen. Die Hälfte des Eiweiß zusammen mit der Mehlmischung unter die Eiercreme heben. Das restliche Eiweiß sorgfältig unterziehen. Die Biskuitmasse in die Springform füllen, glattstreichen und bei 180°C etwa 30—35 Minuten backen. Sobald sich der Biskuit vom Formrand löst, ist er durchgebacken. Nach dem Backen den Biskuit mit einem Messer vom Springformrand lösen, das Backtrennpapier abziehen und den Kuchen auf einem Gitter auskühlen lassen. Den abgekühlten Biskuitboden mit Alufolie abdecken und erst am nächsten Tag weiterverarbeiten.

Berechnung für den Biskuitboden:
Eiweiß: 49 g   Fett: 34 g   KH: 193 g   BE: 16   KJ: 5339/Kcal: 1277

Biskuit-Grundrezept II

Dieser Biskuit empfiehlt sich für Biskuitrollen, -schnitt-
chen und zarte, luftige Böden wie z. B. für Quark-Sahne-
Torten oder Früchtetörtchen. Da dieses Rezept wesentlich kohlenhydrat- und kalorienärmer ist als das Biskuit-
Grundrezept 1, sollten Sie bei Übergewicht Rezepte mit
diesem Biskuit bevorzugen. Durch den höheren Eianteil,
ist dieser Teig weicher und elastischer und deshalb für
kompaktere Torten (z. B. Prinzregententorte) nicht geeignet.

Für 1 Springform   *48 g Diabetiker- oder*
(26 cm Ø):   *Fruchtzucker*
    100 g Weizenvollkorn-
4 Eier   *mehl*
2 EL Wasser   *2 g Backpulver*

Zubereitungszeit: 35 Minuten
Backzeit: 30 Minuten

Einen Springformboden gut ausfetten. Den Backofen auf
180°C vorheizen.
Die Eier trennen. Das Eiweiß kühl stellen. Die Eigelb mit
dem Wasser und dem Fruchtzucker im Wasserbad (s. Seite 171) cremig schlagen. Den Topf aus dem Wasserbad
nehmen. Die Eiercreme weitere 5 Minuten kalt schlagen.
Das Mehl mit dem Backpulver mischen. Die Eiweiß steif
schlagen. Die Hälfte des Eischnees zusammen mit dem
Mehl unter die Eimasse ziehen. Den restlichen Eischnee
leicht unter den Teig heben. Den Biskuitteig in die Form
füllen, glattstreichen und bei 180°C 30 Minuten backen.

Berechnung für 1 Rezept Biskuit-Grundrezept II:
Eiweiß: 38 g   Fett: 27 g   KH: 104 g   BE: 9   KJ: 3478/Kcal: 832

Nuß- oder Mandelboden

Dieser leichte Boden aus einer Makronenmasse ist schnell zubereitet. Er bildet eine vorzügliche Grundlage für leichte Sommertorten.
Auch die verschiedensten Törtchenformen können Sie aus diesem Boden ausstechen, z.B. Kreise, Herzen, Sterne. Diese Formen mit Sahne oder einer Vanillecreme (s. Seite 73) bestreichen, einen zweiten Boden daraufsetzen und die Ränder in Schokoladenraspeln oder Pistazienkrümeln wälzen.

Für ½ Backblech:

150 g Haselnüsse oder Mandeln

5 Eiweiß
90 g Diabetiker- oder Fruchtzucker

Zubereitungszeit: 15 Minuten
Backzeit: 15—20 Minuten

Das Backblech mit Backtrennpapier belegen. Den Backofen auf 175°C vorheizen.
Die Haselnüsse fein mahlen. Die Eiweiß steif schlagen, dann den Fruchtzucker hinzufügen und die Masse weiterrühren, bis sich der Zucker gelöst hat (ca. 3 Minuten). Die Haselnüsse schnell unter den Eischnee rühren.
Das halbe Backblech mit der Makronenmasse gleichmäßig bestreichen.
Den Boden 15—20 Minuten bei 175°C hellbraun backen.
Den Nußboden sofort auf das Kuchengitter stürzen, das Backtrennpapier vorsichtig abziehen und den Boden auskühlen lassen.

Berechnung für das ganze Rezept:
Eiweiß: 37,5 g   Fett: 92 g   KH: 106 g   BE: 9   KJ: 5876/Kcal: 1404

Himbeersahnerolle

Für 15 Stück:

Biskuit:
4 Eier
1 EL Wasser
1 EL Rum (oder Wasser)
60 g Diabetiker- oder
Fruchtzucker
100 g Weizenvollkorn-
mehl
10 g Kakao

2 g Backpulver

Füllung:
6 Blatt weiße Gelatine
200 g Himbeeren
48 g Diabetiker- oder
Fruchtzucker
etwas Zitronensaft
250 g gekühlte Sahne
flüssiger Süßstoff

Zubereitungszeit: 70 Minuten
Backzeit: 12—14 Minuten
Kühlzeit: 90 Minuten

Ein Backblech mit Backtrennpapier auslegen. Den Backofen auf 180°C vorheizen.
Die Eier trennen. Das Eiweiß kühl stellen. Eigelb mit
Wasser, Rum und Diabetikerzucker im Wasserbad (s. Seite 171) 5 Minuten dickschaumig schlagen. Dann die Eiercreme aus dem Wasserbad nehmen und weitere 5 Minuten kalt schlagen.
Weizenvollkornmehl, Kakao und Backpulver mischen.
Das Eiweiß steif schlagen. Die Hälfte des Eiweiß zusammen mit der Mehlmischung unter die Eimasse ziehen.
Das restliche Eiweiß leicht unterheben. Die Biskuitmasse
gleichmäßig auf das Backblech streichen und 12—14 Minuten bei 180°C backen.
Inzwischen die Arbeitsplatte mit einem Küchentuch belegen. Den heißen Biskuit auf das Tuch stürzen. Das
Backpapier vorsichtig abziehen. (Falls es sich schlecht
löst, die ganze Papierfläche mit Wasser bepinseln.) Das
Küchentuch an den Schmalseiten hochziehen, dabei
rollt sich der Biskuit fast von selber ein. Die Teigrolle auskühlen lassen.

Für die Füllung die Gelatine in kaltem Wasser quellen lassen. Himbeeren mit Diabetikerzucker und Zitronensaft 1 Minute leicht köcheln, dann im Mixer pürieren. Die Gelatine ausdrücken und unter das heiße Himbeerpüree rühren. Die Gelatine muß sich dabei vollständig auflösen. Das Himbeerpüree kühl stellen.

Sobald das Himbeerpüree zu gelieren beginnt (nach etwa 30 Minuten), die Sahne steif schlagen und behutsam unter die Himbeeren heben. Die Himbeersahnecreme mit Süßstoff abschmecken.

Zum Füllen die Biskuitrolle wieder ausbreiten, die Himbeersahne gleichmäßig daraufstreichen, behutsam mit dem Küchentuch wieder einrollen und mit der »Naht« nach unten auf eine Tortenplatte legen. Die Biskuitrolle mit Alufolie abdecken und für etwa 60 Minuten in den Kühlschrank stellen.

Ein scharfes Messer in kaltes Wasser tauchen und die Biskuitrolle in 15 gleich breite Scheiben schneiden.

Berechnung für 1 Stück Himbeersahnerolle ($^1/_{15}$ Rezept):
Eiweiß: 3 g   Fett: 7 g   KH: 13 g   BE: 1   KJ: 540/Kcal: 129

Berechnung für die gesamte Himbeersahnerolle:
Eiweiß: 49 g   Fett: 108 g   KH: 191 g   BE: 15   KJ: 8098/Kcal: 1936

Tip: Die Himbeersahnefüllung bekommt eine besonders schöne Farbe, wenn Sie 2 Blatt rote Gelatine und 4 Blatt weiße Gelatine nehmen.

Variante: Zur Abwechslung können Sie diese Biskuitrolle auch einmal mit 140 g Brombeeren oder mit 190 g Erdbeeren füllen. Die Berechnung ändert sich dabei nicht.

Kiwi-Quarksahne-Torte

Diese farblich ausgesprochen aparte Torte ziert jede Kaffeetafel. Durch ihren erfrischenden Geschmack ist die Quarksahnetorte bei Erwachsenen und Kindern gleichermaßen beliebt. Für Übergewichtige ist sie durch ihren relativ geringen Kalorien- und Kohlenhydratgehalt sehr günstig.

Für 1 Springform (26 cm Ø):

½ Rezept Biskuit-Grundrezept II (s. Seite 172)

Quarkfüllung:
8 Blatt weiße Gelatine
500 g Magerquark
54 g Diabetiker- oder Fruchtzucker

Saft und Schale von
½ Zitrone
Schale von ½ Orange
2 Eigelb
250 g gekühlte Sahne
1—2 TL flüssiger Süßstoff

Zum Garnieren:
230 g geschälte Kiwi
25 g Diabetikerschokolade

Zubereitungszeit: 40 Minuten (ohne Biskuitboden)
Kühlzeit: 2 Stunden

Einen Biskuitteig zubereiten, bei 180°C 15—20 Minuten backen, dann auskühlen lassen.
Für die Füllung die Gelatine 5 Minuten in kaltem Wasser quellen lassen. Inzwischen den Quark mit Fruchtzucker, Zitronensaft, -schale, Orangenschale und den Eigelb verrühren. Die Gelatine ausdrücken und in einem kleinen Töpfchen bei schwacher Hitze auflösen. Sofort 1 EL Quark unter die Gelatine rühren. Die Gelatinemischung mit einem Schneebesen unter die Quarkcreme arbeiten.

Heidelbeerkuchen mit Zimtstreuseln
(Rezept S. 117) ▷

Die Quarkcreme kühl stellen. Sobald die Quarkcreme zu stocken beginnt, die Sahne steif schlagen und darunterheben. Die Quarksahne mit Süßstoff abschmecken. 1 EL Quarksahne beiseite stellen. Den Biskuitboden auf eine Tortenplatte legen und mit einem Tortenring umstellen. Die Quarkcreme in den Tortenring füllen, glattstreichen und für 90 Minuten in den Kühlschrank stellen.
Die Kiwi in ½ cm dicke Scheiben schneiden. Die Diabetikerschokolade fein reiben und bis zum Gebrauch ins Gefrierfach stellen.
Den Tortenring lösen. Die Quarkfüllung mit den Kiwischeiben belegen. Mit der restlichen Quarkcreme den Tortenrand bestreichen und mit der geriebenen Schokolade garnieren. Die Torte mit einem nassen Messer in 12 gleichmäßige Stücke schneiden.

Berechnung für 1 Stück Quarksahnetorte (¹⁄₁₂ Rezept):
Eiweiß: 9 g   Fett: 9,5 g   KH: 14 g   BE: 1   KJ: 748/Kcal: 179

Berechnung für die ganze Torte:
Eiweiß: 108 g   Fett: 115 g   KH: 175 g   BE: 12   KJ: 8983/Kcal: 2147

Tip: Falls Sie die Torte nicht am gleichen Tag verzehren, sollten Sie die Kiwi mit einem Geleeguß (s. Seite 178) überziehen. Das schützt die Früchte vor dem Austrocknen und verleiht ihnen einen appetitlichen Glanz.

◁ *Linzertorte* (Rezept S. 132)

Tortenguß mit Agar-Agar

An einem BE-freien Tortenguß habe ich lange herumexperimentiert. Am besten und klarsten wird dieser mit Agar-Agar.

<u>Für 1 Obsttorte</u>
(¼ l Tortenguß):

250 g kaltes Wasser oder der Abtropfsaft von aufgetauten Früchten, mit Wasser auf 250 g aufgefüllt

flüssiger Süßstoff nach Geschmack
etwas Zitronensaft
1 gestrichener TL Agar-Agar

Zubereitungszeit: 10 Minuten
Abkühlzeit: 15—20 Minuten

Das Wasser oder die Abtropfsaft-Wasser-Mischung mit Süßstoff und Zitronensaft abschmecken. Dann Agar-Agar darunterrühren und zum Kochen bringen. Die Flüssigkeit 1 Minute kochen, dann in ein kaltes Gefäß umfüllen und auf Handwärme abkühlen lassen. Dies dauert 15—20 Minuten.
Die belegte Torte mit einem Tortenring umstellen. Den Guß lauwarm (er muß noch flüssig sein) mit einem Eßlöffel von innen nach außen über die Früchte verteilen. Sobald der Guß fest ist (wenige Minuten), mit einem Messer den Tortenring lösen und abnehmen. Dieser Guß braucht nicht berechnet zu werden.
Tip: Der Guß geliert besonders schnell und tropft weniger, wenn die Torte mit gefrorenen Früchten belegt ist.

Brombeertorte »Exquisit«

Diese leichte Buttercremetorte mit fruchtigem Belag läßt sich vielseitig abwandeln. Zum Beispiel als Himbeertorte mit einem Schokoladenbiskuit. Dafür unter die Mehlmischung für den Biskuitboden 1 EL Kakaopulver mischen und, anstatt mit Brombeeren und Kiwi, die Torte mit 750 g Himbeeren belegen.

Für 1 Springform
(26 cm Ø):

1 Biskuitboden nach dem Grundrezept I (s. Seite 170)

Füllung:
200 g Milch (3,5 % Fett)
1 Msp Vanillepulver
3 Eigelb
48 g Diabetiker- oder Fruchtzucker

200 g Butter
½ TL flüssiger Süßstoff

Belag:
1 Kiwi
450 g Brombeeren

Zum Tränken des Bodens (nach Belieben):
1½ EL Rum
1½ EL trockener Weißwein

Zubereitungszeit: 70 Minuten (ohne Biskuitboden)
Kühlzeit: 30 Minuten

Den Biskuit mit einem langen Sägemesser in 3 gleichmäßige Böden schneiden. Davon einen Boden zerkrümeln und mit Rum und Weißwein tränken.

Für die Buttercreme die Milch mit dem Vanillepulver zum Kochen bringen. Eigelb und Fruchtzucker kurz verquirlen. Die heiße Milch unter Rühren zur Eigelb-Zucker-Mischung gießen. Die Eiermilch zurück in den Topf geben und langsam erhitzen. Dabei ständig mit einem Gummischaber rühren, bis die Flüssigkeit dicklich wird. Die nunmehr dickliche Creme auf Zimmertemperatur abkühlen lassen.

Die Butter in der Küchenmaschine 10 Minuten schaumig weiß schlagen. Die Vanillecreme nach und nach unter die Butter rühren. Die Buttercreme mit Süßstoff abschmekken.

Die Buttercreme halbieren. Unter die eine Hälfte die mit Alkohol getränkten Biskuitkrümel heben, auf dem unteren Biskuitboden verteilen und glattstreichen. Die Füllung mit dem zweiten Biskuitboden abdecken. Die Torte rundum mit der restlichen Buttercreme einstreichen. (Der Tortenrand sieht mit einem Zackenrand sehr dekorativ aus: Mit einem Zackenschaber oder grobzahnigen Messer einmal um den Tortenrand ziehen.) Die Torte 30 Minuten kalt stellen.

Die Kiwi schälen und in 6 gleichmäßige Scheiben schneiden. In die Tortenmitte eine Kiwischeibe legen, die anderen mit 1 cm Abstand darumlegen, in die Mitte jeder Kiwischeibe eine Brombeere setzen. Die freigebliebene Tortenoberfläche dicht mit den restlichen Brombeeren belegen. Die Torte eventuell mit einem Tortenguß aus Agar-Agar (s. Seite 178) überziehen.

Die Brombeertorte mit einem nassen Messer in 12 gleich große Stücke schneiden.

Berechnung für 1 Stück Brombeertorte ($^1/_{12}$ Rezept):
Eiweiß: 6 g Fett: 19 g KH: 24 g BE: 2 KJ: 1192/Kcal: 285

Berechnung für die ganze Brombeertorte:
Eiweiß: 72 g Fett: 228 g KH: 296 g BE: 24 KJ: 14309/Kcal: 3420

Variante bei Übergewicht: Kalorienärmer ist diese Torte mit einer Vanillecreme-Füllung: Dafür die Vanillecreme-Füllung (s. Seite 73) mit 48 g Diabetiker- oder Fruchtzukker und 5 Blatt Gelatine zubereiten. 200 g geschlagene Sahne darunterziehen. Die Kohlenhydratberechnung bleibt dabei gleich.

Geburtstagsherz

Diese Biskuittorte in Herzform, gefüllt mit Schokosahne und Johannisbeeren wird mit Hilfe einer Papierschablone aus einem Biskuitboden geschnitten. Auf diese Weise können Sie jede beliebige Tortenform herstellen. Zum Beispiel einen Biskuitstern als Weihnachtstorte oder eine Tortenblüte zum Kindergeburtstag. Mit Nüssen, frischen Früchten und Blümchen lassen sich diese Torten fantasievoll ausgarnieren. Die abgeschnittenen Biskuitreste werden in die Füllung eingearbeitet.

<u>Für 1 Biskuitherz:</u>

1 Biskuitboden (26 cm Ø)
nach Grundrezept I
(s. Seite 170)

Fruchtfüllung:
200 g rote Johannis-
beeren
45 g Diabetiker- oder
Fruchtzucker
1 TL flüssiger Süßstoff
2 g Agar-Agar

Schokosahne:
2 Blatt weiße Gelatine
50 g Diabetikerschokolade
»Vollmilch«
5 g Kokosfett
300 g gekühlte Sahne
½ TL flüssiger Süßstoff
5 g Kakao
1 EL Rum (nach Belieben)

Zum Bestreuen:
50 g Diabetiker-
schokolade »Vollmilch«

Zubereitungszeit: 60 Minuten (ohne Biskuitboden)
Kühlzeit: 2 Stunden

Für die Papierschablone den Springformboden auf ein festes Papier legen, einen Kreis markieren und ausschneiden. Den Kreis in der Mitte falten und ein Herz daraus schneiden. Die Schablone auf den Biskuitboden legen und mit einem scharfen Messer eine Herzform ausarbeiten. Die Biskuitreste zerbröseln und beiseite stellen. Das Biskuitherz einmal quer durchschneiden.
Für die Fruchtfüllung die Johannisbeeren, den Frucht-

zucker und den Süßstoff erhitzen. Agar-Agar darüberstreuen, unterrühren und 2 Minuten mitköcheln lassen. Danach kühl stellen.

Für die Schokosahne die Gelatine in kaltem Wasser 5 Minuten quellen lassen. Das Kokosfett im Wasserbad schmelzen (s. Seite 219). Diabetikerschokolade klein schneiden und unter das Kokosfett rühren. Die Gelatine ausdrücken und unter die geschmolzene Schokolade arbeiten. Auf Handwärme abkühlen lassen. Die Sahne fast steif schlagen.

Süßstoff und Kakao zur Sahne geben, auf höchster Stufe schlagen, dabei langsam die Schokoladenlösung zugießen. Weiterschlagen, bis die Sahne steif ist.

Die Schokosahne halbieren und unter die eine Hälfte den Rum und die Biskuitbrösel heben.

Die Biskuitböden mit der Johannisbeerfüllung bestreichen. Auf einem Boden die Schokosahne mit den Biskuitbröseln verteilen und glattstreichen. Den anderen Boden, mit der Johannisbeerfüllung nach unten, auflegen. Das Biskuitherz auf eine Tortenplatte heben und rundum mit der restlichen Schokosahne einstreichen. Diabetikerschokolade grob raspeln. Damit die Tortenoberfläche und den Rand bestreuen. Die Torte eventuell mit Veilchen garnieren.

Zum Servieren das Herz vom Mittelpunkt aus in 12 Stükke schneiden. Da Sie diese Torte kaum in gleichmäßige Stücke schneiden können, sollten Sie BE-gerechte Portionen abwiegen.

Berechnung für 2 BE Torte (85 g):
Eiweiß: 5 g   Fett: 14,5 g   KH: 26 g   BE: 2   KJ: 1096/Kcal: 262

Berechnung für das ganze Biskuitherz (1050 g):
Eiweiß: 60 g   Fett: 177 g   KH: 312 g   BE: 24   KJ: 13192/Kcal: 3153

Zürcher Erdbeertorte

<u>Für 1 Springform</u>
<u>(26 cm Ø):</u>

½ Rezept Biskuit nach
dem Grundrezept I
(s. Seite 170)

Füllung:
50 g Orangenmarmelade
1 EL Rum (nach Belieben)
100 g geschälte Mandeln

Zubereitungszeit: 40 Minuten
Kühlzeit: 60 Minuten

3 Tropfen Bittermandelöl
40 g Diabetiker- oder
Fruchtzucker
40 g Sahne

Belag:
750 g Erdbeeren

Zum Garnieren:
30 g Mandelblättchen,
leicht gebräunt

Einen Biskuitboden herstellen und auskühlen lassen.
Orangenmarmelade und Rum verrühren. Damit den Biskuit dünn bestreichen. Die Mandeln im Mixer mehlfein
mahlen. Bittermandelöl, Fruchtzucker und Sahne dazugeben, so daß eine streichfähige Paste entsteht. Biskuitboden und -rand mit der Marzipancreme gleichmäßig
bestreichen (dafür das Messer immer wieder kurz in kaltes Wasser tauchen).
Die Erdbeeren waschen, trockentupfen und die Kelch-
blätter entfernen. Den Biskuitboden dicht mit den Erdbeeren belegen. Die Torte eventuell mit einem Geleeguß (s. Seite 178) überziehen.
Den Tortenrand mit den Mandelblättchen bestreuen. Vor
dem Servieren die Erdbeertorte 1 Stunde im Kühlschrank
durchziehen lassen. Mit einem nassen Messer in 12 gleich
große Stücke schneiden.

Berechnung für 1 Stück Erdbeertorte (¹/₁₂ Rezept):
Eiweiß: 4,5 g Fett: 8,5 g KH: 17,5 g BE: 1,5 KJ: 705/Kcal: 168

Berechnung für die ganze Torte:
Eiweiß: 56 g Fett: 102,5 g KH: 210,5 g BE: 18 KJ: 8469/Kcal: 2024

Tip: Falls Sie nicht auf Ihr Gewicht achten müssen, können Sie zur Zürcher Erdbeertorte Schlagsahne reichen.

Johannisbeertörtchen mit Pistazien

Für 10 Törtchen:

1 Rezept Biskuit nach dem Grundrezept II (s. Seite 172)

Füllung:
150 g rote Johannisbeeren
36 g Diabetiker- oder Fruchtzucker
8 g Agar-Agar

50 g Erdbeermarmelade (mit Fruchtzucker gesüßt)
300 g Magerquark
1 EL Cognac (nach Belieben)
150 g gekühlte Sahne flüssiger Süßstoff

Zum Garnieren:
40 g Pistazien

Zubereitungszeit: 30 Minuten
Kühlzeit: 20 Minuten

Den Biskuitteig zubereiten. Ein Backblech mit Backtrennpapier belegen. Den Biskuit exakt auf eine Fläche von 40×40 cm daraufstreichen. Im vorgeheizten Backofen bei 180°C 10—12 Minuten backen. Den Biskuit auf einem Kuchengitter auskühlen lassen.
Zwischenzeitlich die Füllung vorbereiten. Dafür die Johannisbeeren mit dem Fruchtzucker und dem Agar-Agar erhitzen und 1 Minute kochen. Danach die Johannisbeeren durch ein Sieb streichen. Das Fruchtmus mit der Erdbeermarmelade, dem Cognac und dem Quark gut verrühren und kalt stellen.
Den abgekühlten Biskuit halbieren. Die beiden Hälften aufeinander legen und mit einem scharfen Messer nochmals der Länge nach teilen: zu 2 Biskuitstücken von 10×40 cm. Diese Stücke wiederum in je 5 Rechtecke von 10×8 cm schneiden (= 10 Stücke).

Sobald der Johannisbeerquark zu gelieren beginnt, die Sahne steif schlagen, unter den Quark heben und die Quark-Sahne-Creme mit Süßstoff abschmecken. Die Füllung kühl stellen, bis sie streichfest ist.

64 g Johannisbeercreme zwischen je 2 Biskuitrechtecke füllen. Dies ergibt 10 kleine Törtchen. Die Johannisbeertörtchen für 20 Minuten ins Gefrierfach stellen.

Zwischenzeitlich die Pistazien im Mixer sehr fein mahlen. Die 4 Seitenflächen der Johannisbeertörtchen in den Pistazienkrümeln wälzen.

Die Törtchen gut gekühlt servieren.

Berechnung für 1 Johannisbeertörtchen ($^1/_{10}$ Rezept):
Eiweiß: 9,5 g   Fett: 12 g   KH: 20,5 g   BE: 1,5   KJ: 950/Kcal: 227

Berechnung für das ganze Rezept:
Eiweiß: 96,5 g   Fett: 122 g   KH: 205 g   BE: 15   KJ: 9506/Kcal: 2272

Tip: Aus denselben Zutaten können Sie auch eine Biskuitrolle zubereiten. Dafür den Biskuitboden sofort nach dem Backen mit einem Küchentuch einrollen und auskühlen lassen. Die Füllung zubereiten und 3 EL kühl stellen. Den Biskuitboden mit der Johannisbeercreme bestreichen, wieder einrollen und die Oberfläche mit der beiseite gestellten Creme bestreichen. Die Biskuitrolle mit den Pistazienkrümeln bestreuen. Danach die Rolle 2 Stunden im Kühlschrank durchkühlen lassen und vor dem Servieren mit einem scharfen Messer in 15 gleichmäßige Stücke schneiden.

Berechnung für 1 Stück Johannisbeerrolle:
Eiweiß: 6,5 g   Fett: 8 g   KH: 13,5 g   BE: 1   KJ: 633/Kcal: 151

Punschtorte

Die Punschtorte, mit ihrer saftigen Füllung und der Marzipandecke, gibt es bei uns zu besonders festlichen Anlässen. Das Marzipan ist im Rezept großzügig bemessen. Sie können daraus die Initialen des Jubilars formen oder das Marzipan, mit Rote-Bete-Saft eingefärbt, zu Röschen verarbeiten und damit die Torte verzieren.

<u>Für 1 Springform</u>
<u>(26 cm Ø):</u>

1 Biskuitboden nach dem Biskuit-Grundrezept I (s. Seite 170)

Zum Tränken der Böden:
4 EL brauner Rum
125 g trockener Weißwein (deklariert: »Für Diabetiker geeignet«)

Füllung:
400 g Himbeeren
42 g Diabetiker- oder Fruchtzucker

Saft von ½ Zitrone
2 g Agar-Agar
flüssiger Süßstoff

Marzipandecke:
200 g geschälte Mandeln
2 Tropfen Bittermandelaroma
36 g Diabetiker- oder Fruchtzucker
1 Eiweiß

Tortenrand:
50 g Aprikosenmarmelade (mit Fruchtzucker)
50 g Diabetikerschokolade »Zartbitter«

Zubereitungszeit: 70 Minuten (ohne Biskuitboden)

Den Biskuitboden mit einem langen Sägemesser in 3 gleichmäßige Böden schneiden. Rum und Weißwein mischen und die Böden satt damit einpinseln.
Die Himbeeren mit dem Diabetikerzucker und dem Zitronensaft erhitzen, Agar-Agar darüberstreuen und 1 Minute köcheln lassen. Die unteren zwei Biskuitböden mit der Himbeerfüllung bestreichen, zusammensetzen und den dritten Boden darauflegen.

Die Mandeln im Mixer mehlfein mahlen und mit dem Diabetikerzucker, dem Bittermandelöl und dem Eiweiß zu Marzipan verkneten. Das Marzipan zwischen Pergamentpapier ausrollen, den Springformboden daraufflegen und mit einem Messer ausschneiden. Die Marzipandecke auf den obersten Biskuitboden legen. Die Marzipanreste für die Garnitur aufbewahren.
Die Aprikosenmarmelade erhitzen und noch heiß den Tortenrand damit einstreichen. Die Diabetikerschokolade reiben. Den Tortenrand damit bestreuen.
Die Punschtorte vor dem Servieren mindestens einen Tag, mit Alufolie abgedeckt, durchziehen lassen.
Die Punschtorte in 12 gleich große Stück schneiden.

Berechnung für 1 Stück Punschtorte (110 g) = 2,5 BE:
Eiweiß: 4 g Fett: 12 g KH: 30 g BE: 2,5 KJ: 1158/Kcal: 277

Berechnung für die ganze Torte (1320 g):
Eiweiß: 48 g Fett: 144 g KH: 360 g BE: 30 KJ: 13949/Kcal: 3334

Himbeertörtchen

<u>Für 10 Törtchen:</u>

1 Rezept Nußboden nach dem Grundrezept (s. Seite 173)

Zubereitungszeit: 30 Minuten
Backzeit: 15—20 Minuten

Belag:
250 g gekühlte Sahne
1 g Biobin oder Nestargel
evtl. flüssiger Süßstoff
300 g Himbeeren

Aus dem Nußboden ein Rechteck von 14×35 cm herausschneiden. Den restlichen Boden fein zerkrümeln.
Die Sahne kurz anschlagen, das Biobin hinzufügen und die Sahne steif schlagen. Die Makronenbrösel leicht unter die Sahne heben. Die Sahne-Markonen-Masse even-

tuell mit Süßstoff abschmecken und auf dem Nußboden verstreichen.

Die Himbeeren gleichmäßig auf der Füllung verteilen. Falls die Himbeertörtchen nicht sofort gegessen werden, die Himbeeren mit einem Tortenguß (s. Seite 178) überziehen.

Die Himbeertorte mit einem nassen Messer in 10 Stücke von 7 × 7 cm schneiden. Die entstandenen Törtchen gut gekühlt servieren.

Berechnung für 1 Himbeertörtchen ($^1/_{10}$ Rezept):
Eiweiß: 4,5 g   Fett: 12 g   KH: 13 g   BE: 1   KJ: 951 / Kcal: 227

Berechnung für das ganze Rezept:
Eiweiß: 47,5 g   Fett: 118 g   KH: 132 g   BE: 10   KJ: 9509 / Kcal: 2272

Stachelbeercremetorte

<u>Für 1 Springform
(26 cm Ø):</u>

*½ Rezept Biskuit nach
dem Grundrezept I
(s. Seite 170)*

Füllung:
*125 g Milch (3,5 % Fett)
48 g Diabetiker- oder
Fruchtzucker
2 Eigelb
1 Msp Vanillepulver
100 g Butter*

Zubereitungszeit: 90 Minuten

Belag:
*600 g feste Stachelbeeren
1 EL trockener Weißwein
oder Wasser
1 EL Wasser
1 TL Zitronensaft
12 g Diabetiker- oder
Fruchtzucker
2 g Agar-Agar
flüssiger Süßstoff*

Zum Garnieren:
*30 g gebräunte Mandel-
blättchen*

Den Biskuitboden herstellen und auskühlen lassen.

Für die Füllung die Milch mit der Vanille aufkochen. Eigelb und Fruchtzucker kurz verquirlen. Die heiße Milch unter Rühren zur Eigelb-Zucker-Mischung geben. Die Eiermilch zurück in den Topf gießen und unter ständigem Rühren langsam erhitzen, bis sie dicklich wird. Die Vanillecreme abkühlen lassen.

Die Butter in der Küchenmaschine 10 Minuten schaumig weiß schlagen. Die Vanillecreme nach und nach unter die Butter rühren.

Die Stachelbeeren, Weißwein, Wasser, Zitronensaft, Fruchtzucker und Agar-Agar langsam erhitzen und 1—2 Minuten köcheln. (Die Stachelbeeren dürfen nicht platzen.) Die Stachelbeeren in ein Sieb geben und abtropfen, dann abkühlen lassen. Die Abtropfflüssigkeit mit Süßstoff abschmecken und als Guß warm halten.

Den Biskuitboden mit ⅔ der Buttercreme bestreichen. Die Stachelbeeren darauf verteilen. Die Stachelbeeren mit dem Guß bestreichen. Die Torte kühl stellen, bis der Guß fest ist.

Den Tortenrand mit der restlichen Buttercreme bestreichen und mit den Mandelblättchen garnieren. Die Torte in 12 gleich große Stücke schneiden und gut gekühlt servieren.

Berechnung für 1 Stück Stachelbeertorte (¹⁄₁₂ Rezept):
Eiweiß: 4 g Fett: 11 g KH: 18,5 g BE: 1,5 KJ: 789/Kcal: 188

Berechnung für die ganze Stachelbeertorte:
Eiweiß: 46 g Fett: 133 g KH: 222 g BE: 18 KJ: 9472/Kcal: 2264

Schwarzwälder Kirschtorte

<u>Für 1 Springform</u>
<u>(26 cm Ø):</u>

Biskuit:
5 Eier à 60 g
108 g Diabetiker- oder
Fruchtzucker
2 EL Wasser
140 g Weizenvollkornmehl
1 gestrichener TL Back-
pulver
1 EL Kakao

Füllung/zum Bestreichen:
4 EL Kirschwasser (nach
Belieben)

570 g Sauerkirschen, frisch
oder aus dem Glas (mit
Süßstoff zubereitet)
1 TL Zimt
12 g Diabetiker- oder
Fruchtzucker
2 g Agar-Agar
350 g Sahne
2 g Biobin oder Nestargel
flüssiger Süßstoff

Zum Bestreuen:
50 g feingeraspelte
Diabetikerschokolade

Zubereitungszeit: 70 Minuten
Backzeit: ca. 30 Minuten
Kühlzeit: 3 Stunden

Den Boden der Springform mit Backtrennpapier auslegen. Den Springformrand nicht ausfetten. Den Backofen
auf 180°C vorheizen. Eier trennen. Das Eiweiß kühl stellen.
Das Eigelb mit dem Fruchtzucker und dem Wasser im
Wasserbad 5 Minuten warm aufschlagen. Das Töpfchen
mit der Eiercreme aus dem Wasserbad nehmen und weitere 5 Minuten kalt schlagen.
Weizenvollkornmehl, Backpulver und Kakao vermischen.
Die Eiweiß steif schlagen. Die Hälfte des Eischnees zusammen mit der Mehlmischung unter die Eiercreme heben. Das restliche Eiweiß sorgfältig unterziehen. Die Biskuitmasse in die Springform füllen, glattstreichen und bei
180°C 30 Minuten backen.
Nach dem Backen den Biskuit mit einem Messer vom

Springformrand lösen, das Backtrennpapier abziehen und vor der Weiterverarbeitung mindestens 3 Stunden auskühlen lassen.

Nach 3 Stunden den Biskuit zweimal durchschneiden. Die Böden mit dem Kirschwasser einpinseln.

Für die Füllung die Sauerkirschen mit 2 EL Flüssigkeit (Abtropfflüssigkeit oder Wasser), Fruchtzucker, Zimt sowie Agar-Agar erhitzen und 1 Minute kochen lassen. Danach mit Süßstoff abschmecken und kühl stellen.

Die Sahne kurz anschlagen, mit Süßstoff abschmecken, Biobin dazugeben und steif schlagen.

Den untersten Boden mit dem Kirschkompott bestreichen. Den nächsten Boden aufsetzen. Die Hälfte der Sahne darauf verteilen und glattstreichen. Die oberste Platte auflegen. Mit der restlichen Sahne den Tortenrand und die Oberseite bestreichen und mit den Schokoladenraspeln bestreuen. Die Torte gut durchkühlen lassen und mit einem nassen Messer in 12 gleichmäßige Stücke schneiden.

Berechnung für 1 Stück Schwarzwälder Kirschtorte ($^1/_{12}$ Rezept):
Eiweiß: 6 g Fett: 13,5 g KH: 25 g BE: 2 KJ: 1025/Kcal: 245

Berechnung für die ganze Torte:
Eiweiß: 69,5 g Fett: 162 g KH: 302 g BE: 24 KJ: 12300/Kcal: 2940

Apfeltorte Madeleine

Für diese erfrischende Torte sollten Sie rotbackige Äpfel nehmen. Dies ergibt einen hübschen Farbkontrast zur weißen Sahnefüllung und dem mit grünen Pistazien bestreuten Tortenrand.

<u>Für 1 Springform (26 cm Ø):</u>

½ Rezept Biskuit nach dem Grundrezept I (s. Seite 170)

Belag:
600 g Äpfel (z. B. Gloster)
Saft und Schale von
1 Orange
30 g Butter
50 g Diabetiker- oder Fruchtzucker

30 g trockener Weißwein oder Wasser
1 TL Rum (nach Belieben)
70 g Wasser
2 g Agar-Agar

Füllung:
200 g gekühlte Sahne
1 Msp Vanillepulver
1 g Biobin
flüssiger Süßstoff

Zum Bestreuen:
30 g sehr fein gemahlene Pistazien

Zubereitungszeit: 80 Minuten

Den Biskuitboden zubereiten und auskühlen lassen.
Für den Belag die Äpfel entkernen und in gleichmäßige Spalten schneiden. Orangensaft, -schale, Butter, Fruchtzucker, Wein, Rum, Wasser und Agar-Agar erhitzen. Die Apfelspalten dazugeben und bei milder Hitze garen. Beachten Sie dabei, daß die Äpfel ihre Form behalten und noch »Biß« haben. Die Äpfel mit einem Schaumlöffel aus dem Topf heben und auskühlen lassen. Die Kochflüssigkeit der Äpfel vom Herd nehmen und aufbewahren (sie dient als Tortenguß). Diesen Guß nicht kalt stellen, sonst geliert er.
Die Sahne mit der Vanille kurz anschlagen, das Biobin

hinzufügen und steif schlagen. Die Schlagsahne mit Süßstoff abschmecken.
Den Biskuitboden mit ²/₃ der Sahne gleichmäßig bestreichen, den Rest bis zum Gebrauch in den Kühlschrank
stellen. Die Apfelspalten spiralförmig auf der Sahne anordnen, so daß sich ein hübsches Bild ergibt. Mit dem
Guß die Äpfel einpinseln. Die Apfeltorte im Kühlschrank
aufbewahren, bis der Tortenguß fest geworden ist.
Den Tortenrand mit der restlichen Sahne bestreichen
und mit den Pistazienkrümeln garnieren. Die Apfeltorte
in 12 gleich große Stücke schneiden und gut gekühlt servieren.

Berechnung für 1 Stück Apfeltorte (¹/₁₂ Rezept):
Eiweiß: 3 g   Fett: 11 g   KH: 18 g   BE: 1,5   KJ: 763/Kcal: 182

Berechnung für die ganze Apfeltorte:
Eiweiß: 36 g   Fett: 132 g   KH: 216 g   BE: 18   KJ: 9167/Kcal: 2191

Sommerlicher Früchtekuchen

Diesen Kuchen können Sie natürlich auch zu anderen Jahreszeiten zubereiten und ganz nach Belieben mit Früchten der Saison oder Ihrer Vorräte fantasievoll belegen. Beachten Sie bitte dabei, daß der Fruchtbelag 4 BE entspricht (s. BE-Austauschtabelle).

Für 1 Springform
(26 cm Ø):

½ Rezept Biskuit nach
dem Grundrezept I
(s. Seite 170)

Zum Tränken des Bodens:
50 g Aprikosenmarmelade
(mit Fruchtzucker gesüßt)
1 EL Rum (nach Belieben)
1 EL Weißwein (nach
Belieben)

Belag:
200 g gekühlte Sahne
1 g Biobin oder Nestargel
flüssiger Süßstoff
340 g Pfirsiche
170 g Kiwi
40 g Brombeeren

Zum Garnieren:
30 g leicht gebräunte
Mandelblättchen

Zubereitungszeit: 35 Minuten (ohne Biskuitboden)

Einen Biskuitteig zubereiten und bei 180 °C 15—20 Minuten backen. Den Boden auskühlen lassen.
Aprikosenmarmelade, Rum und Weißwein verrühren und den Biskuit damit bestreichen. Für den Fruchtbelag die Pfirsiche 2—3 Minuten in kochendes Wasser legen und mit einem kleinen Messer die Haut ablösen. Die Pfirsiche entsteinen, in ½ cm dicke Spalten schneiden und abkühlen lassen. Die Kiwi schälen und in ½ cm starke Scheiben teilen.
Die Sahne kurz anschlagen, mit Süßstoff abschmecken, Biobin dazugeben und steif schlagen. Davon 2 EL bis zum Gebrauch kühl stellen. Den Biskuitboden mit der Sahne gleichmäßig bestreichen. Einen kleinen Kreis

Brombeeren in die Mitte des Bodens legen. Die Kiwischeiben kranzförmig um die Brombeeren anordnen. Die äußerste Runde dicht mit den Pfirsichspalten belegen. Die Früchte eventuell mit einem Tortenguß (s. Seite 178) überziehen.
Mit der restlichen Sahne den Kuchenrand bestreichen und mit den Mandelblättchen garnieren.
Den Früchtekuchen in 10 gleichmäßige Stücke schneiden und gut gekühlt servieren.

Berechnung für 1 Stück Früchtekuchen ($\frac{1}{10}$ Rezept):
Eiweiß: 4 g Fett: 8,5 g KH: 18 g BE: 1,5 KJ: 730/Kcal: 174

Berechnung für den ganzen Früchtekuchen:
Eiweiß: 39,5 g Fett: 86 g KH: 180 g BE: 15 KJ: 7309/Kcal: 1747

Kalorienärmere Variante: Um Kalorien einzusparen, können Sie den Früchtekuchen ohne Sahne und ohne Mandelblättchen zubereiten.

Berechnung für 1 Stück Früchtekuchen ($\frac{1}{10}$ Rezept), ohne Sahne, ohne Mandeln:
Eiweiß: 3 g Fett: 1,5 g KH: 17 g BE: 1,5 KJ: 397/Kcal: 95

Berechnung für den ganzen Früchtekuchen, ohne Sahne, ohne Mandeln:
Eiweiß: 29 g Fett: 17 g KH: 170 g BE: 15 KJ: 3974/Kcal: 950

Nußtorte »Anna«

Diese feine, aromatische Torte, gefüllt mit Orangenmarmelade und Cognac, besteht aus demselben Teig wie der »Stockholmer Nußkuchen«.
Am besten schmeckt die Nußtorte, wenn der Boden vor dem Füllen zwei Tage an einem kühlen Ort (luftdicht verpackt) durchziehen kann.
Bei Übergewicht: Lieber auf den »Stockholmer Nußkuchen« zurückgreifen. Diese Torte hat es in sich!

<u>Für 1 Springform (26 cm Ø):</u>

Nußboden:
100 g Walnußkerne
210 g Haselnüsse
5 Eier
180 g Diabetiker- oder Fruchtzucker
1 EL Rum oder starker schwarzer Kaffee
30 g Weizenvollkornmehl
20 g Kakao

1½ gestrichene TL Backpulver

Füllung und Belag:
1 kleine, unbehandelte Orange
60 g Orangenmarmelade (mit Fruchtzucker gesüßt)
1 EL Cognac (nach Belieben)
200 g gekühlte Sahne
1 Msp Vanillepulver
1 g Biobin
flüssiger Süßstoff

Zubereitungszeit: 60 Minuten
Backzeit: 50 Minuten

Den Backofen auf 175 °C vorheizen. Den Boden der Springform mit Backtrennpapier belegen. Den Rand nicht ausfetten.
Die Walnüsse und die Haselnüsse im vorgeheizten Backofen bei 175 °C 5—10 Minuten leicht rösten. Die braunen Häutchen der Haselnüsse abrubbeln. 12 enthäutete Haselnüsse als Garnitur beiseite legen. Die Nüsse abkühlen lassen.

Inzwischen die Eier trennen. Das Eiweiß kühl stellen. Die Eigelb mit dem Fruchtzucker und dem Rum 5 Minuten schaumig schlagen. Die Nüsse fein mahlen und mit dem Weizenvollkornmehl, dem Kakao und dem Backpulver vermischen.

Die Eiweiß steif schlagen. Die Mehlmischung zusammen mit der Hälfte des Eiweiß unter die Eiercreme heben. Den restlichen Eischnee leicht unterziehen. Den Teig in die Springform füllen, glattstreichen und bei 175 °C 50 Minuten backen.

Den Tortenboden auskühlen und am besten 1—2 Tage durchziehen lassen.

Am nächsten Tag den Nußboden einmal durchschneiden.

Für die Füllung die Orange halbieren. Eine Hälfte auspressen. Den Orangensaft mit der Orangenmarmelade und Cognac verrühren und den unteren Boden damit tränken. Den oberen Nußboden aufsetzen. Die Sahne mit der Vanille kurz anschlagen. Biobin dazugeben und steif schlagen. Die Schlagsahne mit Süßstoff abschmecken. 2 EL davon in einen Spritzbeutel mit großer Sterntülle füllen und in den Kühlschrank legen. Mit der restlichen Sahne die Torte rundum gleichmäßig bestreichen.

Die zweite Orangenhälfte in 3 gleich breite Scheiben schneiden. Jede Scheibe vierteln.

Auf der Tortenoberfläche 12 gleich große Stücke markieren. Auf jedes Stück eine Sahnerosette spritzen. Auf die Rosette eine gehäutete Haselnuß setzen und daneben das Orangenviertel stecken.

Die Torte gut gekühlt servieren.

Berechnung für 1 Stück Nußtorte (¹⁄₁₂ Rezept):
Eiweiß: 7,5 g   Fett: 24 g   KH: 24 g   BE: 2   KJ: 1422/Kcal: 340

Berechnung für die ganze Nußtorte:
Eiweiß: 90 g   Fett: 287 g   KH: 289 g   BE: 24   KJ: 17074/Kcal: 4081

Schoko-Orangen-Rolle

Diese Biskuitrolle, gefüllt mit einer Parfaitmasse, läßt sich ganz leicht zu einer Eistorte abwandeln. Bereiten Sie dafür die Orangencreme nur mit 3 Blatt Gelatine zu.

Für 15 Stück:

Biskuit:
48 g Diabetiker- oder Fruchtzucker
4 Eier à 60 g
2 EL kaltes Wasser
100 g Weizenvollkornmehl
1 EL Kakao

Zubereitungszeit: 80 Minuten
Backzeit: 10—12 Minuten
Kühlzeit: 90 Minuten

2 g Backpulver

Füllung:
6 Blatt weiße Gelatine
2 Eigelb
48 g Fruchtzucker
1 EL Zitronensaft
Saft und Schale von
2 unbehandelten Orangen
250 g gekühlte Sahne

Ein Backblech mit Backtrennpapier auslegen. Den Backofen auf 180°C vorheizen.
Die Eier trennen. Das Eiweiß kalt stellen. Eigelb mit Wasser und Fruchtzucker im Wasserbad (s. Seite 170) dickschaumig schlagen. Den Topf mit der Eimasse aus dem Wasserbad nehmen und weitere 5 Minuten kalt schlagen. Weizenvollkornmehl, Kakao und Backpulver mischen. Das Eiweiß steif schlagen. Die Hälfte des Eiweiß zusammen mit der Mehlmischung sorgfältig unter die Eimasse ziehen. Das restliche Eiweiß leicht unterheben. Die Biskuitmasse gleichmäßig auf das Blech streichen und 10—12 Minuten bei 180°C backen.
Inzwischen die Arbeitsfläche mit einem Küchentuch belegen. Den heißen Biskuit auf das Tuch stürzen. Die gesamte Papierfläche mit kaltem Wasser einpinseln, damit nichts vom Teig kleben bleibt. Das Backpapier vorsichtig abziehen. Das Küchentuch an den Schmalseiten hoch-

ziehen, dabei rollt sich der Teig fast von selber ein. Die Teigrolle auskühlen lassen.

Für die Füllung die Gelatine in kaltem Wasser quellen lassen. Eigelb, Fruchtzucker, Zitronensaft, Orangensaft und -schale im Wasserbad 5 Minuten dickschaumig schlagen. Aus dem Wasserbad nehmen, die Gelatine ausdrücken und unter die Eiercreme rühren. Die Creme in kaltes Wasser stellen und immer wieder durchrühren. Sobald die Orangencreme zu gelieren beginnt, die Sahne steif schlagen und behutsam darunterziehen. Eventuell die Sahnecreme mit etwas flüssigem Süßstoff abschmekken.

Die Orangencreme für 10 Minuten in den Kühlschrank stellen, so daß sie streichfähig wird.

Die Biskuitrolle wieder ausbreiten, die Creme gleichmäßig darauf verteilen und glattstreichen. Mit dem Küchentuch den Biskuit wieder aufrollen und mit der »Naht« nach unten auf eine Tortenplatte legen. Mit Alufolie abgedeckt, die Biskuitrolle 90 Minuten kalt stellen.

Ein scharfes Messer in kaltes Wasser tauchen und die Rolle in 15 gleich breite Stücke aufschneiden.

Berechnung für 1 Stück Schoko-Orangen-Rolle (¹/₁₅ Rezept):
Eiweiß: 3,5 g Fett: 9 g KH: 12,5 g BE: 1 KJ: 627/Kcal: 150

Berechnung für die ganze Schoko-Orangen-Rolle:
Eiweiß: 56,5 g Fett: 138 g KH: 189,5 g BE: 15 KJ: 9405/Kcal: 2248

Variante: **Orangeneisrolle**

Die Orangencreme nur mit 3 Blatt Gelatine zubereiten und weiterverarbeiten wie die Schoko-Orangen-Rolle. Die Biskuitrolle, in Alufolie verpackt, ins Tiefkühlgerät legen. 1 Stunde vor dem Servieren in den Kühlschrank stellen und die letzten 10 Minuten bei Zimmertemperatur etwas antauen lassen.

Prinzregententorte

Auch als Diabetiker brauchen Sie auf diesen köstlichen Tortenklassiker nicht zu verzichten. Da die Zutaten für diese Torte sehr üppig und der Zeitaufwand groß ist, empfiehlt es sich, die Prinzregententorte nur zu besonderen Festtagen zuzubereiten. Zu diesen Anlässen können sich auch Übergewichtige, im Rahmen ihres BE-Plans, ein Stückchen genehmigen.

Für 1 Springform
(26 cm Ø):

Tortenboden:
5 Eier
120 g Diabetiker- oder
Fruchtzucker
2 EL Wasser
Schale von ½ Zitrone
120 g Weizenvollkornmehl
½ TL Backpulver

Füllung:
200 g Milch (3,5 % Fett)

1 Msp Vanillepulver
4 Eigelb
60 g Diabetiker- oder
Fruchtzucker
1 EL Kakao
60 g geröstete, sehr feingemahlene Haselnüsse
200 g Butter

Glasur:
24 g Diabetiker- oder
Fruchtzucker
50 g Sahne

Zubereitungszeit: 120 Minuten
Backzeit: 10 Minuten pro Boden

Die Eier trennen. Das Eiweiß kalt stellen. Die Eigelb, Fruchtzucker und Wasser im Wasserbad 5 Minuten schaumig schlagen. Die Creme vom Herd nehmen und weitere 5 Minuten schlagen. Die Zitronenschale mit dem Weizenvollkornmehl und dem Backpulver vermischen. Die Eiweiß steif schlagen.
Den Backofen auf 200 °C vorheizen. Den Springformboden mit Backtrennpapier auslegen.
Die Hälfte des Eiweiß zusammen mit der Mehlmischung unter die Eiercreme heben. Den restlichen Eischnee

leicht unter den Teig ziehen. Jeweils ⅙ der Teigmenge auf den Springformboden streichen. Nacheinander 6 dünne Biskuitböden jeweils bei 200°C 10 Minuten backen. Die Böden auf dem Kuchengitter auskühlen lassen.

Für die Füllung die Milch mit der Vanille aufkochen. Eigelb, Fruchtzucker und Kakao kurz verquirlen. Die heiße Milch unter Rühren zur Eigelb-Fruchtzucker-Mischung gießen. Die Eiermilch zurück in den Topf geben und langsam erhitzen. Dabei ständig mit dem Gummischaber rühren, bis die Flüssigkeit dicklich wird. Unter die dickflüssige Schokoladencreme die Haselnüsse mischen und auf Zimmertemperatur abkühlen lassen.

Die Butter in der Küchenmaschine 10 Minuten schaumig weiß schlagen. Die Schokoladencreme eßlöffelweise unter die Butter rühren.

5 Biskuitböden mit ¾ der Buttercreme gleichmäßig bestreichen. Die restliche Buttercreme bis zum Gebrauch in den Kühlschrank stellen. Die Böden zusammensetzen. Den sechsten Boden, das Tortendeckblatt, auf die Arbeitsplatte legen.

Für die Glasur den Fruchtzucker mit der Sahne unter Rühren bei kleiner Hitze karamelisieren lassen (2—3 Minuten). Die Glasur sofort auf das Deckblatt gießen und mit einem eingeölten Messer gleichmäßig verstreichen. Nach Erkalten der Glasur das Deckblatt in 12 gleich große Tortenstücke schneiden. Die einzelnen Stücke auf die Torte legen und die Torte durchschneiden. (Falls Sie das Tortendeckblatt mit der Karamelglasur auf der Torte durchgeschnitten hätten, wäre die ganze Torte zusammengedrückt worden.) Den Tortenrand mit der beiseite gestellten Buttercreme bestreichen.

Berechnung für 1 Stück Prinzregententorte (¹/₁₂ Rezept):
Eiweiß: 5,5 g Fett: 21 g KH: 24,5 g BE: 2 KJ: 1372/Kcal: 328

Berechnung für die ganze Prinzregententorte:
Eiweiß: 65 g Fett: 255,5 g KH: 294 g BE: 24 KJ: 16510/Kcal: 3946

Plätzchen und Weihnachtsgebäck

Jedes Jahr zur Adventszeit geht es wieder los mit dem Backen von Plätzchen oder Brötle, wie sie bei uns genannt werden. Da werden alte Hausrezepte hervorgekramt, bewährte Rezepte ausgetauscht oder Neues ausprobiert.

Auch während des Jahres finde ich es praktisch, Plätzchen auf Vorrat zu backen. So ist immer etwas Gebäck zum Tee oder Kaffee im Haus.

Orangen-Marzipan-Häppchen

<u>Für 1 Backblech</u>
<u>(36 Stück):</u>

Mürbeteig:
90 g kalte Butter
160 g Weizenvollkornmehl
40 g geschälte, geriebene Mandeln
48 g Diabetiker- oder Fruchtzucker
1 Ei

Füllung:
80 g geschälte Mandeln
36 g Diabetiker- oder Fruchtzucker
25 g Diabetiker-Orangenmarmelade
1 Msp Orangenschale
2 Tropfen Bittermandelöl
1 Eiweiß

Zum Bestreuen:
12 g Diabetikerzucker

Zubereitungszeit: 45 Minuten
Kühlzeit: 30 Minuten
Backzeit: 12—15 Minuten

Die Butter klein würfeln und mit dem Weizenvollkornmehl, den Mandeln, dem Fruchtzucker und dem Ei rasch
verkneten. Den Mürbeteig 30 Minuten im Kühlschrank
ruhen lassen.
Inzwischen für die Füllung die Mandeln im Mixer mehlfein mahlen und mit dem Fruchtzucker, der Orangenmarmelade, der Orangenschale, dem Bittermandelöl
und dem Eiweiß zu einer streichfähigen Masse verkneten.
Den Backofen auf 180°C vorheizen. Das Backblech
leicht fetten. Den Mürbeteig zwischen Pergamentpapier
3 mm dick auswellen. Mit einem runden Ausstechförmchen oder einem Glas (3,5 cm Ø) 72 Kekse ausstechen.
Die Kekse auf das Backblech setzen und bei 180°C 12—
15 Minuten hellbraun backen.
Die Kekse auf dem Kuchengitter auskühlen lassen. 36
Kekse mit der Marzipanmasse bestreichen, die zweite
Hälfte der Kekse daraufsetzen und die Doppelkekse mit
Diabetikerzucker bestäuben.
Die Orangen-Marzipan-Häppchen in einer Porzellanschüssel oder Blechdose luftdicht verschlossen aufbe-
wahren. Das gesamte Rezept entspricht 18 BE.

Berechnung für ¹/₁₈ Rezept Orangen-Marzipan-Häppchen (2 Stück):
Eiweiß: 3 g   Fett: 8 g   KH: 12 g   BE: 1   KJ: 553/Kcal: 132

Berechnung für das ganze Rezept:
Eiweiß: 51 g   Fett: 148 g   KH: 216 g   BE: 18   KJ: 9964/Kcal: 2381

Holländische Orangenkekse

Bei diesem Rezept biete ich Ihnen zwei Versionen an. Orangenplätzchen »pur«, ein aromatisches Teegebäck. Oder Orangenplätzchen, gefüllt mit Orangenmarmelade und mit Schokoladelinien verziert, womit auch verwöhnte Naschkatzen angesprochen sind.

<u>Für 2 Backbleche Orangenkekse (ca. 108 Stück):</u>

100 g weiche Butter oder Reformmargarine

55 g Diabetiker- oder Fruchtzucker
abgeriebene Schale von ½ Orange
1 Msp Vanillepulver
60 g Milch (3,5 % Fett)
150 g Weizenvollkornmehl

Zubereitungszeit: 20 Minuten
Backzeit: 8—9 Minuten

Den Backofen auf 200°C vorheizen. Die Bleche leicht fetten.
Die Butter mit dem Fruchtzucker, der Orangenschale und der Vanille 5—8 Minuten schaumig schlagen. Dann die Milch langsam hinzugießen. Sobald sich die Buttermischung mit der Milch verbunden hat, das Weizenvollkornmehl darunterarbeiten.
Den Teig in einen Spritzbeutel mit großer Sterntülle füllen. Plätzchen in der Größe eines 10-Pfennig-Stückes mit Abstand auf die Bleche spritzen. (Die Kekse laufen beim Backen auseinander). Die Orangenkekse bei 200°C so lange backen, bis sie sich an den Rändern hellbraun färben. Die Kekse vorsichtig vom Blech heben und auf einem Kuchengitter auskühlen lassen. In einer Blechdose luftdicht verschlossen aufbewahren.

Berechnung für 1 BE Orangenkekse (ca. 9 Stück), ¹/₁₂ Rezept:
Eiweiß: 1,5 g   Fett: 7 g   KH: 12 g   BE: 1   KJ: 511/Kcal: 122

Berechnung für das ganze Rezept:
Eiweiß: 19,5 g   Fett: 88 g   KH: 148 g   BE: 12   KJ: 6142/Kcal: 1468

Gefüllte Orangenkekse

<u>Für 54 Doppelkekse:</u>

*108 Stück Orangenkekse
nach dem obenstehenden
Rezept, abgekühlt*

Zum Garnieren:
*5 g Kokosfett
25 g Diabetikerschokolade
»Vollmilch«*

Zum Füllen:
*75 g Orangenmarmelade
(mit Fruchtzucker gesüßt)*

Zubereitungszeit: 35 Minuten

Die Hälfte der Orangenkekse auf der Unterseite mit Orangenmarmelade bestreichen. Die übrigen Plätzchen mit
der Unterseite daraufsetzen.
Das Kokosfett in einem kleinen Töpfchen im Wasserbad
schmelzen. Die Diabetikerschokolade grob hacken und
im Kokosfett lösen. Mit einem feinen Pinsel zarte Scho-
koladenlinien auf die Orangenplätzchen auftragen. (Dies
erfordert eine gewisse Übung. Falls es Ihnen nicht gelingt, können Sie zum Beispiel die halbe Oberfläche der
Plätzchen glasieren oder die Glasur tropfenweise auf das
Gebäck auftragen.) Die Glasur kann immer wieder im
Wasserbad erwärmt werden.

*Berechnung für 1 BE gefüllte Orangenkekse (ca. 3,5 Stück),
$1/16$ Rezept:*
Eiweiß: 1,5 g   Fett: 6 g   KH: 12 g   BE: 1   KJ: 458/Kcal: 112
Berechnung für das ganze Rezept (54 Doppelkekse):
Eiweiß: 21,5 g   Fett: 100 g   KH: 196 g   BE: 16   KJ: 7499/Kcal: 1792

Mandelrauten

Für 2 Backbleche
(64 Stück):

Zum Ausrollen:
40 g Mandelblättchen

Mürbeteig:
100 g kalte Butter
200 g Weizenvollkornmehl
48 g Diabetiker- oder
Fruchtzucker
1 Ei

Zum Bestreichen:
2 Eigelb

Zum Bestäuben:
12 g Diabetikerzucker

Zubereitungszeit: 20 Minuten
Teigruhe: 30 Minuten
Backzeit: 12—15 Minuten

Die Butter klein würfeln und rasch mit dem Weizenvollkornmehl, dem Fruchtzucker und dem Ei verkneten.
Den Mürbeteig 30 Minuten im Kühlschrank ruhen lassen.
Den Backofen auf 180°C vorheizen. Die Backbleche
leicht fetten. Den Mürbeteig zwischen Pergamentpapier
3 mm dick auswellen. Den Teig gleichmäßig mit den
Mandelblättchen bestreuen und diese mit dem Wellholz
leicht andrücken. Mit einem scharfen Messer Rauten von
3 cm Kantenlänge ausschneiden. Die Mandelrauten auf
die Bleche setzen und mit Eigelb dünn bestreichen. Die
Kekse bei 180°C goldbraun backen (ca. 12—15 Minuten).
Das gesamte Rezept entspricht 15 BE.
Die Mandelrauten noch heiß mit dem Diabetikerzucker
bestäuben und auf dem Kuchengitter auskühlen lassen.
In einer Blechdose luftdicht verschlossen aufbewahren.

Berechnung für ¹/₁₅ Rezept (ca. 4 Kekse):
Eiweiß: 2,5 g   Fett: 8 g   KH: 12 g   BE: 1   KJ: 551/Kcal: 131

Berechnung für das ganze Rezept:
Eiweiß: 37 g   Fett: 121 g   KH: 185 g   BE: 15   KJ: 8271/Kcal: 1977

Löffelbiskuits

Für 2 Backbleche
(75—80 Stück):

3 Eier
90 g Diabetiker- oder
Fruchtzucker

1 EL kaltes Wasser
70 g Weizenvollkorn-
mehl

Zum Bestreuen:
12 g Diabetikerzucker

Zubereitungszeit: 25 Minuten
Backzeit: 12—15 Minuten

Die Eier trennen. Die Eiweiß kühl stellen. Die Eigelb mit
50 g Fruchtzucker im heißen Wasserbad 4—5 Minuten
dick aufschlagen.
Die Backbleche mit Backtrennpapier auslegen. Den
Backofen auf 180°C vorheizen.
Die Eiweiß steif schlagen, dann den restlichen Fruchtzukker hineinrieseln lassen. Eigelbcreme, Weizenvollkornmehl und $\frac{1}{3}$ des Eischnees untereinanderheben. Den
restlichen Eischnee behutsam unter die Biskuitmasse ziehen.
Den Teig in einen Spritzbeutel mit großer Lochtülle füllen. Löffelbiskuits von 6 cm Länge und 2 cm Breite mit
Abstand auf die Bleche spritzen. Bei 180°C die Löffelbiskuits hellbraun backen (ca. 12—15 Minuten).
Die noch heißen Löffelbiskuits dicht nebeneinander auf
ein Kuchengitter legen, mit dem Diabetikerzucker bestäuben und auskühlen lassen.

Berechnung für 6—7 Löffelbiskuits ($\frac{1}{12}$ Rezept):
Eiweiß: 2 g Fett: 1,5 g KH: 12 g BE: 1 KJ: 289/Kcal: 69

Berechnung für das ganze Rezept:
Eiweiß: 24,5 g Fett: 17 g KH: 144,5 g BE: 12 KJ: 3476/Kcal: 831

Gefüllte Schoko-Walnuß-Kringel

<u>Für 2 Backbleche</u>
<u>(49 Doppelkekse):</u>

100 g kalte Butter oder
Reformmargarine
100 g Walnüsse, fein
gemahlen
200 g Weizenvollkorn-
mehl

1—2 EL Orangensaft
1 Msp Orangenschale
42 g Diabetiker- oder
Fruchtzucker

Füllung und Glasur:
120 g Diabetiker-
schokolade
20 g Kokosfett

Zubereitungszeit: 70 Minuten
Teigruhe: 30 Minuten
Backzeit: 10—15 Minuten

Die Butter klein würfeln und mit den Walnüssen, dem Weizenvollkornmehl, dem Orangensaft, der Orangenschale und dem Fruchtzucker rasch verkneten. Den Mürbeteig 30 Minuten im Kühlschrank ruhen lassen.
Inzwischen die Backbleche leicht fetten. Den Backofen auf 175 °C vorheizen. Ein rundes Ausstechförmchen oder Gläschen von 4 cm Ø bereitstellen.
Den Mürbeteig portionsweise aus dem Kühlschrank nehmen, damit der Teig nicht zu weich wird. Den Mürbeteig zwischen Pergamentpapier dünn auswellen, Kekse mit 4 cm Ø ausstechen und auf die Bleche legen. (Ergibt ca. 98 Kekse). Die Walnußkekse bei 175 °C 10—15 Minuten backen. Die fertigen Kekse kurz auf dem Blech abkühlen, dann auf dem Kuchengitter auskühlen lassen. Die Diabetikerschokolade mit einem Messer grob hakken. Das Kokosfett mit Wasserbad (s. Seite 205) schmelzen. Bei milder Hitze die Diabetikerschokolade im Kokosfett lösen und beides gut miteinander verrühren.
Die Hälfte der Kekse (49 Stück) nacheinander mit der Oberfläche in die Glasur tauchen. Sofort die zweite Hälfte der Kekse darauflegen. Die Doppelkekse hochkant 1 cm tief in die Glasur tunken, so daß ein schmaler Scho-

koladenstreifen entsteht. Die Glasur trocknen lassen und
die Kekse luftdicht verschlossen aufbewahren.

Berechnung für 1 BE gefüllte Schoko-Walnuß-Kringel ($^1/_{19}$ Rezept):
Eiweiß: 2 g Fett: 9 g KH: 12 g BE: 1 KJ: 657/Kcal: 157

Berechnung für das ganze Rezept gefüllte Schoko-Walnuß-Kringel:
Eiweiß: 42 g Fett: 172,5 g KH: 232 g BE: 19 KJ: 12480/Kcal: 2983

Variante bei Übergewicht:

In diesem Fall die Walnußkekse nicht füllen und nicht in
die Glasur tauchen.

Berechnung für 1 BE Walnußkekse, ohne Schokolade ($^1/_{14}$ Rezept):
Eiweiß: 2,5 g Fett: 10,5 g KH: 12,5 g BE: 1 KJ: 656/Kcal: 156

Berechnung für das ganze Rezept Walnußkekse, ohne Schokolade:
Eiweiß: 35,5 g Fett: 150 g KH: 175 g BE: 14 KJ: 9188/Kcal: 2196

Schoko-Cookies

<u>Für 2 Backbleche
(48 Stück):</u>

40 g Haselnüsse
75 g weiche Butter
60 g Diabetiker- oder
Fruchtzucker
1 Ei
1 Eigelb

1 EL Rum oder starker
schwarzer Kaffee
100 g Weizenvollkorn-
mehl
$^1/_2$ TL Backpulver
50 g sehr feingeriebene
Diabetikerschokolade
»Vollmilch«

Zubereitungszeit: 30 Minuten
Backzeit: 15—20 Minuten

Die Haselnüsse sehr fein mahlen und in einer trockenen
Pfanne unter ständigem Rühren leicht anrösten, dann
abkühlen lassen.

Den Backofen auf 175°C vorheizen. Die Backbleche ausfetten.

Die Butter schaumig rühren. Den Fruchtzucker hinzufügen und so lange weiterrühren, bis er sich gelöst hat. Ei, Eigelb und Rum unter den Teig arbeiten.

Die Haselnüsse mit dem Weizenvollkornmehl, dem Backpulver und der Schokolade vermischen und schnell unter die Butter-Ei-Masse rühren.

Den Teig in einen Spritzbeutel mit großer Sterntülle füllen und Häufchen in der Größe eines Tischtennisballs mit Abstand auf die Bleche spritzen. Die Kekse bei 175°C 15—20 Minuten backen bis die Oberfläche sich trocken anfühlt.

Die Cookies auf einem Kuchengitter auskühlen lassen und in einer Blechdose aufbewahren.

Berechnung für 1 BE Schoko-Cookies (4 Stück):
Eiweiß: 2,5 g   Fett: 9 g   KH: 12 g   BE: 1   KJ: 599/Kcal: 143

Berechnung für das ganze Rezept:
Eiweiß: 28 g   Fett: 110 g   KH: 149 g   BE: 12   KJ: 7182/Kcal: 1718

Mandelhippen

Dieses hauchdünne, knusprige Gebäck wird mit einer Pappschablone auf das Backblech aufgetragen. Sofort nach dem Backen werden sie noch heiß mit dem Wellholz halbrund gebogen.

Die Mandelhippen schmecken sehr lecker als Zwischenmahlzeit zu einem Obstsalat, zu Eis oder pur zu einem Täßchen Kaffee.

Für 2 Backbleche
(40 Stück):

100 g geschälte Mandeln
40 g Diabetiker- oder
Fruchtzucker

1 Eigelb
12 g Speisestärke
$\frac{1}{2}$ Eiweiß
3—4 Tropfen Bitter-
mandelöl
50 g Milch (3,5 % Fett)

Zubereitungszeit: 50 Minuten
Backzeit: 5—6 Minuten

Die Backbleche gut fetten. Aus einem Stück Pappe von
7×7 cm einen Kreis von 6 cm Ø ausschneiden, so daß
die Pappe den Rand für den Kreis bildet.
Die Mandeln im Mixer mehlfein mahlen und mit den
restlichen Zutaten zu einer glatten, fließenden Masse
verrühren. Den Backofen auf 180°C vorheizen.
Die Pappe auf das Blech legen. Jeweils in die Mitte der
freien Fläche einen Klecks Hippenmasse geben und mit
einem breiten Messer glattstreichen, bis der Teig die
Schablone genau ausfüllt. Die Kreise dicht nebeneinander auftragen.
Die Hippen bei 180°C 5—6 Minuten hellbraun backen
und so rasch wie möglich auf das Wellholz legen, um sie
leicht rund zu biegen.
Die Mandelhippen in einer Porzellan- oder Blechdose
luftdicht verschlossen lagern, da sie durch die Luftfeuchtigkeit weich werden. In diesem Fall die Hippen einfach
nochmals kurz aufbacken.

Berechnung für 1 BE Mandelhippen (ca. 8 Stück):
Eiweiß: 5 g   Fett: 12 g   KH: 12 g   BE: 1   KJ: 758/Kcal: 180

Berechnung für das ganze Rezept:
Eiweiß: 25,5 g   Fett: 62 g   KH: 62 g   BE: 5   KJ: 3794/Kcal: 907

Gefüllte Mandelplätzchen

Ein sehr zartes Gebäck aus dem Backbuch meiner Großmutter.

Für 1 Backblech
(30 Stück):

100 g geschälte Mandeln
20 g Weizenvollkornmehl
40 g weiche Butter oder
Reformmargarine
60 g Diabetiker- oder
Fruchtzucker
2—3 Tropfen Bitter-
mandelöl

1 Ei

Zum Blindbacken:
30 Haselnußkerne

Zum Füllen:
50 g rote Marmelade z. B.
Himbeer, Erdbeer oder
Kirsch (mit Fruchtzucker
gesüßt)

Zubereitungszeit: 40 Minuten
Backzeit: 15—20 Minuten

Die Mandeln im Mixer mehlfein mahlen und mit dem Weizenvollkornmehl mischen.
Den Backofen auf 180°C vorheizen. Das Backblech mit Backtrennpapier belegen. Das Ei trennen.
Die Butter mit 40 g Fruchtzucker und dem Bittermandelöl 5 Minuten schaumig schlagen. Das Eigelb hinzufügen und 1—2 Minuten weiterrühren. Die Mandel-Mehl-Mischung schnell unter die Butter-Ei-Masse arbeiten.
Das Eiweiß steif schlagen. Den restlichen Fruchtzucker zum Eischnee geben und gründlich darunterrühren.
Den Eischnee unter den Teig heben. Den Rührteig in einen Spritzbeutel mit großer Sterntülle füllen. 30 Teighäufchen (in der Größe eines 5-DM-Stücks) mit etwas Abstand auf das Blech spritzen. In die Mitte jedes Teighäufchens einen Haselnußkern stecken. Die Mandelplätzchen bei 180°C 15—20 Minuten goldbraun backen. Sofort nach dem Backen die Haselnüsse vorsichtig aus

den Plätzchen entfernen. Die Mandelplätzchen auf dem Kuchengitter auskühlen lassen.
Die durch die Nüsse entstandene Vertiefung der Plätzchen mit Marmelade füllen. Die Marmelade etwas abtrocknen lassen, dann die Mandelplätzchen, luftdicht eingepackt, aufbewahren.

Berechnung für 3 gefüllte Mandelplätzchen ($^1/_{10}$ Rezept):
Eiweiß: 3 g   Fett: 9 g   KH: 11 g   BE: 1   KJ: 577/Kcal: 137

Berechnung für das ganze Rezept:
Eiweiß: 29 g   Fett: 93 g   KH: 107 g   BE: 10   KJ: 5796/Kcal: 1379

Spitzbuben

Für 2 Backbleche
(ca. 48 Doppelkekse):

Mürbeteig:
*100 g kalte Butter oder
Reformmargarine
200 g Weizenvollkorn-
mehl
40 g Diabetiker- oder
Fruchtzucker*

*abgeriebene Schale von
½ Zitrone
1 Ei
evtl. 1—2 EL Milch*

Füllung:
*50 g Aprikosenmarmelade
(mit Fruchtzucker gesüßt)*

Zum Bestäuben:
8 g Diabetikerzucker

Zubereitungszeit: 40 Minuten
Teigruhe: 30 Minuten
Backzeit: 12—15 Minuten

Die Butter klein würfeln und mit dem Weizenvollkornmehl, dem Fruchtzucker, der Zitronenschale und dem Ei rasch verkneten. Falls der Teig zu trocken wird, 1—2 EL Milch darunterarbeiten. Den Mürbeteig abgedeckt 30 Minuten im Kühlschrank ruhen lassen.
Die Bleche mit Backtrennpapier belegen. Den Backofen

auf 175 °C vorheizen. Ein rundes Ausstechförmchen oder Glas von 3,5 cm Ø und ein rundes Ausstechförmchen von 3 cm Ø (sehr hübsch: Blütenform) bereitlegen.

Den Teig zwischen Pergamentpapier 3 mm dick auswellen. 48 größere und 48 kleinere Plätzchen ausstechen, dabei die Förmchen immer wieder von Teigresten säubern. Die Plätzchen auf die Bleche setzen und 12—15 Minuten hellbraun backen. Auf einem Kuchengitter auskühlen lassen.

Die Rückseite der kleinen Plätzchen mit Marmelade bestreichen und auf die großen setzen. Die Spitzbuben mit dem Diabetikerzucker besieben und luftdicht verschlossen aufbewahren.

Berechnung für 3 Spitzbuben ($\frac{1}{16}$ Rezept):
Eiweiß: 2 g   Fett: 6 g   KH: 12 g   BE: 1   KJ: 454/Kcal: 108

Berechnung für das ganze Rezept:
Eiweiß: 30 g   Fett: 93,5 g   KH: 193,5 g   BE: 16   KJ: 7267/Kcal: 1737

Schokoladenmakronen

<u>Für 1 Backblech
(ca. 36 Stück):</u>

140 g Haselnüsse
30 g Weizenvollkornmehl
3 TL Kakaopulver

$\frac{1}{2}$ TL Vanillepulver
2 Eiweiß
65 g Diabetiker- oder
Fruchtzucker
$\frac{1}{2}$ TL flüssiger Süßstoff
2 TL Rum (nach Belieben)

Zubereitungszeit: 30 Minuten
Backzeit: 15—20 Minuten

Die Haselnüsse sehr fein mahlen und in einer trockenen Pfanne leicht anrösten. Die Haselnüsse abkühlen lassen, dann mit dem Weizenvollkornmehl, dem Kakao und dem Vanillepulver mischen.

Das Backblech mit Backtrennpapier belegen. Den Backofen auf 175°C vorheizen.

Die Eiweiß steif schlagen, den Fruchtzucker und den Süßstoff hinzufügen. Den Eischnee weiterschlagen, bis sich der Zucker gelöst hat (ca. 2—3 Minuten).

Die Nuß-Mehl-Mischung zusammen mit dem Rum kurz unter den Eischnee rühren. Die Makronenmasse in einen Spritzbeutel mit großer Sterntülle füllen und 36 Teighäufchen von 3 cm Ø auf das Blech spritzen.

Die Schokoladenmakronen bei 175°C 15—20 Minuten backen. Die Makronen abkühlen lassen und luftdicht verschlossen in einer Blechdose oder Porzellanschüssel aufbewahren.

Berechnung für 4,5 Schokoladenmakronen (¹/₈ Rezept):
Eiweiß: 4 g   Fett: 11 g   KH: 12,5 g   BE: 1   KJ: 692/Kcal: 165

Berechnung für das ganze Rezept:
Eiweiß: 32,5 g   Fett: 88 g   KH: 100 g   BE: 8   KJ: 5539/Kcal: 1324

Variante: **Haselnußmakronen**

Zubereitung wie Schokoladenmakronen, jedoch ohne Kakaopulver. Dafür vor dem Backen auf jedes Nußhäufchen 1 Haselnuß setzen. Die Berechnung ändert sich nicht wesentlich.

Vanillekipferl

Für 1 Backblech
(64 Stück):

Mürbeteig:
40 g Mandeln
100 g kalte Butter oder
Reformmargarine
160 g Weizenvollkornmehl

40 g Diabetiker- oder
Fruchtzucker
1 großes Ei
1 Msp Vanillepulver

Zum Wälzen:
20 g Diabetikerzucker
¼ TL Vanillepulver

Zubereitungszeit: 35 Minuten
Teigruhe: 30 Minuten
Backzeit: 12—15 Minuten

Die Mandeln fein reiben. Die Butter klein würfeln. Mandeln, Butter, Weizenvollkornmehl, Fruchtzucker, Ei und Vanille rasch zu einem Mürbeteig verkneten und 30 Minuten im Kühlschrank ruhen lassen.

Ein Backblech mit Backtrennpapier belegen. Den Backofen auf 180°C vorheizen. Den Teig wiegen, halbieren und zu 2 Rollen von je 32 cm Länge formen. Von den Teigrollen 1 cm breite Scheiben abschneiden und diese zu Hörnchen formen.

Die Hörnchen auf das Blech setzen und bei 180°C 12—15 Minuten hellbraun backen.

Inzwischen den Diabetikerzucker mit dem Vanillepulver gut vermischen. Die gebackenen Hörnchen noch heiß im Vanillezucker wälzen dann auf einem Kuchengitter auskühlen lassen.

In einer Blechdose luftdicht verschlossen aufbewahren.

Berechnung für 5 Vanillekipferl (¹/₁₃ Rezept):
Eiweiß: 2,5 g   Fett: 8,5 g   KH: 12 g   BE: 1   KJ: 580/Kcal: 138

Berechnung für das ganze Rezept:
Eiweiß: 33 g   Fett: 114 g   KH: 161 g   BE: 13   KJ: 7547/Kcal: 1804

Nuß-Mandel-Lebkuchen

Für 2 Backbleche
(55 Stück):

100 g geschälte Mandeln
200 g leicht geröstete
Haselnüsse
4 Eier à 50 g
180 g Diabetiker- oder
Fruchtzucker

1 TL flüssiger Süßstoff
1 TL Zimt
1 Msp Nelkenpulver
1 Msp geriebener Ingwer
1 TL Orangenschale
2 Tropfen Bittermandelöl
1 EL Rum (nach Belieben)
200 g Weizenvollkornmehl
2 TL Backpulver

Zubereitungszeit: 40 Minuten
Backzeit: 20—30 Minuten

Die Backbleche mit Backtrennpapier auslegen. Den Backofen auf 160°C vorheizen. Die Mandeln und Haselnüsse
fein reiben.
Eier mit Fruchtzucker, Süßstoff und Gewürzen schaumig
rühren. Die Mandeln und Haselnüsse mit dem Weizenvollkornmehl und dem Backpulver vermischen und unter die Eiercreme rühren.
Teigportionen von 16 g mit genügendem Abstand auf
das Backblech setzen. Diese mit einem nassen Messer
zu fingerdicken Talern verstreichen.
Die Lebkuchen bei 160°C 20—30 Minuten hellbraun
backen, auf einem Kuchengitter auskühlen lassen und in
einer Blechdose, mit einem Apfelschnitzchen, aufbewahren.

Berechnung für 1 Lebkuchen (¹/₅₅ Rezept):
Eiweiß: 2 g Fett: 3,5 g KH: 6 g BE: 0,5 KJ: 265/Kcal: 63

Berechnung für das ganze Rezept:
Eiweiß: 90 g Fett: 201 g KH: 331,5 g BE: 27,5 KJ: 14614/Kcal: 3493

Orangenflorentiner

Kleine Florentiner, fein aromatisiert mit Orangenschale und Orangensaft. Bei Übergewicht empfehle ich die Orangenflorentiner ohne Schokoladenglasur.

<u>Für 2 Backbleche (ca. 36 Stück):</u>

125 g gehobelte Mandeln
40 g Haferflocken
60 g Diabetiker- oder Fruchtzucker

30 g Butter oder Reform-margarine
100 g Sahne
100 g frisch gepreßter Orangensaft
Schale von 1 Orange (unbehandelt)
flüssiger Süßstoff

Zubereitungszeit: 25 Minuten
Backzeit: 12—15 Minuten

Die Mandeln und Haferflocken in einer trockenen Pfanne leicht bräunen. Fruchtzucker, Butter, Sahne, Orangensaft und -schale darunterrühren und unter ständigem Rühren leicht köcheln lassen, bis die Masse karamelisiert ist.
Während die Florentinermasse abkühlt, zwei Backbleche mit Backtrennpapier belegen. Den Backofen auf 175°C vorheizen.
Die abgekühlte Mandelmasse mit flüssigem Süßstoff abschmecken. 36 kleine Teighäufchen auf die Bleche setzen und mit nassen Händen zu flachen, runden Talern formen. Diese bei 175°C auf der zweitobersten Schiene 12—15 Minuten goldbraun backen.
Die Florentiner auf dem Backblech etwas abkühlen lassen. Dann sehr vorsichtig vom Blech lösen und auf einem Kuchengitter auskühlen lassen. Die Florentiner luftdicht verschlossen in einer Porzellanschüssel oder Blechdose aufbewahren.

Berechnung für 4 Florentiner (¹/₉ Rezept):
Eiweiß: 3,5 g   Fett: 14 g   KH: 12 g   BE: 1   KJ: 796/Kcal: 190

Berechnung für das ganze Rezept:
Eiweiß: 32 g   Fett: 127 g   KH: 110 g   BE: 9   KJ: 7172/Kcal: 1714

Für die Schokoladenglasur

10 g Kokosfett   *75 g Diabetikerschokolade*
                                    »Zartbitter« oder »Voll-
                                    milch«

Das Kokosfett in ein kleines Töpfchen geben und bei
milder Hitze im Wasserbad schmelzen. Die Diabetikerschokolade grob hacken, dem Kokosfett hinzufügen und
unter Rühren darin auflösen. Die Rückseite der abgekühlten Florentiner gut mit der Schokoladenglasur bestreichen. Wenn Sie dies ganz originalgetreu machen
wollen, ziehen Sie mit einer Gabel Wellenlinien durch
die Schokoladenglasur. Die Glasur abkühlen lassen. Die
Orangenflorentiner an einem kühlen Platz luftdicht verschlossen aufbewahren.

Berechnung für 3 Orangenflorentiner, mit Glasur (¹/₁₂ Rezept):
Eiweiß: 3 g   Fett: 13 g   KH: 12 g   BE: 1   KJ: 761/Kcal: 182

Berechnung für das ganze Rezept:
Eiweiß: 36 g   Fett: 159,5 g   KH: 146 g   BE: 12   KJ: 9136/Kcal: 2183

Weihnachtstorte

Für 1 Springform
(26 cm Ø):

Biskuit:
4 Eigelb (von großen Eiern)
60 g Diabetiker- oder
Fruchtzucker
1 EL Cognac (oder
Wasser)
1 EL Wasser
100 g Weizenvollkorn-
mehl
2 g Backpulver
10 g Kakaopulver
1 TL Zimtpulver
1 TL Orangenschale
(unbehandelt)
4 Eiweiß

Zubereitungszeit: 80 Minuten
Backzeit: 20—25 Minuten
Kühlzeit: 30 Minuten

Füllung:
1 EL Rum (nach Belieben)
2 EL trockener Weißwein
(nach Belieben)
100 g Aprikosenkonfitüre
(mit Fruchtzucker gesüßt)
2 Blatt weiße Gelatine
5 g Kokosfett
50 g Diabetiker-
schokolade »Zartbitter«
300 g gekühlte Sahne
10 g Kakaopulver
flüssiger Süßstoff

Zum Garnieren:
50 g feingeriebene
Diabetikerschokolade
»Zartbitter«
6 runde Backoblaten

Den Springformboden mit Backtrennpapier belegen. Den Formrand nicht ausfetten. Den Backofen auf 180°C vorheizen.

Eigelb, Fruchtzucker, Cognac und Wasser im Wasserbad 5 Minuten dickschaumig schlagen. Dann die Masse aus dem Wasserbad nehmen und weitere 5 Minuten schlagen.

Das Weizenvollkornmehl mit dem Backpulver, dem Kakao und den Gewürzen mischen. Die Eiweiß steif schlagen. Die Hälfte des Eischnees zusammen mit der Mehlmischung unter die Eigelbcreme ziehen. Den restlichen Eischnee leicht unter den Teig heben.

Den Teig in die Springform füllen, glattstreichen und bei 180°C 20—25 Minuten backen. Den Biskuit mindestens 4 Stunden auf dem Kuchengitter auskühlen lassen, dann einmal quer durchschneiden.

Rum und Weißwein mischen und damit die Böden einpinseln. Aprikosenkonfitüre gleichmäßig auf den unteren Biskuitboden streichen. Die Gelatine in kaltem Wasser quellen lassen. Das Kokosfett in ein kleines Kochtöpfchen geben und im Wasserbad bei milder Hitze schmelzen. Die Diabetikerschokolade grob hacken, dem Kokosfett hinzufügen und unter Rühren auflösen. Die aufgequollene Gelatine ausdrücken und unter die Schokoladenlösung rühren. Die Sahne steif schlagen. Die Schokoladen-Gelatine-Mischung unter Rühren langsam zur Schlagsahne gießen. Danach das Kakaopulver unter die Schokosahne arbeiten. Die Schokosahne mit flüssigem Süßstoff abschmecken und 30 Minuten kühl stellen.

Den unteren Biskuitboden auf eine Tortenplatte legen, mit ²/₃ der Schokocreme bestreichen und den zweiten Boden daraufsetzen. Die Torte ringsum gleichmäßig mit der restlichen Schokosahne bestreichen und mit der geriebenen Schokolade bestreuen.

Aus den Backoblaten mit einer Schere 6 Sterne verschiedener Größe ausschneiden. Die Sterne unregelmäßig auf der Torte anordnen, so daß sich ein hübsches Bild ergibt. Die Weihnachtstorte mit einem nassen Messer in 12 gleich große Stücke teilen und gut gekühlt servieren.

Berechnung für 1 Stück Weihnachtstorte (¹/₁₂ Rezept):
Eiweiß: 5 g Fett: 11,5 g KH: 19,5 g BE: 1,5 KJ: 929/Kcal: 222

Berechnung für die ganze Torte:
Eiweiß: 60,5 g Fett: 141,5 g KH: 234 g BE: 18 KJ: 11152/Kcal: 2665

Feinstes Konfekt

Konfekt und Naschereien, aus hochwertigen Rohstoffen selbstgemacht, haben auch in einer vollwertigen Diabetesernährung ihren Platz.
Allerdings sollten sie nicht tagtäglich, sondern am besten zu den entsprechenden Jahresfesten wie Weihnachten, Ostern, Geburtstage etc. hergestellt und nur in kleinen Mengen verzehrt werden.

Marzipan

Echtes Marzipan aus Mandeln, Rosenwasser und Zucker, gehört zu den kostbarsten Schleckereien. Auch Torten, Kuchen und Plätzchen verfeinert Marzipan durch seinen unnachahmlichen Geschmack.
Für das Diabetikermarzipan brauchen Sie ausgesuchte Zutaten, denn nur dann schmeckt es edel und fein. Rosenwasser erhalten Sie in der Apotheke oder Drogerie, in manchen sogar frisch gemixt. Sie sollten es, genauso wie das Bittermandelöl, sehr sparsam dosieren, um den zarten Mandelgeschmack nicht zu überdecken. Das Marzipan, luftdicht verpackt, im Kühlschrank lagern.

Marzipan-Grundrezept I

Dieses Marzipan wird mit Frucht- oder Diabetikerzucker zubereitet und ist bei Übergewicht weniger geeignet. Es kann 3—4 Wochen kühl aufbewahrt werden.

150 g Mandeln	*¼—½ TL Rosenwasser*
46 g Diabetiker- oder	*2—3 Tropfen Bitter-*
Fruchtzucker	*mandelöl*
1 Eiweiß	

Zubereitungszeit: 25 Minuten

Die Mandeln kurz in kochendes Wasser legen, danach abziehen und ausgebreitet 12 Stunden trocknen lassen. Falls es schnell gehen soll, die Mandeln, auf einem Backblech ausgebreitet, 30 Minuten bei 70°C im Backofen trocknen. Vor dem Weiterverarbeiten die Mandeln abkühlen lassen.
Die Mandeln im Mixer mehlfein mahlen und mit dem Fruchtzucker und dem Eiweiß verkneten. Das Marzipan mit dem Rosenwasser und dem Bittermandelöl abschmecken.

Berechnung für das ganze Rezept:
Eiweiß: 32 g   Fett: 81 g   KH: 60 g   BE: 5   KJ: 4594/Kcal: 1098

Marzipan-Grundrezept II

Anstatt mit Fruchtzucker, habe ich dieses Rezept mit Süßstoff gesüßt. Daher ist der Kohlenhydratgehalt sehr gering. Da jedoch der Fettgehalt relativ hoch ist, sollten Sie bei Übergewicht nur kleine Mengen davon genießen.

150 g Mandeln	*¹⁄₄—¹⁄₂ TL Rosenwasser*
1 Eiweiß	*2—3 Tropfen Bitter-*
1 TL flüssiger Süßstoff	*mandelöl*

Zubereitungszeit: 25 Minuten

Die Mandeln abziehen und trocknen lassen (s. oben). Die Mandeln im Mixer mehlfein mahlen und mit dem Eiweiß und dem Süßstoff verkneten. Die Mandelmasse mit dem Rosenwasser und dem Bittermandelöl abschmekken. Dieses Marzipan sollte nicht länger als 14 Tage im Kühlschrank gelagert werden.

Berechnung für das ganze Rezept:
Eiweiß: 32 g   Fett: 81 g   KH: 14 g   BE: 1,2   KJ: 3826/Kcal: 914

Tips zum Modellieren mit Marzipan

- Das Marzipan sollte bei der Verarbeitung Zimmertemperatur haben.
- Die Arbeitsfläche und die Hände immer wieder von klebrigen Resten befreien, damit das Marzipan nicht hängen bleibt.
- Falls Sie das Marzipan sehr sorgfältig modellieren wollen, ist ein Modellierholz (für Keramikarbeiten) enorm hilfreich. Damit lassen sich die Naht eines Pfirsichs, die

Festliche Himbeertorte (Rezept S. 137) ▷

Rillen einer Karotte und die typischen Formen des jeweiligen Obstes originalgetreu nachbilden. Sehr gut geht das Modellieren, wenn Sie sich das Obst (oder Gemüse) als Vorbild daneben legen.

- Zeitsparend ist es, wenn Sie mehrere Marzipanportionen zubereiten und bis zum Gebrauch im Kühlschrank lagern.

Marzipanfrüchte

Marzipan eignet sich sehr gut zum Modellieren. Es macht sehr viel Freude, zusammen mit Kindern Marzipanfrüchte herzustellen. Auf Konfekttellern zwischen Plätzchen und Nüssen sehen diese farbenprächtigen Kunstwerke besonders hübsch aus.
Für die Marzipanfrüchte eignet sich nur das Marzipan-Grundrezept 1.

Marzipankartoffeln

Für 20 Marzipankartoffeln: Zum Wälzen:
                               Kakaopulver

1 Rezept Marzipan nach
dem Grundrezept I
(s. Seite 223)

Zubereitungszeit: 25 Minuten

Das Marzipan herstellen und zu einer 20 cm langen Rolle formen. Davon 1 cm breite Scheiben abschneiden und zu Kartoffeln formen. Die Kartoffeln sanft im Kakaopulver hin und her rollen, bis sie hauchzart überzogen sind.
Berechnung siehe Marzipan-Grundrezept 1.

◁ *Käsetorte* (Rezept S. 146)

Marzipanorangen

Für 10 Marzipanorangen: Zum Färben:
                             100 ml Karottensaft

1 Rezept Marzipan nach
dem Grundrezept I
(s. Seite 223)

Zubereitungszeit: 40 Minuten

Den Karottensaft bei milder Hitze unter Rühren auf $\frac{1}{4}$ einköcheln, dann abkühlen lassen.
Das Marzipan zubereiten und mit dem Karottensaftkonzentrat gründlich verkneten. Das Marzipan zu einer 10 cm langen Rolle formen und davon 1 cm breite Scheiben schneiden. Unter Klarsichtfolie Senfkörner ausstreuen. Die Marzipanscheiben zu Orangen formen und auf der Klarsichtfolie hin und her wälzen. So erhält die Orange eine gleichmäßige »Orangenhaut«.
Berechnung siehe Marzipan-Grundrezept 1.
Tip: Aus diesem orangegefärbten Marzipan können Sie auch Marzipankarotten formen.

Marzipanbananen

Für 10 Marzipanbananen: Zum Färben:
                            1 Msp Safranpulver
1 Rezept Marzipan nach   *Kakaopulver*
dem Grundrezept I
(s. Seite 223)

Zubereitungszeit: 30 Minuten

Das Marzipan herstellen und zu einer 10 cm langen Rolle formen. Davon 1 cm breite Scheiben abschneiden

und zu 10 Bananen modellieren. Safran in sehr wenig heißem Wasser auflösen und die Bananen damit bepinseln. Die Enden und die typischen braunen Linien der Banane mit etwas Kakaopulver auftragen.
Berechnung siehe Marzipan-Grundrezept 1.
Tip: Safran eignet sich auch um Marzipanzitronen einzufärben.

Marzipanpfirsiche

Für 10 Marzipanpfirsiche:

1 Rezept Marzipan nach dem Grundrezept I (s. Seite 223)

Zum Färben:
frische rote Bete
1 Msp Safran

Zubereitungszeit: 40 Minuten

Die rote Bete raspeln. Den dabei austretenden Saft in einem kleinen Gefäß sammeln. Das Marzipan herstellen und mit dem Rote-Bete-Saft hellrot färben. Das Marzipan zu einer 10 cm langen Rolle formen, davon 1 cm breite Scheiben abschneiden und diese zu Pfirsichen modellieren. Safran in wenig heißem Wasser auflösen und damit die Pfirsiche zu einer Seite hin leicht gelb übertönen.
Berechnung siehe Marzipan-Grundrezept 1.

Marzipankirschen

<u>Für 20 Marzipankirschen:</u>

*1 Rezept Marzipan nach
dem Grundrezept I
(s. Seite 223)*

Zum Färben:
frische rote Bete

Zubereitungszeit: 35 Minuten

Rote-Bete-Saft gewinnen (s. Seite 227). Das Marzipan herstellen und mit dem Rote-Bete-Saft gründlich verkneten.
Das Marzipan zu einer 20 cm langen Rolle formen und
diese in 1 cm breite Scheiben schneiden. Daraus 20 Kirschen modellieren. Sehr echt wirken die Kirschen, wenn
Sie als Kirschstiele Blattrippen in die Kirschen stecken.
Berechnung siehe Marzipan-Grundrezept 1.

Marzipanostereier

<u>Für 10 Marzipanostereier:</u>

*1 Rezept Marzipan nach
dem Grundrezept I
(s. Seite 223)*

Zum Färben:
*Rote-Bete-Saft
(s. Marzipanpfirsiche)
Karottensaftkonzentrat
(s. Marzipanorangen)
Spinatsaftkonzentrat (wie
Karottensaft zubereiten)*

Zubereitungszeit: 60 Minuten

Das Marzipan herstellen. Die Marzipanmenge dritteln
und jeden Teil mit einem anderen Saft einfärben. Die
Marzipanstücke nur so weit miteinander verkneten, bis
es schön marmoriert ist. Die Masse in 10 gleich große
Portionen teilen und zu Eiern formen.
Berechnung siehe Marzipan-Grundrezept 1.

Apfelsineneckchen

Für 20 Stücke:

1 Rezept Marzipan nach
dem Grundrezept I oder II
(s. Seite 223 f.), ohne
Rosenwasser
3 TL Orangensaft
1 TL Orangenschale

Zum Garnieren:
10 g Diabetikerschokolade
»Zartbitter«
20 Pralinenkapseln (Haus-
haltswarengeschäft)

Zubereitungszeit: 40 Minuten

Das Marzipan ohne Rosenwasser zubereiten. Dafür den
Orangensaft und die -schale unter die Marzipanmasse
kneten.
Das Marzipan zwischen Pergamentpapier 1 cm dick aus-
wellen und in 20 gleich große Rauten schneiden.
Die Diabetikerschokolade fein reiben. Den Rand der
Rauten leicht in die geriebene Schokolade drücken. Die
Apfelsineneckchen in Pralinenkapseln setzen.

Berechnung für 1 Stück Apfelsinenkonfekt, mit Fruchtzucker:
Eiweiß: 1,5 g   Fett: 4 g   KH: 3 g   BE: 0,25   KJ: 234/Kcal: 56

Berechnung für 1 Stück Apfelsinenkonfekt, mit Süßstoff:
Eiweiß: 1,5 g   Fett: 4 g   KH: 1 g   BE: —   KJ: 201/Kcal: 48

Pistazienkonfekt

Das Pistazienkonfekt können Sie entweder nach dem Marzipan-Grundrezept 1 (mit Fruchtzucker bzw. Diabetikerzucker) oder mit Süßstoff zubereiten. Bei Übergewicht ist das Marzipan-Grundrezept 2 ratsamer.
Dieses Konfekt sieht sehr hübsch aus, wenn Sie es in Pralinenkapseln spritzen.

Für 20 Stück Pistazien-
konfekt:

*1 Rezept Marzipan nach
dem Grundrezept I oder II
(s. Seite 223 f.) ohne
Rosenwasser
25 g Pistazien*

*1 TL Weinbrand oder
Orangensaft
3—4 TL Orangensaft,
frisch gepreßt*

Zum Garnieren:
*20 Pistazien
20 Pralinenkapseln (Haushaltswarengeschäft)*

Zubereitungszeit: 30 Minuten

Das Marzipan ohne Rosenwasser zubereiten. Die Pistazien im Mixer mehlfein mahlen und zusammen mit dem Weinbrand unter das Marzipan kneten. Soviel Orangensaft unter das Marzipan rühren, daß es spritzfähig wird. Die Mandelmasse in einen Spritzbeutel mit großer Sterntülle füllen. Damit 20 gleich große Tupfer in die Pralinenkapseln setzen. Jedes Konfekt mit einer Pistazie garnieren.

Berechnung für 1 Stück Pistazienkonfekt, mit Fruchtzucker:
Eiweiß: 2 g   Fett: 5 g   KH: 3 g   BE: 0,25   KJ: 268/Kcal: 64

Berechnung für 1 Stück Pistazienkonfekt, mit Süßstoff:
Eiweiß: 2 g   Fett: 5 g   KH: 1 g   BE: —   KJ: 231/Kcal: 55

Haselnußwürfel

Diese Haselnußwürfel sind schnell zubereitet und schmecken ganz ausgezeichnet. Sie sollten davon, genauso wie von den übrigen Konfektsorten, nur kleine Mengen verzehren.

<u>Für 20 Stück:</u>

200 g Haselnüsse
25 g Diabetiker-
schokolade »Vollmilch«
$\frac{1}{2}$—1 TL flüssiger Süßstoff

1 Eiweiß
1—2 TL Rum oder starker
schwarzer Kaffee
20 Pralinenkapseln (Haus-
haltswarengeschäft)

Zubereitungszeit: 35 Minuten

Die Haselnüsse fein mahlen und in einer trockenen Pfanne leicht anrösten, bis sie würzig duften. Dann abkühlen lassen.
Die Schokolade fein reiben. Die Haselnüsse mit der Schokolade und dem Eiweiß verkneten und mit dem Süßstoff und dem Rum abschmecken.
Die Nußmasse zwischen Pergamentpapier 1$\frac{1}{2}$ cm dick ausrollen und in 20 gleich große Würfel schneiden. Die Haselnußwürfel in Pralinenkapseln setzen und kühl aufbewahren.
Die Haselnußwürfel können Sie 14 Tage, luftdicht verpackt, im Kühlschrank aufbewahren.

Berechnung für 1 Haselnußwürfel:
Eiweiß: 1,5 g   Fett: 6,5 g   KH: 1,5 g   BE: —   KJ: 295/Kcal: 70
Berechnung für das ganze Rezept Haselnußwürfel:
Eiweiß: 30 g   Fett: 130 g   KH: 30 g   BE: 2,5   KJ: 5900/Kcal: 1400

Splitterpralinen

Ein feines Knusperkonfekt. Dabei können Sie die Nußmischung immer wieder neu variieren. Es hält sich 2 Wochen im Kühlschrank.

Für 30 Knusperpralinen:

70 gestiftelte Mandeln
60 g Erdnüsse
60 g Haferflocken

40 g Walnüsse, mittelgrob gehackt
10 g Kokosfett
50 g Diabetiker-schokolade »Vollmilch«

Zubereitungszeit: 30 Minuten

Die Mandeln, die Erdnüsse, die Haferflocken und die Walnüsse in einer trockenen Pfanne leicht anrösten, dann abkühlen lassen.
Das Kokosfett bei milder Hitze erwärmen. Die Schokolade grob hacken und im Kokosfett unter Rühren auflösen. Die flüssige Schokolade mit den angerösteten Zutaten gut vermischen.
Mit einem Teelöffel 30 längliche Häufchen auf Alufolie setzen und fest werden lassen.

Berechnung für 1 Splitterpraline:
Eiweiß: 1,5 g Fett: 3,5 g KH: 2,5 g BE: 0,2 KJ: 222/Kcal: 53
Berechnung für das ganze Rezept Splitterpralinen:
Eiweiß: 45 g Fett: 105 g KH: 75 g BE: 6,25 KJ: 6660/Kcal: 1590

Mandel-Walnuß-Röllchen

Bei diesem Konfekt wird je eine Schicht weißes Marzipan und braunes Walnußmarzipan zu einer Rolle geformt und in Scheibchen geschnitten. Diese Schnittchen ergeben einen sehr interessanten Farbkontrast.

Für 25 Stück:

Mandelmasse:
150 g geschälte Mandeln
1 Eiweiß
1 TL flüssiger Süßstoff
2—3 Tropfen Bitter-
mandelöl

Walnußmasse:
150 g Walnüsse
1 Eiweiß
10 g Kakao
1 EL Rum oder starker
schwarzer Kaffee
1 TL flüssiger Süßstoff

Zubereitungszeit: 60 Minuten

Für die Mandelmasse die Mandeln mehlfein mahlen und mit dem Eiweiß, dem Süßstoff und dem Bittermandelöl gut verkneten.

Für die Walnußmasse die Walnüsse ebenfalls mehlfein mahlen und mit dem Eiweiß, dem Kakao, dem Rum und dem Süßstoff gründlich verkneten.

Jede Masse zwischen 2 Lagen Pergamentpapier oder Klarsichtfolie ½ cm dick ausrollen. Die oberen Papierlagen abziehen. Die ausgerollte dunkle Masse auf die Oberfläche der Mandelmasse auflegen und gut aufeinanderdrücken. Das Pergamentpapier von der dunklen Masse vorsichtig abziehen. Die aufeinandergelegten (helle oder dunkle) Konfektschichten fest aufrollen, dabei das Pergamentpapier an der Unterseite sorgfältig abziehen. Die ganze Rolle in frisches Pergamentpapier einschlagen und 1—2 Stunden kalt stellen.

Die Rolle in 25 gleich breite Scheiben schneiden.

Berechnung für 1 Mandel-Walnuß-Röllchen:
Eiweiß: 2,5 g   Fett: 7 g   KH: 1,3 g   BE: —   KJ: 326/Kcal: 78

Berechnung für das ganze Rezept:
Eiweiß: 60,5 g   Fett: 175,5 g   KH: 34 g   BE: 3   KJ: 8183/Kcal: 1956

Buttertrüffel

Süße, delikate Bissen aus Schokolade, Butter und Nüssen. Als kleines Geschenk, liebevoll verpackt, erfreuen Sie mit dieser Nascherei groß und klein.
Falls übergewichtig, sollten Sie jedoch beim Genuß dieser Trüffel sehr zurückhaltend sein.

<u>Für 24 Buttertrüffel:</u>

25 g Haselnüsse
25 g Kokosfett
100 g Diabetiker-
schokolade »Vollmilch«
oder »Zartbitter«

25 g weiche Butter
3 EL Sahne
1 EL Rum (nach Belieben)
flüssiger Süßstoff
24 Pralinenkapseln (Haushaltswarengeschäft)

Zubereitungszeit: 40 Minuten
Kühlzeit: 45 Minuten

Die Haselnüsse sehr fein mahlen und in einer trockenen Pfanne leicht anrösten, dann abkühlen lassen.
Das Kokosfett bei milder Hitze schmelzen. Die Diabetikerschokolade grob hacken und unter Rühren im Kokosfett auflösen. Die Haselnüsse, die Butter, die Sahne und den Rum unter die Schokoladenlösung rühren. Diese Masse 45 Minuten im Kühlschrank fest werden lassen.
Sobald die Trüffelmasse eine spritzfähige Konsistenz hat, diese 1—2 Minuten zu einer luftigen Creme aufschlagen. Die Trüffelmasse mit 2—3 Tropfen flüssigem Süßstoff abschmecken und in einen Spritzbeutel mit großer Sterntülle füllen.
In 24 Pralinenkapseln walnußgroße Häufchen spritzen. Die Butterwürfel sind, luftdicht verpackt, 10 Tage an einem kühlen Platz haltbar.

Berechnung für 1 Buttertrüffel (¹/₂₄ Rezept):
Eiweiß: 0,5 g   Fett: 4,5 g   KH: 2 g   BE: 0,17   KJ: 215/Kcal: 51

Dominosteine

Diese selbstgemachten Dominosteine sind bei uns ein sehr beliebtes Weihnachtskonfekt. Da sie sehr kalorienreich sind, sollten sie Übergewichtige nur zu außergewöhnlichen Anlässen genießen.

Für 40 Dominosteine:

Biskuit:
4 Eier
60 g Diabetiker- oder
Fruchtzucker
50 g Weizenvollkornmehl
30 g Weizenstärke
20 g Kakao
40 g grobgehackte
Mandeln
¼ TL Zimt
1 Msp Nelkenpulver
1 Prise Vollmeersalz
1 EL Cognac oder Wasser

Füllung:
125 g Aprikosen-
marmelade (mit Frucht-
zucker)
200 g Mandeln, geschält
60 g Diabetiker- oder
Fruchtzucker
1 Eiweiß
2 Tropfen Bittermandelöl

Glasur:
200 g Diabetiker-
schokolade »Zartbitter«
60 g Kokosfett

Zubereitungszeit: 2 Stunden
Backzeit: 15—20 Minuten

Den Backofen auf 180°C vorheizen. Ein Backblech mit Backtrennpapier auslegen. Die Eier trennen. Eiweiß kühl stellen. Eigelb, Fruchtzucker und Cognac im Wasserbad 5 Minuten warm schlagen, 5 Minuten kalt schlagen (siehe Biskuit-Grundrezept Seite 170). Weizenvollkornmehl, Weizenstärke, Kakao, gehackte Mandeln, Zimt, Nelkenpulver und Vollmeersalz mischen. Eiweiß steif schlagen.

Die Mehlmischung mit der Hälfte des Eiweiß vorsichtig unter die Eiercreme heben. Das restliche Eiweiß sorgfältig unter den Teig ziehen. Den Biskuitteig auf dem Backblech zu einem Rechteck von 24×30 cm gleichmäßig ausstreichen. Den Boden 15—20 Minuten bei 180°C backen. Auf dem Kuchengitter auskühlen lassen.

Den abgekühlten Biskuitboden mit Hilfe eines Lineals in 80 Quadrate von 3×3 cm schneiden. Diese Quadrate gleichmäßig mit Aprikosenmarmelade bestreichen.

Mandeln im Mixer mehlfein mahlen und mit Fruchtzucker, Eiweiß und Bittermandelöl zu Marzipan verkneten. Das Marzipan zwischen Pergamentpapier zu einem Rechteck von 15×24 cm auswellen und in Quadrate von 3×3 cm schneiden. 40 Biskuitstückchen mit den Marzipanquadraten belegen, mit den restlichen Biskuitstückchen (Marmeladenseite nach unten) abdecken. Die Dominosteine für 20 Minuten ins Gefriergerät legen.

Zwischenzeitlich das Kokosfett im Wasserbad (s. Seite 219) schmelzen. Diabetikerschokolade mit einem Messer grob hacken und unter das Kokosfett rühren.

Die angefrorenen Dominosteine in die Glasur tauchen und auf einem Kuchengitter trocknen lassen. In einer Blechdose im Kühlschrank aufbewahren.

Berechnung für 2 Dominosteine ($^1/_{20}$ Rezept):
Eiweiß: 5 g   Fett: 14 g   KH: 18 g   BE: 1,5   KJ: 913/Kcal: 218

Berechnung für das ganze Rezept (40 Dominosteine):
Eiweiß: 98 g   Fett: 277 g   KH: 358 g   BE: 30   KJ: 18263/Kcal: 4365

Bunte Fruchtgeleestückchen

Erfrischende Geleestückchen aus naturreinem, ungesüßtem Fruchtsaft, die sich aus frisch gepreßtem oder unverdünntem, ungesüßtem Fruchtsaft aus dem Reformhaus herstellen lassen.

Dieses Fruchtkonfekt können Sie in kleinen Mengen (2—3 Stück) ohne Kohlenhydratanrechnung verzehren. Einzeln in Zellophanpapier gehüllt halten sie länger frisch und sehen sehr appetitlich aus.

Orangengeleestückchen

<u>Für 25 Stück:</u>

18 Blatt weiße Gelatine
500 g frisch gepreßter
Orangensaft

12 g Diabetiker- oder
Fruchtzucker
1 TL Weinbrand (nach
Belieben)
½—1 TL flüssiger Süßstoff

Zubereitungszeit: 50 Minuten

Die Gelatine in 125 g Orangensaft quellen lassen. Danach bei geringer Hitze erwärmen und unter ständigem Rühren zum restlichen Saft geben. Fruchtzucker sowie Weinbrand untermischen und mit Süßstoff abschmekken.
Eine flache Form von 15 × 20 cm so mit Klarsichtfolie oder Alufolie auslegen, daß die Folie an den Rändern übersteht. Den Orangensaft hineingießen und kalt stellen. Nach 24 Stunden das Gelee mit Hilfe der Folie aus der Form heben, auf die Arbeitsplatte legen und die Folie vorsichtig abziehen.
Mit kleinen Ausstechförmchen (Sterne, Kreise) oder einem scharfen Messer kleine Geleestückchen herausarbeiten.
Diese Geleestückchen halten sich, luftdicht verpackt, 3—4 Tage im Kühlschrank.

Berechnung für 1 Orangengeleestückchen:
Eiweiß: 1,5 g   Fett: —   KH: 2,5 g   BE: 0,2   KJ: 67 / Kcal: 16

Johannisbeergeleestückchen

Für 25 Stück:

50 g trockener Rotwein
50 g Wasser
16 Blatt weiße Gelatine

400 g ungesüßter Johannisbeersaft
12 g Diabetiker- oder
Fruchtzucker
$\frac{1}{2}$—1 TL flüssiger Süßstoff

Zubereitungszeit: 50 Minuten

Rotwein und Wasser mischen. Darin die Gelatine quellen lassen. Danach die Gelatine bei milder Hitze erwärmen, bis sie sich löst. Unter ständigem Rühren die Gelatinelösung langsam zum Johannisbeersaft geben. Den Fruchtzucker darunterrühren und mit Süßstoff abschmecken.
Weiter verarbeiten wie Orangengeleestückchen.

Berechnung für 1 Johannisbeergeleestückchen:
Eiweiß: 1 g   Fett: —   KH: 2,5 g   BE: 0,2   KJ: 61 / Kcal: 15

Himbeergeleestückchen

Für 25 Stück:

18 Blatt weiße Gelatine
150 g Wasser
350 g ungesüßter Him-
beersaft

36 g Diabetiker- oder
Fruchtzucker
1 TL Zitronensaft
$\frac{1}{2}$—1 TL flüssiger Süßstoff

Zubereitungszeit: 50 Minuten

Die Gelatine im Wasser quellen lassen. Danach bei geringer Hitze erwärmen, damit sie sich löst. Unter ständi-

gem Rühren die Gelatine langsam zum Himbeersaft geben. Den Fruchtzucker und den Zitronensaft unterrühren und mit Süßstoff abschmecken.
Weiter verarbeiten wie Orangengeleestückchen.

Berechnung für 1 Himbeergeleestückchen:
Eiweiß: 1 g   Fett: —   KH: 2,5 g   BE: 0,2   KJ: 62/Kcal: 15

Knusprige Waffelbäckerei

Ein Waffelteig ist schnell gerührt (besonders für die »schwäbischen Rahmwaffeln«) und paßt zu vielen Gelegenheiten: Zum gemütlichen Sonntagsfrühstück, oder wenn unverhofft Besuch kommt und kein Kuchen im Haus ist. Auch beim Kinderfest, zum frisch aus der Hand essen, sind Waffeln beliebt. Besonders wenn die Kinder sie selbst backen dürfen.

Die pikanten Waffelvarianten können als sättigende Zwischenmahlzeit oder zusammen mit einer Quarkcreme und einem Salatteller zum Abendessen gereicht werden.

Schwäbische Rahmwaffeln

Meine Lieblingswaffeln! Frisch aus dem Eisen, zur gemütlichen Kaffeestunde, schmecken sie am besten.

Für 10 Waffeln:

5 Eier
125 g weiche Butter oder
Reformmargarine

Saft (100 g) und Schale von
1 Orange, unbehandelt
200 g Sauerrahm
180 g Weizenvollkornmehl
3—4 TL flüssiger Süßstoff

Zubereitungszeit: 20 Minuten
Backzeit: ca. 30 Minuten (für alle Waffeln)

Die Eier trennen. Eigelb und Butter 4 Minuten schaumig schlagen. Orangensaft und -schale hinzufügen und 2 Minuten weiterschlagen. Das Waffeleisen aufheizen.

Die Eiweiß steif schlagen. Die Hälfte davon zusammen mit dem Sauerrahm und dem Weizenvollkornmehl unter die Eiercreme rühren. Mit Süßstoff abschmecken. Das restliche Eiweiß zum Schluß behutsam unterheben.

Das heiße Waffeleisen mit Butter bepinseln und 90 g Teig in die Mitte geben. Den Teig verstreichen. Nach Gerätevorschrift hellbraune Waffeln backen. Sofort servieren.

Berechnung für 1 Schwäbische Rahmwaffel ($^1/_{10}$ Rezept):
Eiweiß: 5,5 g Fett: 15 g KH: 13 g BE: 1 KJ: 887/Kcal: 212

Berechnung für das ganze Rezept:
Eiweiß: 55,5 g Fett: 153 g KH: 128 g BE: 10 KJ: 8870/Kcal: 2120

Feine Mandelwaffeln

Diese Waffeln bleiben, luftdicht verpackt, längere Zeit knusprig. Mit etwas Marmelade oder zu einem säuerlichen Kompott (je nach den zur Verfügung stehenden BE) schmecken sie gut. Für Übergewichtige ist dieses Rezept, wegen seines hohen Fettgehalts, nicht geeignet.

<u>Für 8 Waffeln:</u>

150 g geschälte Mandeln
190 g Milch (3,5 % Fett)
20 g Hefe
170 g Weizenvollkornmehl

3 kleine Eier
70 g zerlassene Butter
Schale von 1 Zitrone
2 Tropfen Bittermandelöl
2—3 TL flüssiger Süßstoff

Zubereitungszeit: 10 Minuten
Teigruhe: 45 Minuten
Backzeit: ca. 25 Minuten

Die Mandeln im Mixer mehlfein mahlen. Milch und Hefe gut verrühren. Nacheinander die Mandeln, das Weizenvollkornmehl, die Eier, die Butter, die Zitronenschale und das Bittermandelöl darunterrühren. Mit dem Süßstoff abschmecken.

Den sehr weichen Hefeteig bei Zimmertemperatur 45 Minuten gehen lassen.

Das Waffeleisen aufheizen und mit Butter einpinseln. 90 g Teig in die Mitte des Waffeleisens geben und mit einem nassen Messer verstreichen. Nach Gerätevorschrift hellbraune Waffeln backen.

Berechnung für 1 Mandelwaffel ($^1/_8$ Rezept):
Eiweiß: 5,7 g Fett: 22 g KH: 15 g BE: 1,25 KJ: 1201/Kcal: 287

Berechnung für das ganze Rezept:
Eiweiß: 45,5 g Fett: 177 g KH: 124,5 g BE: 10 KJ: 9614/Kcal: 2298

Zimtwaffeln

Diese Waffeln zu backen, liebe ich besonders zur Winterszeit. Dabei durchzieht ihr würziger Duft das ganze Haus. Eine Vanillecreme (s. Seite 72), mit etwas Sahne untergezogen, schmeckt dazu ganz köstlich.

<u>Für 8 Waffeln:</u>

2 Eier
70 g weiche Butter oder
Reformmargarine
48 g Diabetiker- oder
Fruchtzucker

280 g kohlensäurereiches
Mineralwasser
$^1/_2$ TL Zimt
160 g Dinkelvollkornmehl
40 g gemahlene, leicht
geröstete Haselnüsse

Zubereitungszeit: 20 Minuten
Teigruhe: 60 Minuten
Backzeit: ca. 25 Minuten (für alle Waffeln)

Die Eier trennen. Das Eiweiß kühl stellen.
Butter und Fruchtzucker so lange cremig rühren, bis sich

der Fruchtzucker vollständig gelöst hat. Eigelb, Mineralwasser, Zimt, Dinkelvollkornmehl und Haselnüsse nacheinander unter die Creme rühren. Den Teig 60 Minuten
quellen lassen.
Das Waffeleisen vorheizen und mit Butter ausfetten. Die
Eiweiß steif schlagen und unter den Teig heben. 85 g Teig
in die Mitte des Waffeleisens geben und etwas verstreichen. Die Waffeln nach Gerätevorschrift hellbraun bakken.

Berechnung für 1 Zimtwaffel (¹/₈ Rezept):
Eiweiß: 4,5 g   Fett: 12 g   KH: 18 g   BE: 1,5   KJ: 852/Kcal: 204

Berechnung für das ganze Rezept:
Eiweiß: 37 g   Fett: 98 g   KH: 98 g   BE: 12   KJ: 6819/Kcal: 1630

Käse-Sesam-Waffeln

<u>Für 8 Waffeln:</u>

10 g Hefe
300 g Buttermilch
4 EL kohlensäurereiches
Mineralwasser
1 TL Vollmeersalz

*70 g Grünkern, fein
gemahlen*
140 g Weizenvollkornmehl
¹/₄ TL gemahlener Kümmel
20 g Sesam
*1 Knoblauchzehe, durch
die Presse gedrückt*
50 g Gouda, fein gerieben

Zubereitungszeit: 15 Minuten
Teigruhe: 60 Minuten
Backzeit: ca. 25 Minuten (für alle Waffeln)

Die Buttermilch auf Handwärme erhitzen (ca. 35 °C). Die
Hefe darin auflösen. Die übrigen Zutaten darunterarbeiten. Den Hefeteig, mit einem Tuch abgedeckt, 60 Minuten bei Zimmertemperatur gehen lassen.
Das Waffeleisen vorheizen und mit Butter einpinseln.
80 g Teig in die Mitte des Waffeleisens geben und mit ei-

nem nassen Messer verstreichen. Die Waffeln nach Gerätevorschrift goldbraun backen.

Berechnung für 1 Käse-Sesam-Waffel (¹/₈ Rezept):
Eiweiß: 6 g   Fett: 3,5 g   KH: 18 g   BE: 1,5   KJ: 552/Kcal: 132

Berechnung für das ganze Rezept:
Eiweiß: 60 g   Fett: 30 g   KH: 145 g   BE: 12   KJ: 4420/Kcal: 1056

Tip: Diese Waffeln passen sehr gut zu den Füllungen für die »Pikanten Windbeutel« (Seite 264). Einen Salatteller dazu, und schon haben Sie ein vollwertiges Abendessen.

Würzige Kartoffelwaffeln

sind schnell zubereitet und schmecken vorzüglich!

Für 5—6 Waffeln:

50 g weiche Butter oder Reformmargarine
2 Eier
20 g Dinkelvollkornmehl

70 g weicher Camembert (45 % F. i.Tr.)
130 g geschälte, feingeriebene rohe Kartoffeln
¹/₄ TL Paprikapulver
Kräutersalz
3—4 EL Milch

Zubereitungszeit: 15 Minuten
Backzeit (pro Waffel): 1—2 Minuten

Die Butter cremig rühren, nach und nach die Eier und das Dinkelvollkornmehl dazugeben. Das Waffeleisen aufheizen.
Den Camembert mit einer Gabel fein zerdrücken und zusammen mit den Kartoffeln und den Gewürzen unter den Teig rühren.
Dem Teig soviel Milch zufügen, daß er sehr weich und gut streichfähig wird.

Das Waffeleisen mit Butter auspinseln und 1½ EL Waffelteig in die Mitte geben. Den Teig rasch mit einem Messer
so dünn wie möglich im Eisen ausstreichen und 1—2 Minuten goldbraun backen.

Berechnung für 1 Kartoffelwaffel (⅙ Rezept):
Eiweiß: 6 g   Fett: 13 g   KH: 6,5 g   BE: 0,5   KJ: 637/Kcal: 152

Berechnung für das ganze Rezept:
Eiweiß: 34 g   Fett: 13 g   KH: 38 g   BE: 3   KJ: 3824/Kcal: 914

Herzhafte Spezialitäten

Ob Pizza, Zwiebelkuchen oder Würstchen in Blätterteig — noch ofenfrisch serviert machen diese Gerichte aus jedem Abendessen ein kleines Fest.
Im Gegensatz zu süßem Gebäck fallen dabei die entsprechenden BE-Mengen größer aus, da ja der Belag nicht berechnet zu werden braucht.

Pikanter Hefeteig — Grundrezept

Dieser leichte Hefeteig läßt sich sehr gut zu Gemüsetaschen, Hörnchen oder Brötchen verarbeiten. Auch pikante Blechkuchen gelingen damit.

Für 1 Backblech oder 24 Stück pikantes Kleingebäck:

30 g Hefe
120 g lauwarmes Wasser
480 g Weizenvollkornmehl
1 TL ganzer Kümmel

1 TL Vollmeersalz
2 Eier
80 g Butter oder Reformmargarine

Zum Ausrollen:
20 g Weizenvollkornmehl

Zubereitungszeit: 15 Minuten
Teigruhe: 50—55 Minuten

246

Die Hefe im Wasser auflösen und zusammen mit dem Weizenvollkornmehl, dem Salz, dem Kümmel und den Eiern in der Küchenmaschine kurz verkneten.
Die Küchenmaschine in Betrieb lassen, dabei die Butter flöckchenweise unter den Teig arbeiten. Den Hefeteig insgesamt 10 Minuten kneten. Danach den Teig mit einem feuchten Tuch abdecken und 50—55 Minuten bei Zimmertemperatur gehen lassen.
Das Mehl zum Bestreuen der Arbeitsfläche je nach Rezept verarbeiten.

Berechnung für 1 Rezept pikanter Hefeteig:
Eiweiß: 72 g   Fett: 87 g   KH: 305 g   BE: 25   KJ: 9585/Kcal: 2291

Piroggen

Feine Hefeteigpastetchen mit einer Champignoncremefüllung. Sie eignen sich sehr gut als Zwischenmahlzeit, für unterwegs oder bieten auch eine willkommene Abwechslung zum Abendessen, eventuell mit einer leichten Gemüsesuppe.

<u>Für 12 Piroggen (1 Backblech):</u>

½ Rezept pikanter Hefeteig nach dem Grundrezept (s. Seite 246)

Füllung:
200 g frische Champignons
20 g Butter oder Reformmargarine

Zubereitungszeit: 75 Minuten
Teigruhe: 60—65 Minuten
Backzeit: 20—25 Minuten

½ Zwiebel, fein gewürfelt
1 EL Wasser
1 EL trockener Weißwein
50 g Sahneschmelzkäse
(60 % F.i.Tr.)
Vollmeersalz
weißer Pfeffer
1 EL feingehackte Petersilie

Zum Bestreichen:
1 Ei

Den Hefeteig zubereiten und gehen lassen.

Zwischenzeitlich die Füllung vorbereiten. Dafür die Champignons putzen, waschen und blättrig schneiden. Die Zwiebeln in der Butter anbraten, die Champignons kurz mitdünsten und die Masse mit Wasser und Weißwein ablöschen. Den Schmelzkäse darin lösen und mit Salz und Pfeffer abschmecken. Die Petersilie daruntermischen und die Füllung abkühlen lassen.

Ein Backblech gut fetten. Das Ei trennen. Die Arbeitsfläche mit Mehl bestäuben. Darauf den Hefeteig 3 mm dick auswellen. 24 runde Plätzchen (6 cm Ø) ausstechen. 12 Plätzchen auf das Blech legen, den Rand mit Eiweiß bestreichen und mit einem Teelöffel die Füllung in die Mitte setzen. Die restlichen Plätzchen noch etwas auswellen und die Füllung damit abdecken. Den Rand festdrücken. Falls noch Teig übrig bleibt, daraus Blütenformen (3 cm Ø) ausstechen und auf die Pastetchen setzen. Die Pastetchen mit einem feuchten Tuch abdecken und 10 Minuten gehen lassen.

Den Backofen auf 200°C vorheizen. Die Teigtaschen mit dem Eigelb bestreichen und 20—25 Minuten bei 200°C goldbraun backen. Die Piroggen am besten noch lauwarm servieren.

Berechnung für 1 Pirogge ($^1/_{12}$ Rezept):
Eiweiß: 5 g   Fett: 7 g   KH: 13 g   BE: 1   KJ: 552/Kcal: 132

Berechnung für das ganze Rezept:
Eiweiß: 56,5 g   Fett: 83 g   KH: 157 g   BE: 12   KJ: 6623/Kcal: 1583

Pizza »Bella Italia«

<u>Für ¾ Backblech</u>
<u>(15 Stück):</u>

300 g Weizenvollkorn-
mehl
160 g lauwarmes Wasser
20 g Hefe
½ TL Kräuter der Provence
½ TL Vollmeersalz
20 g Olivenöl

Pizzaiola:
600 g Eier- oder Schäl-
tomaten
20 g Olivenöl
½ Zwiebel
1 Knoblauchzehe
½ Lorbeerblatt

wenige Tropfen flüssiger
Süßstoff
½ TL Oregano
Vollmeersalz
Pfeffer

Belag:
300 g frische Champignons
20 g Butter oder Reform-
margarine
½ Zwiebel
100 g Zucchini
70 g roter Paprika (aus
dem Glas, süß-sauer ein-
gelegt)
110 g Edamer
(30 % F.i.Tr.)
80 g grüner Pfefferkäse
30 g schwarze Oliven

Zubereitungszeit: 75 Minuten
Teigruhe: ca. 70 Minuten
Backzeit: 20—25 Minuten

Weizenvollkornmehl, Wasser, Hefe, Kräuter der Provence
und Salz in der Küchenmaschine kurz verkneten. Die
Maschine in Betrieb lassen, dabei das Öl langsam dazugießen. Den Hefeteig noch 10 Minuten kneten und, mit
einem feuchten Tuch abgedeckt, gehen lassen, bis sich
sein Volumen verdoppelt hat (ca. 50 Minuten).
Inzwischen ein Backblech gut ausfetten. Für die Pizzaiola
die Tomaten kreuzweise einschneiden, 2—3 Minuten in
kochendes Wasser legen und die Haut mit einem Messer
abziehen. Die Tomaten grob würfeln. Das Olivenöl erhitzen. Die Zwiebeln würfeln und im Olivenöl anbraten.
Die Tomaten kurz mitbraten. Die Gewürze dazugeben

und die Pizzaiola 10 Minuten bei milder Hitze ohne Deckel köcheln, bis eine dicke, aromatische Sauce entstanden ist. Danach abkühlen lassen.

Die Champignons waschen, putzen und blättrig schneiden. Die Butter erhitzen, darin die Zwiebel glasig braten. Die Pilze dazugeben, kurz mitdünsten und abkühlen lassen. Die Zucchini halbieren und in dünne Scheiben schneiden. Die Paprika in schmale Streifen teilen. Den Pfefferkäse zerbröckeln. Den Edamer reiben.

Den Hefeteig auf das Backblech legen, mit Mehl bestäuben und auf ¾ Blechgröße auswellen, dabei den Rand etwas hochziehen. Den Teig gleichmäßig mit der Pizzaiola bestreichen, die Paprikastreifen darauf verteilen. Die Zucchinihalbkreise anordnen und die Champignons darüberstreuen. Nacheinander den Pfefferkäse und den Edamer auf der Pizza verteilen. Die Pizza mit einem Tuch abdecken und 20 Minuten gehen lassen.

Den Backofen auf 200°C vorheizen. Die Oliven halbieren, entsteinen und auf der Pizza gleichmäßig verteilen. Die Pizza bei 200°C 20—25 Minuten backen. Danach in 15 gleichmäßige Stücke schneiden und noch warm servieren.

Berechnung für 1 Stück Pizza (¹/₁₅ Rezept):
Eiweiß: 6,5 g Fett: 9 g KH: 14 g BE: 1 KJ: 651/Kcal: 155

Berechnung für die ganze Pizza:
Eiweiß: 96,5 g Fett: 134,5 g KH: 213 g BE: 15 KJ: 9769/Kcal: 2335

Pikanter Mürbeteig — Grundrezept

Dieser Mürbeteig unterstreicht jede Art von Gemüseku-
chen, Quiche oder Pastete durch seinen feinen, buttri-
gen Geschmack.
Auch zu Kleingebäck wie Kräcker oder Knusperstängel-
chen (den Teig zu Stangen formen und in Sesam, Mohn
oder Kümmel wälzen) läßt er sich gut verarbeiten.

Für 1 Springform
(26 cm Ø) oder 6 Tortelettformen (13 cm Ø):

*200 g Weizenvollkorn-
mehl
1 großes Ei
1 TL Kräutersalz
½—1 EL Wasser*

*100 g kalte Butter oder
Reformmargarine*

Zubereitungszeit: 10 Minuten
Teigruhe: 30 Minuten

Die Butter klein würfeln und mit dem Weizenvollkornmehl, dem Ei und dem Kräutersalz rasch verkneten. Falls
der Teig zu trocken ist, etwas Wasser darunterkneten. Den
Mürbeteig in Pergamentpapier einschlagen und 30 Minuten im Kühlschrank ruhen lassen.
Nach Rezept weiterverwenden.

Berechnung für 1 Rezept pikanter Mürbeteig — Grundrezept:
Eiweiß: 30 g   Fett: 93 g   KH: 121 g   BE: 10   KJ: 6050/Kcal: 1446

Gemüsetörtchen »Vier Jahreszeiten«

Farbenfroh, mit Gemüse je nach Jahreszeit belegt, sind
diese Gemüsetörtchen eine Augen- und Gaumenfreude.
Sie eignen sich hervorragend warm serviert, als kleine
Snacks zu einer Party, oder auch kalt als Zwischenmahlzeit für unterwegs.

Im Herbst, wenn sämtliche Gemüsesorten zur Verfügung stehen, sieht es besonders verlockend aus, wenn Sie die Törtchen mit verschiedenen Gemüsearten belegen. Falls Ihnen dies zu aufwendig ist, wählen Sie einen der im Rezept stehenden Beläge und vervierfachen die Menge.

Für 6 Tortelettförmchen (13 cm Ø) oder 1 Springform (26 cm Ø):

1 Rezept pikanter Mürbeteig nach dem Grundrezept (s. Seite 251)

Belag/Tomatentörtchen:
150 g Tomatenscheiben
5 g Butter
Basilikum
Kräutersalz
Pfeffer

Belag/Zucchinitörtchen:
125 g dünne Zucchinischeiben, ungeschält
5 g Sonnenblumenöl
1 TL feingehackte Kräuter (Petersilie, Liebstöckel, Majoran)
Kräutersalz
Pfeffer

Belag/Lauchtörtchen:
40 g Lauch, in ½ cm dicke Scheiben geschnitten

5 g Butter
1 TL trockener Weißwein
1 TL Tomatenketchup (mit Fruchtzucker)
Kräutersalz

Belag/Karotten-Brokkoli-Törtchen:
40 g dünne Karottenscheiben
30 g Brokkoliröschen
5 g Butter
1 TL feingehackte Kräuter (Petersilie, Selleriegrün)
Kräutersalz

Guß:
1 Ecke Sahneschmelzkäse (62,5 g)
2 Eier
50 g Sauerrahm
50 g Sahne
1 durchgepreßte Knoblauchzehe
Kräutersalz

Zubereitungszeit: 80 Minuten
Teigruhe: 30 Minuten
Backzeit: 25—30 Minuten

Den Mürbeteig zubereiten und 30 Minuten im Kühlschrank ruhen lassen.

Inzwischen die Gemüsebeläge zubereiten. Die einzelnen Gemüsesorten nacheinander im Fett kurz dünsten, mit den Gewürzen abschmecken und abkühlen lassen.

Für den Guß den Schmelzkäse mit einer Gabel zerdrükken und mit den Eiern, dem Sauerrahm, der Sahne und den Gewürzen verquirlen.

Den Backofen auf 200°C vorheizen. Die Tortelettförmchen leicht ausfetten. Den Mürbeteig zwischen Pergamentpapier ½ cm dick auswellen. Mit den Tortelettformen 6 entsprechend große Plätzchen ausstechen. Mit diesen die Tortelettförmchen auslegen. Mit jeder Gemüsesorte 1½ Tortelettformen hübsch belegen (zwei Förmchen erhalten dabei zwei verschiedene Beläge).

Den Guß gleichmäßig auf den Törtchen verteilen. Die Gemüsetörtchen 25 Minuten bei 200°C goldbraun bakken.

Noch warm servieren.

Berechnung für 1 Gemüsetörtchen (¹⁄₆ Rezept):
Eiweiß: 9 g Fett: 25 g KH: 22 g BE: 1,7 KJ: 1483/Kcal: 354

Berechnung für die gesamten Törtchen (6 Stück):
Eiweiß: 54,5 g Fett: 152 g KH: 137 g BE: 10 KJ: 8900/Kcal: 2127

Tip: Falls Sie keine passenden Tortelettförmchen haben, belegen Sie mit dem Mürbeteig eine Springform (26 cm Ø). Jeweils ¼ des Bodens mit den 4 verschiedenen Gemüsesorten belegen. Den Guß darübergeben und die Gemüsetorte bei 200°C 35—40 Minuten goldbraun backen. Die Torte in 6 gleich große Stücke teilen und noch warm servieren. Berechnung siehe oben.

Rustikale Lauchquiche

Verwöhnen Sie Ihre Gäste doch einmal bei einem geselligen Beisammensein mit diesem herzhaften Lauchkuchen!

<u>Für 1 Backblech
(16 Stück):</u>

Mürbeteig:
*100 g kalte Butter oder
Reformmargarine
200 g Weizenvollkornmehl
80 g Roggenvollkornmehl
150 g kaltes Wasser
1 TL Kräutersalz
½ TL gemahlener Kümmel
50 g feingeriebener Gouda*

Belag:
900 g geputzter Lauch

*60 g magerer Schinkenspeck
30 g Butterschmalz
30 g trockener Weißwein
ganzer Kümmel
Paprikapulver »edelsüß«
½ Gemüsebrühwürfel
½ TL Vollmeersalz
80 g feingeriebener Gouda*

Guß:
*2 Eier
200 g Sauerrahm (10 %
Fett)*

Zubereitungszeit: 50 Minuten
Teigruhe: 30 Minuten
Backzeit: 30—35 Minuten

Die Butter klein würfeln und mit dem Weizenvollkornmehl, Roggenvollkornmehl, Wasser, Kräutersalz, Kümmel und Gouda rasch verkneten. Den Mürbeteig, in Pergamentpapier eingewickelt, 30 Minuten im Kühlschrank ruhen lassen.
Für den Belag den Lauch in 1 cm breite Streifen schneiden. Den Schinkenspeck würfeln und im Butterschmalz knusprig braten. Den Lauch dazugeben und kurz mitbraten. Mit Weißwein ablöschen und Gewürze, Salz und Brühwürfel darunterrühren. Den Lauch 10 Minuten bei schwacher Hitze dünsten. Den Käse daruntermischen

und die Masse abkühlen lassen. Für den Guß die Eier und den Sauerrahm verquirlen.
Den Backofen auf 200°C vorheizen. Das Backblech fetten. Den Mürbeteig auf das Backblech setzen, eine Lage Pergamentpapier darauflegen, ausrollen und einen kleinen Rand hochziehen. Den Lauch gleichmäßig auf dem Mürbeteig verteilen und den Guß darübergießen. Die Lauchquiche 30—35 Minuten bei 200°C backen.
Den Lauchkuchen auf dem Blech sofort in 16 Stücke schneiden und noch warm servieren.

Berechnung für 1 Stück Lauchquiche ($^1/_{16}$ Rezept):
Eiweiß: 6 g   Fett: 12,5 g   KH: 12,5 g   BE: 1   KJ: 799/Kcal: 191

Berechnung für die ganze Lauchquiche:
Eiweiß: 97,5 g   Fett: 201 g   KH: 202 g   BE: 16   KJ: 12787/Kcal: 3056

Kartoffelkuchen mit Champignons und Käsestreusel

(Abb. Seite 273)

<u>Für 1 Pizzaform (26—28 cm Ø):</u>

*gemahlener weißer Pfeffer
Kräutersalz*

*800 g geschälte Salatkartoffeln
400 g frische Champignons
200 g Wirsing oder Weißkraut
40 g Butter oder Reformmargarine
1 Bund Petersilie
100 g süße Sahne
200 g saure Sahne
2 große Eier*

Für die Streusel:
*60 g feingeriebener, junger Gouda
60 g Vollkornsemmelbrösel
60 g Butter- oder Margarineflöckchen
10 g Sesamsamen
Kräutersalz
evtl. 2—3 EL Milch*

Zubereitungszeit: 50 Minuten
Backzeit: 40—45 Minuten

Die Kartoffeln mit dem Gurkenhobel in dünne Scheiben schneiden. Dann in Salzwasser 5 Minuten kochen, in ein Sieb geben und abtropfen lassen.

Die Champignons waschen und in dünne Scheiben schneiden. Wirsing oder Weißkraut in dünne Streifen schneiden. Die Butter in einer Pfanne erhitzen und nacheinander die Pilze und den Wirsing darin anbraten. Herausnehmen, mit Kräutersalz abschmecken und auskühlen lassen.

Den Backofen auf 200°C vorheizen. Die Backform ausfetten.

Für den Guß die Petersilie sehr fein hacken und mit der süßen Sahne, sauren Sahne und den Eiern verquirlen. Den Guß mit Pfeffer und Kräutersalz pikant abschmecken.

Für die Streusel den Käse mit den Vollkornbröseln, den Butterflöckchen und dem Sesam vermischen und mit den Fingern zerbröseln. Falls die Streusel zu trocken sind, etwas Milch darunterkneten. Mit Kräutersalz abschmecken.

Die Hälfte der Kartoffeln gleichmäßig auf den Boden der Backform schichten. Eine Lage Champignons daraufgeben. Darüber den Wirsing schichten und als letzte Schicht die restlichen Kartoffelscheiben einlegen. Den Guß darübergießen und den Kartoffelkuchen gleichmäßig mit den Streuseln bestreuen.

Den Kartoffelkuchen bei 200°C 40—45 Minuten goldbraun backen. In 10 gleichmäßige Stücke teilen und heiß servieren.

Berechnung für 1 Stück Kartoffelkuchen ($^1/_{10}$ Rezept):
Eiweiß: 8 g Fett: 17 g KH: 20 g BE: 1,5 KJ: 1094/Kcal: 261

Berechnung für den ganzen Kartoffelkuchen:
Eiweiß: 80 g Fett: 174 g KH: 201 g BE: 15 KJ: 10941/Kcal: 2615

Kalorienärmere Variante

Die Käsestreusel weglassen und den Kuchen nach dem Backen in 12 gleichmäßige Stücke teilen.

Berechnung für 1 Stück Kartoffelkuchen ohne Käsestreusel (¹/₁₂ Rezept):
Eiweiß: 5 g   Fett: 8 g   KH: 14 g   BE: 1   KJ: 594/Kcal: 142

Berechnung für den ganzen Kuchen, ohne Käsestreusel:
Eiweiß: 55 g   Fett: 100 g   KH: 164 g   BE: 12   KJ: 7132/Kcal: 1705

Dazu schmeckt: Tomatensalat

Feine Quiche mit Blattspinat und Mandeln
(Abb. Seite 272)

<u>Für 1 Springform (26 cm Ø):</u>

1 Rezept pikanter Mürbeteig nach dem Grundrezept (s. Seite 251)

Für den Belag:
*500 g Blattspinat (geputzt gewogen)
2 EL Wasser
¹/₂ Gemüsebrühwürfel
20 g Butter oder Reformmargarine
¹/₂ Zwiebel, gewürfelt*

Zubereitungszeit: 50 Minuten
Teigruhe: 30 Minuten
Backzeit: 30—35 Minuten

*1 Knoblauchzehe, durch die Presse gedrückt
120 g alter Gouda, grob gerieben
weißer Pfeffer
Kräutersalz
Muskat*

Für den Guß:
*100 g Sauerrahm
2 Eier
Kräutersalz
weißer Pfeffer*

Zum Bestreuen:
20 g Mandelblättchen

Den Mürbeteig zubereiten und 30 Minuten im Kühl-schrank ruhen lassen. Den Blattspinat waschen und in ei-nem Sieb abtropfen lassen. Wasser mit dem Gemüse-brühwürfel erhitzen, den Spinat hineingeben und dün-sten, bis er in sich zusammenfällt. Den Spinat mit einer Schaumkelle aus dem Wasser nehmen und mit der But-ter, den Zwiebelwürfeln, der zerdrückten Knoblauch-zehe und dem Käse mischen. Die Spinatmischung mit Pfeffer, Salz und Muskat abschmecken und abkühlen las-sen.

Den Backofen auf 200°C vorheizen. Die Springform aus-fetten.

Den Mürbeteig zwischen 2 Lagen Pergamentpapier aus-wellen. Die Springform mit einem 2 cm hohen Rand mit dem Teig auslegen.

Den Spinat auf dem Teigboden verteilen. Für den Guß alle Zutaten verquirlen und über den Spinat gießen. Die Mandelblättchen gleichmäßig darüberstreuen.

Die Spinatquiche bei 200°C 30—35 Minuten backen. Den Kuchen in 10 gleichmäßige Stücke schneiden und heiß servieren.

Berechnung für 1 Stück Spinatquiche ($^1/_{10}$ Rezept):
Eiweiß: 9 g Fett: 18 g KH: 13 g BE: 1 KJ: 1045/Kcal: 250

Berechnung für die ganze Spinatquiche:
Eiweiß: 93 g Fett: 180 g KH: 128 g BE: 10 KJ: 10456/Kcal: 2499

Fränkischer Zwiebelblootz

Schon zu Großmutters Zeiten rieb man in den Brotteig eine Kartoffel, hauptsächlich um das Brot länger frisch zu halten.
Auch Mürbeteig finde ich mit einem kleinen Kartoffelanteil sehr schmackhaft. Gleichzeitig können Sie damit Kohlenhydrate und Kalorien einsparen. Sie sollten dabei allerdings eine mehlig kochende Kartoffelsorte bevorzugen.

Für 1 Springform
(26 cm Ø):

Mürbeteig:
140 g Weizenvollkornmehl
50 g gekochte Kartoffel
90 g kalte Butter oder Reformmargarine
1 TL Kräutersalz
1 TL Kümmel

Belag:
450 g Zwiebeln
30 g Sonnenblumenöl

Guß:
200 g Sauerrahm (10 % F.i.Tr.)
2 Eier
Kümmel
Vollmeersalz
schwarzer Pfeffer

Zubereitungszeit: 30 Minuten
Teigruhe: 30 Minuten
Backzeit: 40—45 Minuten

Butter klein schneiden. Kartoffel pellen und fein reiben. Butter, geriebene Kartoffel, Weizenvollkornmehl, Kräutersalz und Kümmel zu einem Mürbeteig verarbeiten. In Pergamentpapier einschlagen und für 30 Minuten in den Kühlschrank legen.
Eine Springform leicht ausfetten. Die Zwiebeln auf dem Gurkenhobel schneiden, in heißem Öl andünsten, aber nicht bräunen. Abkühlen lassen. Den Backofen auf 180°C vorheizen.
Sauerrahm, Eier, Kümmel, Salz und schwarzen Pfeffer verquirlen.

Den Mürbeteig zwischen Pergamentpapier ausrollen, in die Springform legen und rundum einen kleinen Rand formen. Die Zwiebeln auf dem Mürbeteig verteilen, den Guß darübergießen.
Bei 180°C 40—45 Minuten backen. Den Zwiebelblootz in 10 gleichmäßige Stücke teilen und am besten gleich ofenfrisch servieren.

Berechnung für 1 Stück Zwiebelblootz ($^1/_{10}$ Rezept):
Eiweiß: 4 g   Fett: 14 g   KH: 13 g   BE: 1   KJ: 818/Kcal: 195

Berechnung für den ganzen Zwiebelblootz:
Eiweiß: 43 g   Fett: 141 g   KH: 128 g   BE: 10   KJ: 8188/Kcal: 1957

Quarkblätterteig — Grundrezept

Der Quarkblätterteig ist eine kalorienärmere und unkompliziertere Version des Blätterteigs. Er besteht zu gleichen Teilen aus Weizenvollkornmehl, Butter und Quark. Hierfür sollte der Quark ziemlich trocken sein: Den Speisequark in ein Küchentuch geben und die überschüssige Molke ausdrücken.
Da dieses Rezept wenig Kohlenhydrate enthält, dafür hauptsächlich Fett- und Eiweißträger, entspricht 1 BE eine relativ große Gebäckmenge. Deshalb bei Übergewicht nur einen Teil der BE-Menge mit Gebäck aus Quarkblätterteig bestreiten, den anderen Teil in Form eines kalorienärmeren Nahrungsmittels zu sich nehmen (z. B. ein Stück Obst oder Milchprodukt).
Für Diabetiker mit hohem Energiebedarf, aber einer verhältnismäßig niedrigen BE-Verordnung ist dieses Gebäck besonders gut geeignet.

100 g Magerquark   *100 g Weizenvollkornmehl*
100 g weiche Butter   *1 TL Kräutersalz*

Zubereitungszeit: 30 Minuten
Teigruhe: 2 Stunden

Den Quark in ein Küchentuch geben und 20 g Molke ausdrücken. Den Quark mit der Butter gründlich verkneten. Das Weizenvollkornmehl und das Kräutersalz darunterarbeiten. Den Teig in Pergamentpapier einschlagen und 30 Minuten im Kühlschrank ruhen lassen.

Den Quarkblätterteig zwischen Pergamentpapier zu einem Rechteck auswellen. Die beiden Querseiten zur Mitte hin einschlagen, dann die rechte Teighälfte auf die linke klappen. Den Teig, zugedeckt, 30 Minuten im Kühlschrank ruhen lassen. Dieses »Touren geben« noch zwei- bis dreimal wiederholen.

Berechnung für 1 Rezept Quarkblätterteig:
Eiweiß: 29,5 g   Fett: 85,5 g   KH: 66 g   BE: 5   KJ: 4819/Kcal: 1152

Tip: Falls Ihnen das Ausrollen des Teiges zwischen Pergamentpapier zu mühsam ist, können Sie den Teig auch auf der bemehlten Arbeitsplatte auswellen. Dabei für 20 g Weizenvollkornmehl 1 BE zum Rezept dazurechnen.

Würstchen in Blätterteig

Dieses Gebäck ist bei uns ganz besonders beliebt. Es schmeckt warm zu einem Salatteller sehr lecker und eignet sich auch hervorragend kalt als Zwischenmahlzeit zum Mitnehmen.

Als Füllung können Sie sowohl kleine Partywürstchen aus Soja als auch Cocktailwürstchen verwenden.

Sehr praktisch ist es, wenn Sie die doppelte Menge dieses Gebäcks zubereiten und einen Teil davon noch warm einfrieren. Falls unverhofft Besuch kommt, können Sie das gefrorene Blätterteiggebäck bei 180 °C im vorgeheizten Backofen 10 Minuten aufbacken. Zu einem Glas Wein oder Tee wird da jeder begeistert zugreifen.

<u>Für 1 Backblech</u>
<u>(12 Stück):</u>

1 Rezept Quarkblätterteig
nach dem Grundrezept
(s. Seite 260)

Füllung:
12 Partywürstchen aus
Soja oder 12 Cocktail-
würstchen (beides aus
dem Glas)

Zum Bestreichen:
1 Eigelb

Zubereitungszeit: 15 Minuten (ohne Teigzubereitung)
Teigruhe: 2 Stunden
Backzeit: 15—20 Minuten

Den Quarkblätterteig zubereiten.
Den Backofen auf 220°C vorheizen. Auf den Backofenboden ein feuerfestes Gefäß mit heißem Wasser stellen.
Das Backblech kalt abspülen.
Den Teig zwischen Pergamentpapier 3 mm dick ausrollen. 12 Quadrate von 12 × 12 cm ausschneiden. Auf die
eine Hälfte jedes Quadrats 1 Würstchen legen. Die andere Hälfte darüberschlagen, so daß rechteckige Ta-
schen entstehen.
Die Teigtaschen auf das Blech legen, mit Eigelb bestreichen und bei 220°C 15—20 Minuten goldbraun backen.
Sofort servieren oder auf dem Kuchengitter auskühlen
lassen.

Berechnung für 1 Würstchen in Blätterteig ($^1/_{12}$ Rezept):
Eiweiß: 4 g   Fett: 9 g   KH: 6 g   BE: 0,5   KJ: 508/Kcal: 121

Berechnung für das ganze Rezept:
Eiweiß: 38 g   Fett: 103 g   KH: 66 g   BE: 6   KJ: 6100/Kcal: 1458

Gemüseröllchen »chinesische Art«

<u>Für 1 Backblech (8 Stück):</u>

1 Rezept Quarkblätterteig nach dem Grundrezept (s. Seite 260)

Füllung:
150 g Chinakohl oder Weißkraut
100 g Champignons
50 g Karotten
50 g Zwiebeln

20 g Sonnenblumenöl
1 Knoblauchzehe
2 TL Ketchup (mit Fruchtzucker gesüßt)
2 TL Sojasauce
einige Spritzer Tabasco
Vollmeersalz
50 g feingeriebener Gouda

Zum Bestreichen:
1 Eigelb

Zubereitungszeit: 45 Minuten (ohne Teigzubereitung)
Backzeit: 20—25 Minuten

Den Quarkblätterteig zubereiten und im Kühlschrank ruhen lassen. Inzwischen Weißkohl, Champignons und Karotten waschen und fein schneiden. Die Zwiebeln klein würfeln und im Öl anbraten. Das Gemüse dazugeben und kurz dünsten, bis es zusammenfällt, dann vom Herd nehmen. Das Gemüse pikant mit der Knoblauchzehe, Ketchup, Sojasauce, Tabasco und Salz abschmecken. Den Gouda untermischen und die Füllung abkühlen lassen.
Den Backofen auf 220 °C vorheizen. Ein Gefäß mit heißem Wasser auf den Backofenboden stellen. Das Backblech kalt abspülen.
Den Quarkblätterteig zwischen Pergamentpapier zu einem 3 mm dicken Rechteck auswellen. Das Rechteck wiederum in 8 gleich große Rechtecke teilen. In die Mitte jedes Rechtecks 2 TL Füllung geben. Die Rechtecke von der schmalen Seite her aufrollen, die Ränder mit der Gabel zusammendrücken. Aus den Teigresten kleine Formen (Blüten, Rauten) ausstechen und mit Eigelb auf

die Röllchen »kleben«. Die Gemüseröllchen und die Verzierungen mit Eigelb bestreichen und bei 220°C 20—25 Minuten gleichmäßig hellbraun backen. Die Gemüseröllchen schmecken warm und kalt.

Berechnung für 1 Gemüseröllchen (⅛ Rezept):
Eiweiß: 6 g   Fett: 15 g   KH: 9 g   BE: 0,6   KJ: 823/Kcal: 196

Berechnung für das ganze Rezept:
Eiweiß: 47 g   Fett: 121 g   KH: 73 g   BE: 5   KJ: 5595/Kcal: 1574

Pikante Windbeutel — Grundrezept

Ein delikates Gebäck als Zwischenmahlzeit oder abends zu einem Gläschen Wein.

<u>Für 1 Backblech</u>
<u>(16 Windbeutel):</u>

250 g Wasser
80 g Butter
½ TL Vollmeersalz
Pfeffer, frisch gemahlen
½ TL Paprikapulver »edelsüß«

160 g Weizenvollkornmehl
60 g geriebener Emmentaler (45 % F.i.Tr.)
3½—4 Eier

Zum Bestreuen:
30 g gehackte Mandeln

Zubereitungszeit: 30 Minuten
Backzeit: 20—25 Minuten

Das Wasser mit Butter, Salz, Pfeffer und Paprikapulver in einem kleinen Topf aufkochen. Sofort das gesamte Mehl hineinschütten und kräftig rühren, bis sich ein Kloß bildet. Zwei Minuten bei mittlerer Hitze weiterrühren, bis der Teig »abgebrannt« ist. Das heißt, daß sich am Topfboden ein weißer Belag absetzt.
Den Teig in eine Rührschüssel umfüllen und sofort den Käse unterrühren. 3 Eier nacheinander unter den Teig ar-

beiten. Das vierte Ei verquirlen und nur soviel dazugeben, daß der Teig glänzt und sich feste Spitzen bilden.

Den Backofen auf 210°C vorheizen. Ein Backblech fetten.

Mit einem feuchten Eßlöffel oder einem Spritzbeutel Häufchen von 40 g Teiggewicht auf das Backblech setzen. Halten Sie dabei genügend Abstand, da sich das Volumen der Windbeutel mindestens verdoppelt.

Die Windbeutel sparsam mit Mandelsplittern bestreuen und bei 210°C 20—25 Minuten backen. Während der ersten 20 Minuten den Backofen auf keinen Fall öffnen, die Windbeutel fallen sonst zusammen.

Die Windbeutel noch heiß mit einem spitzen Messer waagerecht durchschneiden und auf einem Kuchengitter auskühlen lassen.

Berechnung für 1 pikanten Windbeutel ($^1/_{16}$ Rezept):
Eiweiß: 4 g Fett: 8 g KH: 6 g BE: 0,5 KJ: 464/Kcal: 111

Berechnung für das ganze Rezept:
Eiweiß: 63,5 g Fett: 124,5 g KH: 100 g BE: 8 KJ: 7439/Kcal: 1778

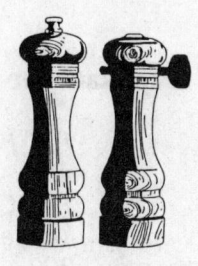

Füllungen für pikante Windbeutel

Verschiedene würzige Füllungen, die auch als Brotaufstrich schmecken. Sie sind BE-frei. Allerdings sollten Sie bei Übergewicht auf die Camembertcreme verzichten.

Quarkcreme mit Schnittlauch

Für 16 Windbeutel:

250 g Quark (40 % F.i.Tr.)
2 Bund Schnittlauch
250 g Quark (20 % F.i.Tr.)　*1 TL Vollmeersalz*

Zubereitungszeit: 10 Minuten

Beide Quarksorten mit dem Salz cremig rühren. Den Schnittlauch fein schneiden und unter den Quark mischen. Mit einem Spritzbeutel die Windbeutel füllen und die Deckel aufsetzen.

Berechnung für 1 Portion Schnittlauchquark ($^1/_{16}$ Rezept):
Eiweiß: 3,5 g　Fett: 2,5 g　KH: 1 g　BE: —　KJ: 176/Kcal: 42

Berechnung für das ganze Rezept:
Eiweiß: 59 g　Fett: 41 g　KH: 16 g　BE: —　KJ: 2824/Kcal: 675

Paprikacreme

Für 16 Windbeutel:

1 TL Paprikapulver »edelsüß«

250 g Magerquark　*1 TL Cognac*
1 EL Diabetikerketchup　*Kräutersalz*
50 g Tomatenpaprika, mit　*200 g Sahne*
Süßstoff süß-sauer, eingemacht, gewürfelt

Zubereitungszeit: 15 Minuten

Den Quark mit Ketchup, Paprikawürfeln, Paprikapulver, Cognac und Kräutersalz abschmecken. Die Sahne steif schlagen und sorgfältig unter die Quarkcreme ziehen. Die Windbeutel mit der Paprikacreme füllen.

Berechnung für 1 Portion Paprikacreme (¹/₁₆ Rezept):
Eiweiß: 2,5 g   Fett: 4 g   KH: 1,5 g   BE: —   KJ: 220/Kcal: 52

Berechnung für das ganze Rezept:
Eiweiß: 38 g   Fett: 63 g   KH: 21 g   BE: —   KJ: 3527/Kcal: 843

Camembertcreme

Für 16 Windbeutel:

100 g Camembert (45 % F.i.Tr.)
100 g weiche Butter
200 g Magerquark

100 g Zwiebeln, fein gewürfelt
1 TL Paprikapulver »edelsüß«
Kümmel, ganz
Vollmeersalz
evtl. 1—2 EL Sahne

Zubereitungszeit: 10 Minuten

Den Camembert mit einer Gabel zerdrücken und mit Butter, Quark, Zwiebeln und Paprikapulver gut verrühren. Mit Kümmel und Salz abschmecken. Falls die Creme zu fest ist, noch etwas Sahne unterrühren.
Die Windbeutel mit der Camembertcreme füllen.

Berechnung für 1 Portion (¹/₁₆ Rezept):
Eiweiß: 3 g   Fett: 6 g   KH: 1 g   BE: —   KJ: 318/Kcal: 76

Berechnung für das ganze Rezept:
Eiweiß: 49 g   Fett: 106 g   KH: 17 g   BE: —   KJ: 5096/Kcal: 1218

Pikantes Knabbergebäck

Bayerische Bierstangerl

Ein ideales Dauergebäck.

Für 1 Backblech
(24 Stück):

240 g Weizenvollkorn-
mehl
90 g Wasser
10 g Hefe

1 gestrichener TL Voll-
meersalz
80 g weiche Butter oder
Reformmargarine

Zum Bestreuen:
Kümmel
grobkörniges Salz

Zubereitungszeit: 30 Minuten
Teigruhe: 45 Minuten
Backzeit: 12—14 Minuten

Weizenvollkornmehl, Hefe, Wasser und Vollmeersalz in
die Küchenmaschine geben und kurz durchkneten. Die
Maschine in Betrieb lassen, dabei die Butter flöckchenweise dazugeben und 8 Minuten weiterkneten. Den Hefeteig mit einem feuchten Küchentuch bedeckt 30 Minuten an einem warmen Platz gehen lassen. Ein Backblech
fetten.
Den Teig nochmals 1 Minute kräftig kneten und zu 24

Portionen à 17 g aufteilen. Jede Teigportion zu einer Stange von 15 cm Länge rollen. Die Enden dabei abrunden.

Auf ein Backblech setzen. Bedeckt mit einem feuchten Tuch, 15 Minuten gehen lassen. Den Backofen auf 220 °C vorheizen.

Die Stangen mit Wasser einpinseln und mit Kümmel und grobkörnigem Salz bestreuen. Bei 220 °C die Bierstangerl 12—14 Minuten backen, bis sie durch und durch knusprig sind. In einer Blechdose aufbewahren.

Berechnung für 1 BE Bierstangerl, 2 Stück (ca. 30 g):
Eiweiß: 2,5 g   Fett: 6 g   KH: 12 g   BE: 1   KJ: 467/Kcal: 111

Berechnung für das ganze Rezept (ca. 360 g):
Eiweiß: 29 g   Fett: 71 g   KH: 145 g   BE: 12   KJ: 5607/Kcal: 1341

Gefüllte Käsecremetörtchen

Für 1 Backblech
(20 Stück):

*1 Rezept Quarkblätterteig
nach dem Grundrezept
(s. Seite 260)*

Füllung:
*50 g Camembert (45 %
F.i.Tr.)
100 g Quark (40 % Fett)
1 kleine Knoblauchzehe*

*Paprikapulver
Vollmeersalz
Kümmel
¹/₂—1 EL trockener Weißwein*

Zum Bestreichen:
1 Eigelb

Zum Bestreuen:
ganzer Kümmel

Zubereitungszeit: 65 Minuten (ohne Teigzubereitung)
Teigruhe: 2 Stunden
Backzeit: 10—15 Minuten

Den Quarkblätterteig zubereiten und im Kühlschrank ruhen lassen. Zwischenzeitlich die Füllung vorbereiten: Den Camembert mit einer Gabel zerdrücken. Den Quark in ein Küchentuch geben und die überschüssige Molke herauspressen. Den Camembert und den Quark miteinander verrühren. Mit den Gewürzen abschmecken. Zu der Füllung nur soviel Wein hinzufügen, daß sie streichfähig bleibt (sie darf auf keinen Fall zu weich werden, sonst fließt sie vom Gebäck). Die Füllung bis zum Gebrauch im Kühlschrank aufbewahren.

Den Backofen auf 220°C vorheizen. Auf den Backofenboden ein Gefäß mit heißem Wasser stellen. Das Backblech kalt abspülen.

Den Quarkblätterteig zwischen Pergamentpapier 3 mm dick auswellen. Mit einem Glas (3,5 cm Ø) 40 Plätzchen ausstechen und auf das Blech legen. Die Plätzchen mit Eigelb bestreichen und dünn mit Kümmel bestreuen. Bei 220°C 15—20 Minuten hellbraun backen.

Nach dem Backen die Plätzchen auf dem Kuchengitter auskühlen lassen. Danach die Hälfte ca. 1 cm dick mit der Käsecreme bestreichen. Die restlichen Plätzchen auf die Käsecreme setzen.

Die Käsecremetörtchen gut gekühlt servieren.

Berechnung für 1 BE Käsecremetörtchen (4 Stück):
Eiweiß: 10 g   Fett: 21 g   KH: 14 g   BE: 1   KJ: 1216/Kcal: 290

Berechnung für das ganze Rezept:
Eiweiß: 51 g   Fett: 108 g   KH: 69 g   BE: 5   KJ: 6083/Kcal: 1454

Großmutters Käsestangen

Für 1 Backblech
(22 Stück):

120 g kalte Butter oder
Reformmargarine
100 g Edamer (30 %
F. i. Tr.)

*150 g Weizenvollkorn-
mehl*
1 TL Vollmeersalz

Zum Bestreichen:
1 Eigelb
1 TL Wasser

Zubereitungszeit: 30 Minuten
Teigruhe: 30 Minuten
Backzeit: 10—15 Minuten

Die Butter klein würfeln. Den Edamer fein reiben. Butter, Edamer, Weizenvollkornmehl und Salz rasch verkneten. Den Teig in Pergamentpapier einschlagen und 30 Minuten im Kühlschrank ruhen lassen.

Den Backofen auf 220°C vorheizen. Das Backblech mit kaltem Wasser abspülen, das Wasser nicht abtrocknen. Das Eigelb mit dem Wasser verquirlen.

Den Mürbeteig in Portionen zu 17 g aufteilen. Mit nassen Händen jede Teigportion zu einem Stängelchen rollen und auf das Backblech setzen. Die Käsestangen mit dem Eigelb bestreichen und bei 220°C 10—15 Minuten bakken.

Die Käsestangen in einer Blechdose oder Porzellanschüssel aufbewahren.

Berechnung für 3 Käsestangen:
Eiweiß: 6,5 g Fett: 16,5 g KH: 12 g BE: 1 KJ: 936/Kcal: 223

Berechnung für das ganze Rezept:
Eiweiß: 47,5 g Fett: 125 g KH: 91 g BE: 7,5 KJ: 7024/Kcal: 1679

Erdnußkräcker

<u>Für 1 Backblech</u>
<u>(56 Stück):</u>

50 g geröstete, gesalzene
Erdnüsse
50 g junger Gouda
80 g kalte Butter oder
Reformmargarine

160 g Weizenvollkorn-
mehl
1 TL Kräutersalz
1—2 EL Joghurt

Zum Bestreichen:
1 Eigelb

Zubereitungszeit: 25 Minuten
Teigruhe: 30 Minuten
Backzeit: 8—10 Minuten

Die Erdnüsse fein mahlen. Den Gouda fein reiben. Die Butter klein würfeln und mit den Erdnüssen, dem Käse, dem Weizenvollkornmehl und dem Kräutersalz rasch verkneten. Falls der Teig zu trocken ist, 1—2 EL Joghurt darunterkneten. Den Teig abgedeckt 30 Minuten im Kühlschrank ruhen lassen.
Das Backblech leicht fetten. Den Backofen auf 200°C vorheizen. Den Mürbeteig zwischen Pergamentpapier ½ cm dick ausrollen. Mit einem Glas (4 cm Ø) 56 Plätzchen ausstechen und auf das Blech legen. Mit einem Fleischklopfer leicht auf die Plätzchen drücken, dabei entsteht ein hübsches Waffelmuster. Die Erdnußkräcker dünn mit Eigelb bestreichen und bei 200°C 8—10 Minuten goldbraun backen.
Die Kräcker auf dem Kuchengitter auskühlen lassen und in einer Blechdose luftdicht aufbewahren.

Berechnung für 1 BE Erdnußkräcker, 7 Stück, (¹/₈ Rezept):
Eiweiß: 6 g   Fett: 16 g   KH: 12 g   BE: 1   KJ: 815/Kcal: 195

Berechnung für das ganze Rezept:
Eiweiß: 45,5 g   Fett: 128 g   KH: 98 g   BE: 8   KJ: 6543/Kcal: 1564

Feine Quiche mit Blattspinat und Mandeln ▷
                                    (Rezept S. 257)

Knusprige Haferkekse

Für 1 Backblech
(56 Stück):

1 Ei
1 TL Kräutersalz

40 g Hafer, fein gemahlen
50 g Sesam
100 g kalte Butter oder
Reformmargarine
120 g Weizenvollkornmehl

Zum Bestreichen:
1 Eigelb

Zum Bestreuen:
Sesam

Zubereitungszeit: 35 Minuten
Teigruhe: 30 Minuten
Backzeit: 10—12 Minuten

Das Hafermehl zusammen mit dem Sesam in einer trokkenen Pfanne leicht rösten, bis es würzig duftet. Dabei ständig rühren, dann abkühlen lassen.
Die Butter klein würfeln und mit dem Hafermehl, dem Sesam, dem Weizenvollkornmehl, dem Ei und dem Kräutersalz rasch verkneten. Den Mürbeteig abgedeckt 30 Minuten im Kühlschrank ruhen lassen.
Das Backblech leicht fetten. Den Backofen auf 200°C vorheizen. Den Teig zwischen Pergamentpapier ½ cm dick auswellen. Mit einem Teigrädchen 2 cm breite Streifen ausrädeln. Diese wiederum in 5 cm lange Rechtecke aufteilen. Die Kekse auf das Blech setzen, mit dem Eigelb dünn bestreichen und mit Sesam bestreuen.
Die Haferkekse bei 200°C 10—12 Minuten hellbraun backen. Auf einem Kuchengitter auskühlen lassen und luftdicht verschlossen aufbewahren.

Berechnung für 1 BE Haferkekse, 7 Stück ($^1/_8$ Rezept):
Eiweiß: 5 g Fett: 15,5 g KH: 12,5 g BE: 1 KJ: 881/Kcal: 210

Berechnung für das ganze Rezept:
Eiweiß: 38 g Fett: 124,5 g KH: 102,5 g BE: 8 KJ: 7050/Kcal: 1685

◁ *Kartoffelkuchen mit Champignons und Käse-*
streusel (Rezept S. 255)

Feines Mandelgebäck

Knuspriges Gebäck aus Quarkblätterteig. Es schmeckt am besten ofenwarm zu einem Glas Wein oder zwischendurch zu einem Salatteller oder einer Gemüsebouillon.
Sehr gerne bereite ich 2 Portionen Quarkblätterteig zu und stelle aus der einen Hälfte Gemüseröllchen (s. Seite 263) und aus der anderen dieses Mandelgebäck her.

Für 1 Backblech
(40 Stück):

*1 Rezept Quarkblätterteig
nach dem Grundrezept
(s. Seite 260)*

Zubereitungszeit: 15 Minuten
Backzeit: 10—15 Minuten

Zum Bestreuen:
20 g Mandelstifte

Zum Bestreichen:
1 Eigelb

Den Quarkblätterteig zubereiten und im Kühlschrank ruhen lassen.
Den Backofen auf 220°C vorheizen. Ein Schälchen heißes Wasser auf den Backofenboden stellen. Das Backblech kalt abspülen.
Den Quarkblätterteig zwischen Pergamentpapier 3 mm dick auswellen. Mit den Mandelstiften gleichmäßig bestreuen und diese mit dem Wellholz in den Teig drücken. Kleine Formen (Rauten, Dreiecke, Sterne und Herzen) ausstechen und auf das Blech legen. Die Plätzchen mit Eigelb dünn bestreichen und 10—15 Minuten bei 220°C goldbraun backen.

Berechnung für 1 BE Mandelgebäck, ca. 8 Stück ($^1/_5$ Rezept):
Eiweiß: 7 g   Fett: 20 g   KH: 13 g   BE: 1   KJ: 1121/Kcal: 267

Berechnung für das ganze Rezept:
Eiweiß: 36 g   Fett: 102 g   KH: 68 g   BE: 5   KJ: 5605/Kcal: 1239

Tip: Übriggebliebenes Gebäck kann bei Bedarf mit etwas Wasser bestrichen werden und bei 175°C im vorgeheizten Backofen kurz aufgebacken werden. Schmeckt wie frisch gebacken!

Kümmelmürbchen

Für 1 Backblech
(33 Stück):

*100 g Weizenvollkorn-
mehl*
*20 g Grünkern, fein
gemahlen*
100 g gekochte Kartoffeln
*100 g kalte Butter oder
Reformmargarine*
1 TL Kräutersalz

1 EL kaltes Wasser

Zum Ausrollen:
30 g Weizenvollkornmehl

Zum Bestreichen:
1 Eigelb
1 TL Wasser

Zum Bestreuen:
1 EL Kümmel

Zubereitungszeit: 35 Minuten
Teigruhe: 60 Minuten
Backzeit: 15—20 Minuten

Die Kartoffeln schälen, fein reiben und mit dem Weizenvollkornmehl, dem Grünkern und dem Kräutersalz vermengen. Die Butter klein würfeln und zusammen mit dem Wasser rasch mit der Kartoffel-Mehl-Mischung zu einem Mürbeteig verkneten. Den Teig in Pergamentpapier einschlagen und 1 Stunde im Kühlschrank ruhen lassen.
Den Backofen auf 200°C vorheizen. Ein Backblech fetten oder mit Backtrennpapier belegen. Etwas Mehl auf der Arbeitsfläche verteilen, Kümmel dünn darüberstreuen.
Den Mürbeteig mit Hilfe der Diabetikerwaage in Stücke zu 10 g portionieren. Diese Teigportionen auf dem Mehl

zu 10 cm lange Stängelchen rollen. Dabei drücken sich die auf dem Streumehl verteilten Kümmelsamen fest in den Teig. Die Kümmelmürbchen auf das Backblech setzen. Das Eigelb mit dem Wasser verquirlen, und die Kümmelmürbchen damit einstreichen. Bei 200 °C 15—20 Minuten goldbraun backen.
Die Kümmelmürbchen vorsichtig vom Backblech lösen und auf einem Kuchengitter auskühlen lassen.
Dieses Gebäck eignet sich vorzüglich als Zwischenmahlzeit zu einem Salatteller oder einem Stück Obst.

Berechnung für 1 BE Kümmelmürbchen, 3,5 Stück (¹/₉ Rezept):
Eiweiß: 4 g   Fett: 9 g   KH: 11,4 g   BE: 1   KJ: 569/Kcal: 136

Berechnung für das ganze Rezept:
Eiweiß: 37 g   Fett: 82 g   KH: 108 g   BE: 9   KJ: 5121/Kcal: 1224

Käse-Sesam-Schnecken

Für 1 Backblech
(40 Stück):

1 Rezept Quarkblätterteig nach dem Grundrezept (s. Seite 260)

Füllung:
2 Eigelb
1 TL Wasser

½ TL Paprikapulver »edelsüß«
30 g Sesam
40 g Edamer (45 % F.i.Tr.)

Zum Bestreuen:
Kümmel

Zubereitungszeit: 60 Minuten
Teigruhe: 2 Stunden
Backzeit: 15—20 Minuten

Den Quarkblätterteig aus dem Kühlschrank nehmen und zwischen Pergamentpapier zu einer Teigplatte von 20×25 cm ausrollen.

Eigelb mit Paprikapulver, Wasser und Vollmeersalz verquirlen. Die Teigplatte damit bestreichen. Sesam in einer
trockenen Pfanne leicht anrösten. Edamer fein reiben.
Den Quarkblätterteig mit dem Sesam und dem Käse
gleichmäßig bestreuen.
Die Teigplatte in zwei Hälften von 20 × 12,5 cm schneiden. Diese von der Längsseite aus zu zwei Strängen von
20 cm Länge aufrollen. In Pergamentpapier einschlagen
und 30 Minuten in den Kühlschrank legen.
Den Backofen auf 200 °C vorheizen. Ein Backblech mit
Backtrennpapier auslegen.
Die Teigrollen in 1 cm dicke Scheiben schneiden und mit
dem restlichen Eigelb bestreichen. Sparsam mit Kümmel
bestreuen. Bei 200 °C 15—20 Minuten hellbraun backen.
Noch warm serviert, schmecken die Käse-Sesam-Schnek-
ken am besten.

Berechnung für 1 BE Käse-Sesam-Schnecken, 8 Stück (⅛ Rezept):
Eiweiß: 10,5 g Fett: 22,5 g KH: 14 g BE: 1 KJ: 1338/Kcal: 320

Berechnung für das ganze Rezept:
Eiweiß: 51,5 g Fett: 113,5 g KH: 69 g BE: 5 KJ: 6694/Kcal: 1600

Französisches Weingebäck

<u>Für 1 Backblech</u>
<u>(45 Stück):</u>

50 g kalte Butter
70 g Camembert (45 %
F.i.Tr.)
120 g Weizenvollkorn-
mehl

½ TL Kräutersalz
50 g Joghurt (3,5 % Fett)
1 Msp Pfeffer

Zum Bestreichen:
1 Eigelb
grobes Salz

Zubereitungszeit: 25 Minuten
Teigruhe: 30 Minuten
Backzeit: 12—15 Minuten

Die Butter klein würfeln. Den Camembert mit einer Gabel zerdrücken. Alle Zutaten rasch zu einem Mürbeteig
verkneten. Den Teig in Pergamentpapier einschlagen und
30 Minuten im Kühlschrank ruhen lassen.
Zwischenzeitlich ein Backblech leicht fetten. Lineal und
Teigrädchen bereitlegen.
Den Backofen auf 200°C vorheizen. Den Mürbeteig zwischen Pergamentpapier zu einem ½ cm dicken Rechteck auswellen. Mit Lineal und Teigrädchen Quadrate von
2 × 2 cm ausrädeln. Die Plätzchen auf das Backblech legen, mit dem Eigelb dünn bestreichen und sparsam mit
grobem Salz bestreuen. Die Kekse bei 200°C 12—15 Minuten goldbraun backen und am besten noch warm servieren.

Berechnung für 7,5 Kekse (⅙ Rezept):
Eiweiß: 5 g   Fett: 10 g   KH: 12 g   BE: 1   KJ: 701/Kcal: 167

Berechnung für das ganze Rezept:
Eiweiß: 32 g   Fett: 61 g   KH: 74,5 g   BE: 6   KJ: 4204/Kcal: 1005

Kernige Vollkornbrote und -brötchen

Brot selber zu backen ist längst Mode geworden. Doch schon lange zuvor überzeugten mich meine ersten Backversuche — selbst wenn sie mißlungen waren — durch den herzhaften, kräftigen Geschmack und den köstlichen Duft, der dabei durch das Haus zog.

Nachdem ich dann eine Getreidemühle erworben hatte, wurde das Brot genießbar — später delikat.

Sie haben's leichter!

Ohne mühsames Herumprobieren können Sie mit diesen Rezepten lockere, aromatische Vollkornbrote backen, die sehr wohlschmeckend und bekömmlich sind. Neben dem gesundheitlichen Wert sind diese Brote für Diabetiker auch quantitativ sehr günstig, denn bei sämtlichen Brot-, bzw. Brötchenrezepten in diesem Buch entsprechen rund 30 g 1 BE.

Praktische Tips fürs Brotbacken:

Die Zutaten:

- *Hefe:*   Hefeteige bereite ich am liebsten mit frischer Hefe zu. Frische Hefe erkennen Sie an der seidig schimmernden Oberfläche und dem fein-säuerlichen Geruch.

- *Wasser:* Verwenden Sie bei reinen Hefeteigen kaltes Wasser (15 °C), damit das Brot feucht und aromatisch wird. Falls Sauerteigextrakt mit Hefe kombiniert wird, sollte das Wasser lauwarm sein.

- *Getreide:* Das Getreide sollte für alle Rezepte frisch gemahlen und sofort verarbeitet werden.

Der Teig:

- *Kneten:* Zum Kneten des Brotteiges ist eine Küchenmaschine sehr praktisch, aber nicht unbedingt erforderlich. Der Brotteig läßt sich auch in einer genügend großen Backschüssel mit einem großen Holzrührlöffel bearbeiten. Der Teig sollte sich nach dem Kneten leicht klebrig anfühlen, denn während des Aufgehens quillt das Vollkornmehl aus und der Teig wird fester.

- *Formen:* Weiche Brotteige werden in Backformen (z. B. Kastenform) gebacken, festere Teige werden frei geschoben, das heißt, sie werden zu runden oder länglichen Laiben geformt und auf einem gefetteten Backblech gebacken. Bei frei geschobenen Broten ist es wichtig, genau den richtigen Zeitpunkt der Teigreife abzupassen und dann sofort das Brot in den Ofen zu schieben. Ist das Brot zu reif, kann es beim Backen breitlaufen wie ein Fladen. Deshalb umstelle ich sicherheitshalber runde Brotlaibe mit einem gefetteten Springformrand, wobei zwischen Brotlaib und Formrand wenige Zentimeter Abstand bleiben sollten.

- *Teigruhe:* Den Brotteig während des Aufgehens immer mit einem feuchten Tuch abdecken, damit die Teigoberfläche nicht austrocknet.

Das Backen:

- Beim Backen von Vollkornbroten sollte immer genügend Feuchtigkeit im Backofen vorhanden sein, damit das Gebäck gut aufgehen kann und keine dicke Kruste bekommt. Um dies zu erreichen, sollten Sie beim Vorheizen des Backofens ein feuerfestes Schälchen mit Wasser auf den Backofenboden stellen. Dieses bildet während dem Backen genügend Wasserdampf.

- Brot ist durchgebacken, wenn sich beim Dagegenklopfen mit den Fingerknöcheln ein hohles Geräusch ergibt.

Die Lagerung:

- Brot sollte kühl und trocken aufbewahrt werden. Am besten das abgekühlte Brot in ein leinernes Tuch wickeln und auf einem Kuchengitter an einem trockenen, kühlen Platz (nicht im Kühlschrank) aufbewahren.

- Je mehr Roggen ein Brot enthält, desto länger bleibt es feucht und frisch.

Das Einfrieren:

- Auch Vollkornbrot kann eingefroren werden: Das Brot auskühlen lassen, in einem Gefrierbeutel luftdicht einpacken und tiefgefrieren. Bei Zimmertemperatur das Brot auftauen lassen.

Vollkornbrot mit Hefe

Der Grundteig für die folgenden Brot-, bzw. Brötchenrezepte besteht aus Vollkornmehl, Wasser, Hefe und Salz. Damit diese Backwaren gut gelingen, ist es wichtig zu wissen, wie die Hefe in diesen Teigen wirkt.
Die Hefe besteht aus Milliarden einzelner Hefezellen. Diese Hefezellen sind winzige Bakterien, die Luft,

Feuchtigkeit, Wärme, Kohlenhydrate und Vitamine brauchen, um sich zu vermehren. Dabei entsteht eine Gärung, weil Kohlensäure und Alkohol frei werden. Dies wird sichtbar an den vielen kleinen Gasbläschen, die den Teig hochtreiben und sein Volumen etwa verdoppeln.

Da die Hefe im Vollkornteig mehr Vitamine als im Auszugsmehl vorfindet, entwickelt sie sich darin sehr rasch und braucht keinen Vorteig!

Haferbrot

Ein mild-aromatisches Brot mit knuspriger Sesamkruste als Abwechslung für den Brotkorb.

Für 1 Kastenform	40 g Hefe
(30 cm lang):	14 g Vollmeersalz
	440 g kaltes Wasser
230 g Hafervollkornmehl	
470 g Weizenvollkorn-	Zum Bestreuen:
mehl	Sesam

Zubereitungszeit: 35 Minuten
Teigruhe: 50—55 Minuten
Backzeit: 60 Minuten

Das Hafervollkornmehl in einer trockenen Pfanne leicht anrösten bis es würzig duftet. Abkühlen lassen. Hafervollkornmehl, Weizenvollkornmehl, Hefe, Wasser und Salz in die Teigmaschine geben und 10 Minuten kneten. Mit einem feuchten Tuch abdecken und 30 Minuten an einem warmen Ort gehen lassen.
Zwischenzeitlich Sesam in einer Pfanne ohne Fett goldbraun rösten. 1 EL beiseite stellen. Eine Kastenform gut ausfetten und mit Sesam ausstreuen.
Den Hefeteig 1—2 Minuten kräftig durchkneten, mit nassen Händen in die Kastenform geben und glattstrei-

chen. Die Oberfläche mit dem restlichen Sesam bestreuen. Den Teig mit einem feuchten Tuch abdecken
und 20—25 Minuten an einem warmen Ort gehen lassen.
Den Backofen auf 260°C vorheizen. Das Brot bei 260°C
20 Minuten backen. Danach bei 180°C in 40 Minuten
ausbacken. Auf einem Kuchengitter auskühlen lassen.

Berechnung für 1 BE Haferbrot ($^{1}/_{35}$ Rezept, ca. 30 g):
Eiweiß: 2,4 g Fett: 0,7 g KH: 12 g BE: 1 KJ: 272/Kcal: 65

Berechnung für das ganze Rezept (ca. 1075 g):
Eiweiß: 87 g Fett: 25,5 g KH: 426 g BE: 35 KJ: 9585/Kcal: 2291

Weizenvollkornbrot

Für 1 Brotlaib (1 kg):　　　*14 g Vollmeersalz*

710 g Weizenvollkornmehl　Zum Bestreuen der
440 g kaltes Wasser　　　Arbeitsfläche:
40 g Hefe　　　　　　　*30 g Weizenvollkornmehl*

Zubereitungszeit: 30 Minuten
Teigruhe: 30—35 Minuten
Backzeit: 60 Minuten

Weizenvollkornmehl, Wasser, Hefe und Salz in die Küchenmaschine geben und 10 Minuten kneten (von Hand
15 Minuten). Mit einem feuchten Tuch bedeckt, 15 Minuten an einem warmen Platz gehen lassen.
Ein Backblech ausfetten. Den Backofen auf 260°C vorheizen. Auf den Backofenboden ein Schälchen mit Wasser stellen.
Die Arbeitsfläche mit Mehl bestäuben und den Brotteig
darauf nochmals kräftig durchkneten. Dabei das gesamte Mehl einarbeiten. Einen länglichen Brotlaib formen
und auf das Blech legen. Mit einem feuchten Küchen-

tuch bedeckt, 15—20 Minuten gehen lassen, bis an der Oberfläche kleine Gasbläschen sichtbar werden. Das Brot vorsichtig mit Wasser einstreichen. 20 Minuten bei 260°C backen. Danach bei 180°C weitere 40—45 Minuten ausbacken, bis das Brot nur noch 1030 g wiegt. (Nach 1 Stunde Backzeit das Brot kurz aus dem Ofen nehmen und auf die Waage legen.) Auf einem Kuchengitter auskühlen lassen.

Das Weizenvollkornmehl in ein Leinentuch schlagen und kühl aufbewahren.

Berechnung für 1 BE Weizenvollkornbrot (28 g):
Eiweiß: 2,5 g   Fett: 0,5 g   KH: 12 g   BE: 1   KJ: 258/Kcal: 62

Berechnung für den ganzen Brotlaib (1030 g):
Eiweiß: 91 g   Fett: 15 g   KH: 461 g   BE: 37   KJ: 9824/Kcal: 2348

Tip: Sehr fein schmeckt das Weizenvollkornbrot, wenn Sie unter den Teig 50 g grobgehackte Walnüsse arbeiten.

Mürber Dinkelvollkorntoast

Das Vollkorntoastbrot gelingt besonders gut aus Dinkelvollkornmehl. Da der Dinkel gegenüber dem Weizen einen höheren Gehalt an Kleber aufweist, eignet er sich sehr gut für mürbes Gebäck mit einer lockeren Krume.

Für 1 Kastenform
(30 cm lang):

250 g kaltes Wasser
14 g Vollmeersalz
60 g weiche Butter

500 g Dinkelvollkornmehl
40 g Hefe

Zubereitungszeit: 25 Minuten
Teigruhe: 95—100 Minuten
Backzeit: 40—45 Minuten

Alle Zutaten außer der Butter in die Küchenmaschine geben und kurz durchkneten. Die Küchenmaschine in Betrieb lassen und die Butter flöckchenweise darunterkneten. Den Hefeteig 10 Minuten kneten. Mit einem feuchten Küchentuch bedeckt an einem warmen Platz gehen lassen, bis sich das Volumen verdoppelt hat (etwa 1 Stunde).

Eine Kastenform ausfetten. Den Hefeteig nochmals 1 Minute kräftig durchkneten und in die Form füllen. In Herdnähe, mit einem feuchten Tuch abgedeckt, 35—40 Minuten gehen lassen.

Den Backofen auf 200°C vorheizen. Ein Schälchen mit kaltem Wasser auf den Backofenboden stellen. Das Brot mit kaltem Wasser einstreichen und bei 200°C 40—45 Minuten backen. Nach 35 Minuten Backzeit die Oberfläche des Brotes mit einer doppelten Lage Pergamentpapier abdecken, damit die Kruste nicht zu hart wird. Das Toastbrot auf einem Kuchengitter auskühlen lassen.

Berechnung für 1 BE Dinkelvollkorntoastbrot (31 g):
Eiweiß: 2,5 g   Fett: 2,5 g   KH: 12 g   BE: 1   KJ: 332/Kcal: 79

Berechnung für das ganze Dinkelvollkorntoastbrot (780 g):
Eiweiß: 60 g   Fett: 60 g   KH: 303 g   BE: 25   KJ: 8322/Kcal: 1991

Tip: Natürlich können Sie anstatt des Dinkelvollkornmehls auch Weizenvollkornmehl verwenden.

Dinkelvollkornbrötchen

Diese einfachen Dinkelvollkornbrötchen bieten eine Vielfalt an Variationsmöglichkeiten. Sie können Nüsse, Samen, Röstzwiebeln, magere Speckwürfel oder Käsestückchen in den Teig arbeiten. Oder die Brötchen mit Sonnenblumenkernen, grobem Salz, Kümmel oder mit geriebenem Käse bestreuen. Auch zu Laugenbrötchen lassen sie sich abwandeln.

Für 1 Backblech (13 Stück):	Zum Ausformen der Brötchen:

100 g Dinkelvollkornmehl
440 g Weizenvollkornmehl
30 g Hefe
300 g kaltes Wasser
10 g Vollmeersalz

Zum Ausformen der
Brötchen:
10 g Weizenvollkornmehl

Zum Bestreuen:
Sesam
Mohn

Zubereitungszeit: 25 Minuten
Teigruhe: 30—35 Minuten
Backzeit: 20 Minuten

Dinkelvollkornmehl, Weizenvollkornmehl, Hefe, Wasser und Salz in die Küchenmaschine geben und 12 Minuten kneten. Den Teig mit einem feuchten Tuch abdecken und 15 Minuten an einem warmen Platz gehen lassen. Ein Blech gut ausfetten.
Den Hefeteig in 13 Portionen à 60 g aufteilen. Die Arbeitsfläche mit dem Mehl bestäuben. Darauf die Teigportionen zu Brötchen ausformen, auf das Backblech setzen und, mit einem feuchten Tuch bedeckt, 15—20 Minuten gehen lassen.
Den Backofen auf 250°C vorheizen und ein Gefäß mit Wasser auf den Ofenboden stellen.
Die Brötchen mit Wasser einpinseln und einen Teil mit Sesam, den anderen mit Mohn bestreuen. Die Brötchen bei 250°C 20 Minuten backen. Auf einem Kuchengitter auskühlen lassen.

Berechnung für 1 Brötchen:
Eiweiß: 5 g   Fett: 1 g   KH: 24 g   BE: 2   KJ: 517/Kcal: 124

Berechnung für das ganze Rezept (13 Brötchen):
Eiweiß: 63 g   Fett: 10,5 g   KH: 316 g   BE: 26   KJ: 6732/Kcal: 1609

Tip: Anstatt des Dinkelmehls können Sie auch ausschließlich Weizenvollkornmehl verwenden.

Variante: **Partybrötchen**

Nach der ersten Teigruhe den Hefeteig in Portionen zu 30 g aufteilen und daraus auf der mit Mehl bestreuten Arbeitsfläche 26 Brötchen formen. Ein Brötchen in die Mitte des Backblechs setzen, die anderen Brötchen kreisförmig rundum gruppieren. Die Brötchen sollten sich dabei berühren. Mit einem feuchten Tuch bedeckt 20 Minuten an einem warmen Platz gehen lassen.

Den Backofen auf 250°C vorheizen und auf den Ofenboden ein Schälchen mit Wasser stellen. Die Brötchen mit Wasser einstreichen und abwechselnd mit Sesam, gerösteten Sonnenblumenkernen, Mohn, Mandelblättchen und geriebenem Käse bestreuen.

Bei 250°C den Brötchenkranz 20—25 Minuten backen. Die Brötchen lassen sich später gut einzeln abbrechen.

Berechnung für 1 Brötchen (aus dem Brötchenkranz):
Eiweiß: 2,5 g   Fett: 0,5 g   KH: 12 g   BE: 1   KJ: 258/Kcal: 62

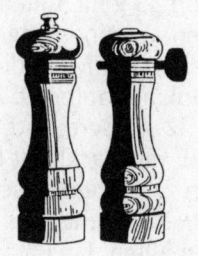

Laugenbrezeln

Ein Stuttgarter Bäckermeister erzählte mir zur Entstehung der Brezelform eine kleine Anekdote: Vor langer Zeit stellte ein König dem zum Tode verurteilten Bäcker folgende Aufgabe: Wenn dieser ihm ein Brot backe, durch das dreimal die Sonne scheint, solle er begnadigt werden.

<u>Für 1 Backblech</u>   Zum Eintauchen:
<u>(12 Brezeln):</u>   *½ l 5 %ige Natronlauge*

500 g Weizenvollkornmehl   Zum Bestreuen:
280 g kaltes Wasser   *grobkörniges Salz*
15 g Vollmeersalz
25 g Hefe

Zubereitungszeit: 35 Minuten
Teigruhe: 30 Minuten
Backzeit: 15 Minuten

Weizenvollkornmehl, Wasser, Salz und Hefe in die Küchenmaschine geben und 10 Minuten kneten. Danach wird der Teig in 12 Portionen zu je 66 g abgewogen. Dabei bleibt ein Rest von 33 g für 1 kleines Brezelchen. Die Teigportionen werden auf eine Länge von 50 cm gerollt. Die Teigstränge sollen in der Mitte dicker bleiben und zu den Enden hin schlank auslaufen (s. Zeichnung). Mit Hilfe der Brezelskizze 12 größere und 1 kleine Brezel formen. Die Brezeln auf ein Backbrett legen und 30 Minuten an einem kühlen Ort ruhen lassen.
Den Backofen auf 250°C vorheizen. Die Natronlauge in ein Glasschüsselchen füllen. Ein Backblech gut ausfetten. Die Brezeln mit einer Bratschaufel kurz in die Natronlauge tauchen und auf das Backblech setzen. Mit grobem Salz sparsam bestreuen. Bei 250°C 15 Minuten backen.

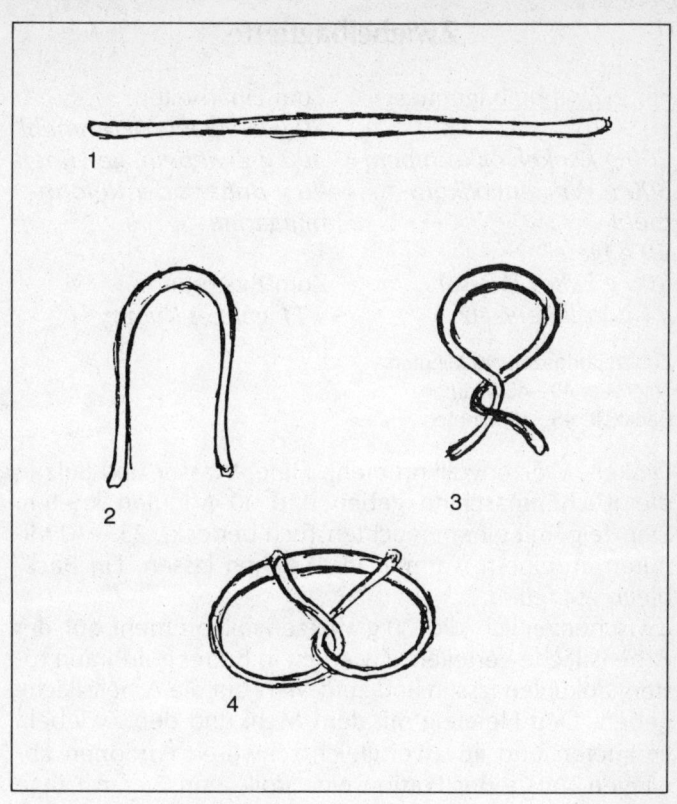

1

2   3

4

Berechnung für 1 Brezel, groß:
Eiweiß: 5 g   Fett: 1 g   KH: 24 g   BE: 2   KJ: 518/Kcal: 124

Berechnung für das kleine Brezelchen:
Eiweiß: 2,5 g   Fett: 0,5 g   KH: 12 g   BE: 1   KJ: 259/Kcal: 62

Berechnung für das ganze Rezept:
Eiweiß: 62,5 g   Fett: 12,5 g   KH: 300 g   BE: 25   KJ: 6485/Kcal: 1150

Wichtig: Vorsicht beim Hantieren mit Natronlauge! Für Kinder unerreichbar aufbewahren.

Zwiebelbaguette

Für 2 Zwiebelbaguettes:

200 g Dinkelvollkornmehl
300 g Weizenvollkorn-
mehl
30 g Hefe
300 g kaltes Wasser
14 g Vollmeersalz

Zum Einarbeiten:
70 g Weizenvollkornmehl
300 g Zwiebeln, gewürfelt
40 g Butter oder Reform-
margarine

Zum Bestreuen:
1 EL ganzer Kümmel

Zubereitungszeit: 40 Minuten
Teigruhe: 40—45 Minuten
Backzeit: 45—50 Minuten

Dinkel-, Weizenvollkornmehl, Hefe, Wasser und Salz in die Küchenmaschine geben und 10 Minuten kneten. Den Teig, mit einem feuchten Tuch bedeckt, 25—30 Minuten an einem warmen Platz gehen lassen. Ein Backblech gut fetten.

Zwischenzeitlich die 70 g Weizenvollkornmehl auf der Arbeitsfläche verteilen. Zwiebeln in Butter goldbraun rösten, abkühlen lassen und zum Mehl auf die Arbeitsfläche geben. Den Hefeteig mit dem Mehl und den Zwiebeln verkneten und zu zwei gleich schweren Portionen abwiegen. Aus jeder Portion eine Rolle von 25 cm Länge formen und mit einem feuchten Tuch bedeckt 20 Minuten an einem warmen Platz gehen lassen.

Den Backofen auf 220°C vorheizen. Ein Gefäß mit Wasser auf den Backofenboden stellen. Die beiden Baguettes mit Wasser bestreichen und mit Kümmel bestreuen. Bei 220°C 45—50 Minuten backen.

Noch warm servieren.

Berechnung für 1 BE Zwiebelbaguette ($\frac{1}{30}$ Rezept, ca. 35 g):
Eiweiß: 2 g   Fett: 1,5 g   KH: 12 g   BE: 1   KJ: 292/Kcal: 70

Berechnung für das ganze Rezept (2 Baguettes):
Eiweiß: 70,5 g   Fett: 45,5 g   KH: 366 g   BE: 30   KJ: 8765/Kcal: 2095

Vollkornbrot mit Sauerteig

Aus biblischen Berichten und Aufzeichnungen aus der Römerzeit ist bekannt, daß schon damals ein Sauerteig verbreitet war. Durch Zufall hatten bereits die Menschen im alten Ägypten erkannt, daß ein Teigstück nach längerer Lagerung in der Wärme in spontane Säuerung und Gärung übergeht.

Aus dieser Spontansäuerung heraus entwickelten sich im Laufe der Zeit die mehrstufigen Sauerteigführungen, in denen gezielte Voraussetzungen zur Entwicklung bestimmter Bakterien (Milchsäure- und Essigsäurebakterien) sowie Hefen geschaffen werden. Diese Bakterien vergären die Kohlenhydrate des Roggenmehls zu Säuren, Sauerteighefen treiben den Teig in die Höhe.

Sobald der Roggenmehlanteil eines Brotteiges 20 % übersteigt, sollte der Teig gesäuert werden. Da die Sauerteigherstellung, bzw. -führung viel Zeit und Sorgfalt erfordert, bereite ich Roggenvollkornbrote mit Sauerteigextrakt und Hefe zu. Durch den Hefezusatz verringert sich die Gehzeit des Roggenbrotteiges und das Volumen nimmt gegenüber reinen Sauerteigbroten (ohne Hefe) zu.

Praktische Tips zum Backen mit Sauerteig

- Sauerteigextrakt erhalten Sie im Reformhaus. Flüssiger Sauerteig ist für Diabetiker weniger geeignet, da die darin gelöste Mehlmenge nicht bestimmbar ist.

- Sauerteigextrakt sollte in lauwarmem Wasser aufgelöst werden.

- Durch die im Sauerteig gebildete Essigsäure verringert sich die Anfälligkeit des Brotes gegen Schimmel und Fadenziehen. Deshalb setzt der Bäcker in warmen Jahreszeiten auch den Weizenbroten Sauerteig zu.

Roggenvollkornbrot

Dieses aromatische Krustenbrot esse ich am liebsten. Durch die geriebenen Kartoffeln wird es locker, feucht und krümelt nicht. In ein leinenes Küchentuch gepackt, ist dieses Brot 3—4 Tage haltbar.

Ein *Tip,* damit das Brot beim Gehen oder Backen nicht zu flach wird: Umstellen Sie den geformten Brotlaib mit einem gefetteten Springformrand (30 oder 26 cm Ø) und entfernen Sie diesen nach 20 Minuten Backzeit, damit das Brot ringsum eine knusprige Kruste bekommt.

Für 1 Brotlaib (ca. 1550 g):

40 g Hefe
15 g Sauerteigextrakt
(Reformhaus)
580 g lauwarmes Wasser
100 g geriebene Kartoffeln
(gekocht, ausgekühlt und geschält)

500 g Weizenvollkorn-mehl
510 g Roggenvollkornmehl
1 leicht gehäufter EL Vollmeersalz

Zum Bestreuen der Arbeitsfläche:
20 g Roggenvollkornmehl

Zubereitungszeit: 30 Minuten
Teigruhe: 75—80 Minuten
Backzeit: 60 Minuten

Die Hefe und den Sauerteigextrakt im Wasser auflösen und zusammen mit den Kartoffeln, den beiden Mehlsorten und dem Salz in die Küchenmaschine geben. Bei niedrigster Geschwindigkeit 10 Minuten kneten. Den Teig in einer großen Schüssel, mit einem feuchten Küchentuch abgedeckt, bei Zimmertemperatur gehen lassen, bis sich sein Volumen verdoppelt hat (50—55 Minuten).

Inzwischen ein Backblech und den Springformrand gut ausfetten. Die Arbeitsfläche mit Mehl bestäuben.

Den aufgegangenen Teig in der Küchenmaschine noch-

mals 1 Minute durchkneten. Dann den Teig auf der Arbeitsplatte zu einem runden Laib formen und mit dem Teigschluß nach unten auf das Backblech setzen. Den Springformrand mit gleichmäßigem Abstand um den Teig legen. Den Brotlaib abgedeckt gehen lassen, bis sich an der Oberfläche Risse zeigen (ca. 25 Minuten).
Den Backofen auf 200°C vorheizen. Ein feuerfestes Schälchen mit Wasser auf den Backofenboden stellen.
Den Brotlaib 20 Minuten bei 200°C backen. Dann den Springformrand entfernen und das Brot weitere 40 Minuten bei 180°C ausbacken.
Das Roggenvollkornbrot auf einem Kuchengitter auskühlen lassen.

Berechnung für 31 g Roggenvollkornbrote ($^1\!/_{50}$ Rezept):
Eiweiß: 2 g   Fett: 0,5 g   KH: 12 g   BE: 1   KJ: 251 / Kcal: 60

Berechnung für den ganzen Brotlaib:
Eiweiß: 109,5 g   Fett: 19 g   KH: 603,5 g   BE: 50   KJ: 12644 / Kcal: 3022

Ein weiterer Tip: Sehr schön sieht dieses Brot aus, wenn Sie es in einem runden Brotkörbchen für 1,5-kg-Brote gehen lassen: Dafür das Brotkörbchen mit etwas Mehl bestäuben, den geformten Brotlaib ebenfalls mit Mehl bestreuen und mit dem Teigschluß nach oben in das Körbchen einlegen.
Nach der Gehzeit das Brot sehr vorsichtig auf das gefettete Blech kippen, mit dem Springformrand umstellen und backen (s. Seite 280).

Gewürzbrötchen

Für 13 Stück:

250 g lauwarmes Wasser
15 g Hefe
5 g Sauerteigextrakt
1 gestrichener TL Kümmel
½ TL Fenchel, gemahlen

5 g Vollmeersalz
230 g Roggenvollkornmehl
180 g Weizenvollkorn-
mehl

Zum Bestreuen:
Kümmel, Sesam, Mohn

Zubereitungszeit: 35 Minuten
Teigruhe: 90—100 Minuten
Backzeit: 25—30 Minuten

Wasser, Hefe, Sauerteigextrakt und Gewürze miteinander verrühren und zusammen mit den beiden Mehlsorten 5 Minuten tüchtig kneten. Den Teig mit einem feuchten Tuch abdecken und 55—60 Minuten bei Zimmertemperatur gehen lassen. Ein Backblech fetten.
Den Teig nochmals kurz aber kräftig durchkneten und in 13 Portionen à 50 g aufteilen. Dieser Teig ist recht klebrig. Das Kneten geht besser, wenn Sie die Hände dünn mit Öl (Salatöl) einfetten. Aus den Teigportionen längliche Brötchen formen, die an den Enden spitz auslaufen, und auf das Blech setzen. Die Brötchen unter einem feuchten Tuch bei Zimmertemperatur 35—40 Minuten gehen lassen.
Den Backofen auf 200 °C vorheizen. Ein feuerfestes Schälchen mit Wasser auf den Backofenboden stellen. Die Brötchen mit Wasser bestreichen und jedes dünn mit Kümmel, Sesam und Mohn bestreuen. Die Gewürzbrötchen bei 200 °C 25—30 Minuten backen.

Berechnung für 1 Brötchen:
Eiweiß: 3 g Fett: 0,5 g KH: 18 g BE: 1,5 KJ: 376/Kcal: 90

Berechnung für das ganze Rezept:
Eiweiß: 42,5 g Fett: 7,5 g KH: 233 g BE: 19,5 KJ: 4889/Kcal: 1169

Variante: Durch die Gewürze haben diese Brötchen einen kräftigen Geschmack. Wer einen »neutralen« Geschmack bevorzugt (zumeist Kinder), kann die Gewürze weglassen.

Fladen- und Knäckebrot

In der Steinzeit nahm die »Brotbäckerei« ihren Anfang. Aus dickem Schrotbrei, der auf heiße Herdsteine gestrichen wurde, buk man so, ohne Zusatz von Sauerteig und Hefe, die ersten Fladen.

Diese konnten nur warm gegessen werden, denn erkaltet wurden sie steinhart und ungenießbar. Die Fladenbrote dienten vor allem als Vorrat für Hungerzeiten und mußten vor dem »Genuß« zerstoßen, eingeweicht und zu Brei gekocht werden.

In der Schweiz und in Skandinavien, bäckt man noch heute, wie in grauer Vorzeit, das sogenannte Lochbrot. Dies sind gesäuerte Fladenbrote, die, mit einem Loch in der Mitte versehen, auf Stangen und Fäden aufgezogen werden, um sie trocken und luftig zu lagern.

Für die Vorratshaltung sind die folgenden Knäckebrotrezepte gut geeignet. Auf die Urlaubsreise in südliche Länder, in denen Vollkornbrote oft schwer erhältlich sind, nehme ich sie gerne mit. Luftdicht eingepackt sind die Knäckebrote mehrere Wochen haltbar.

Schottische Haferfladen

Eine Mischung zwischen Knusperkeks und Knäckebrot. Die schottischen Haferfladen erhalten ihr feines, nussiges Aroma durch den leicht angerösteten Hafer. Sie sind ideal als Zwischenmahlzeit zu einer süßen oder pikanten Quarkspeise.

Für 3½ Backbleche
(30 Haferfladen):

150 g Hafervollkornmehl
150 g Weizenvollkornmehl
60 g Butter oder Reform-
margarine

1 TL Vollmeersalz
400 g heißes Wasser

Zum Bestreuen:
Sesam

Zubereitungszeit: 60 Minuten
Teigruhe: 10 Minuten
Backzeit: 15 Minuten

Das Hafervollkornmehl in einer trockenen Pfanne bei milder Hitze leicht anrösten, bis es würzig duftet. Hafervollkornmehl, Weizenvollkornmehl, Butter und Salz in eine Schüssel geben. Unter Rühren das Wasser hinzugießen. Den Teig 10 Minuten quellen lassen.
Den Backofen auf 220°C vorheizen. Ein Backblech gut ausfetten.
Teigportionen zu je 24 g abwiegen, zu Kugeln rollen und auf das Blech setzen. Mit nassen Händen die Teigkugeln zu runden Fladen (8—10 cm Ø) formen. Dies ergibt 9 Fladen pro Blech. Die Haferfladen mit Sesam bestreuen und 15 Minuten bei 220°C backen. Auf einem Kuchengitter auskühlen lassen. In einer Blechdose aufbewahren.

Berechnung für 2 Haferfladen (¹/₁₅ Rezept):
Eiweiß: 2,5 g   Fett: 4 g   KH: 12 g   BE: 1   KJ: 401/Kcal: 96

Berechnung für das ganze Rezept:
Eiweiß: 36 g   Fett: 63,5 g   KH: 182,5 g   BE: 15   KJ: 6050/Kcal: 1446

Pitta
(Griechisches Fladenbrot)

Für 1 Backblech
(8 Pittabrote):

320 g Weizenvollkorn-
mehl

10 g Hefe
185 g kaltes Wasser
1 TL Vollmeersalz
2 EL Olivenöl, kalt gepreßt
(20 g)

Zubereitungszeit: 30 Minuten
Teigruhe: 90 Minuten
Backzeit: 10—12 Minuten

Weizenvollkornmehl, Hefe, Wasser und Vollmeersalz in
die Küchenmaschine geben und kurz durchkneten. Die
Küchenmaschine in Betrieb lassen, dabei das Olivenöl
langsam hinzugießen. Den Teig 10 Minuten kneten. Mit
einem feuchten Küchentuch bedeckt, 1 Stunde an einem warmen Ort gehen lassen.
Den Teig nochmals kurz durchkneten und in Portionen
zu je 65 g teilen. Daraus Kugeln formen und diese mit einem feuchten Tuch abgedeckt 30 Minuten gehen lassen.
Ein Blech fetten. Den Backofen auf 250°C vorheizen.
Jede Kugel mit dem Wellholz zu einer ovalen Scheibe
(1 cm dick) ausrollen und auf das Backblech setzen. Bei
250°C die Pittabrote backen, bis sie sich aufblähen.
Die lauwarmen Pittas schmecken sehr lecker zu einem
würzigen Salat mit Schafkäse.

Berechnung für 1 Pittabrot:
Eiweiß: 4,5 g   Fett: 3 g   KH: 24 g   BE: 2   KJ: 606/Kcal: 145

Berechnung für das ganze Rezept (8 Pittas):
Eiweiß: 37,5 g   Fett: 26 g   KH: 193 g   BE: 16   KJ: 4855/Kcal: 1160

Herzhaftes Fladenbrot

Dieses würzige Fladenbrot eignet sich sehr gut als Imbiß für unterwegs. Es benötigt keinen Aufstrich und ist daher bei Übergewicht sehr empfehlenswert.
Ich mag dieses Fladenbrot besonders gerne zu einem Apfel oder einem Glas Buttermilch.

Für 1 Backblech
(8 Fladenbrote):

240 g Weizenvollkorn-mehl
80 g Roggenvollkorn-mehl
160 g kaltes Wasser
20 g Hefe
1 TL Vollmeersalz
1 Msp gemahlener Koriander

1 Msp gemahlener Kümmel
40 g weiche Butter oder Reformmargarine

Belag:
60 g magerer Schinken-speck, gewürfelt
1 EL Öl
60 g Zwiebeln, gewürfelt
grobes Salz
ganzer Kümmel

Zubereitungszeit: 40 Minuten
Teigruhe: 45—50 Minuten
Backzeit: 20—25 Minuten

Weizenvollkornmehl, Roggenvollkornmehl, Wasser, Hefe, Salz und Gewürze in die Küchenmaschine geben und kurz durchkneten. Die Maschine in Betrieb lassen und die Butter flöckchenweise zum Teig geben. Insgesamt 10 Minuten kneten. Den Teig mit einem feuchten Tuch abdecken und 25 Minuten an einem warmen Ort gehen lassen.
Ein Backblech fetten. Für den Belag das Öl erhitzen, Schinken- und Zwiebelwürfel darin anbraten. Danach abkühlen lassen.
Den Teig nochmals kräftig durchkneten und in Portionen zu je 66 g aufteilen. Daraus 8 Kugeln rollen und diese zu fingerdicken Fladen auswellen. Die Fladen auf das Back-

blech setzen und, mit einem feuchten Tuch zugedeckt, 20—25 Minuten an einem warmen Platz gehen lassen. Den Backofen auf 220°C vorheizen. Ein Schälchen mit Wasser auf den Backofenboden stellen. Die Fladen mit warmem Wasser bestreichen, die Speck-Zwiebel-Füllung gleichmäßig verteilen und mit grobem Salz und Kümmel bestreuen. Bei 220°C die Fladen 20—25 Minuten backen.

Berechnung für 1 Fladen ($\frac{1}{8}$ Rezept):
Eiweiß: 6 g   Fett: 9 g   KH: 24 g   BE: 2   KJ: 836/Kcal: 200

Berechnung für das ganze Rezept:
Eiweiß: 46 g   Fett: 71 g   KH: 194 g   BE: 16   KJ: 6694/Kcal: 1600

Dinkel-Leinsamen-Knäcke

<u>Für 3$\frac{1}{4}$ Backbleche (32 Knäckebrote):</u>

300 g Dinkelvollkornmehl
300 g Buttermilch
60 g Butter oder Reform-margarine

30 g Leinsamen, grob geschrotet
1 TL Vollmeersalz

Zum Bestreuen:
Mohn
Sesam

Zubereitungszeit: 30 Minuten
Teigruhe: 30 Minuten
Backzeit: 15—20 Minuten

Dinkelvollkornmehl, Buttermilch, Butter, Leinsamen und Vollmeersalz miteinander verrühren, abdecken und 30 Minuten quellen lassen.
Den Boden einer Springform (26 cm Ø) gut ausfetten. Den Backofen auf 220°C vorheizen. 210 g Teig abwiegen und auf den Springformboden geben. Mit einem nassen Messer den Teig gleichmäßig auf dem Boden ausstreichen. Den Teig in 10 gleich große Stücke schneiden (da-

mit er sich nach dem Backen leichter teilen läßt) und mit Mohn und Sesam bestreuen. Die Knäckebrote bei 220°C backen. Auf einem Kuchengitter auskühlen lassen. In einer Blechdose aufbewahren.

Berechnung für 2 Stück Knäckebrot (¹/₁₆ Rezept):
Eiweiß: 3 g   Fett: 4 g   KH: 12 g   BE: 1   KJ: 418/Kcal: 99

Berechnung für das ganze Rezept:
Eiweiß: 52 g   Fett: 68 g   KH: 195 g   BE: 16   KJ: 6690/Kcal: 1599

Hinweis: Es bleibt ein Rest von 45 g Teig übrig. Diese Menge entspricht 1 BE. Daraus können Sie am Schluß noch 2 rechteckige Knäckebrote backen.

Roggenvollkornknäcke

Seit wir diese Knäckebrote backen, mögen wir kein gekauftes mehr. Es ist so frisch und knusprig, daß es auch ohne Belag ganz köstlich schmeckt.

Für 3½ Backbleche
(28 Knäckebrote):

300 g Roggenvollkorn-
mehl
½ TL gemahlener
Koriander
½ TL gemahlener Kümmel

12 g Vollmeersalz
60 g weiche Butter oder
Reformmargarine
60 g Sesam
300 g Wasser

Zum Bestreuen:
ganzer Kümmel

Zubereitungszeit: 30 Minuten
Teigruhe: 30 Minuten
Backzeit: 15—20 Minuten

Roggenvollkornmehl, Gewürze, Salz, Butter, Sesam und Wasser verrühren. 30 Minuten zugedeckt quellen lassen. Einen Springformboden (26 cm Ø) gut ausfetten. Den Backofen auf 220°C vorheizen.

Teigportionen von 200 g auf den Boden geben und mit einem nassen Messer gleichmäßig ausstreichen. Den Teig mit einem feuchten Messer in 8 gleich große Stücke schneiden (wie Kuchenstücke) und sparsam mit Kümmel bestreuen.

Bei 220°C die Knäckebrote 15—20 Minuten backen. Auf einem Kuchengitter auskühlen lassen. In einer Blechdose aufbewahren.

Berechnung für 2 Stück Knäckebrot ($^1/_{14}$ Rezept):
Eiweiß: 3 g   Fett: 6 g   KH: 12 g   BE: 1   KJ: 473/Kcal: 113

Berechnung für das ganze Rezept:
Eiweiß: 38,5 g   Fett: 85 g   KH: 167 g   BE: 14   KJ: 6635/Kcal: 1586

DANKSAGUNG

Besonderen Dank an Frau Katharina Badenhop, die mich bei der sprachlichen Ausgestaltung dieses Buches beraten hat.
Auch meinem Bruder Martin, dem Bäckerlehrling, möchte ich für seine praktische Mithilfe ganz herzlich danken.

DIE AUTORIN

Claudia Latzel in Rottweil a. N. geboren, verbrachte ihre Jugend in Stuttgart. Enge Verbindungen zur Waldorfschule gaben den ersten Anstoß zur vollwertigen Ernährungsweise. Nach Abschluß des Haus- und Ernährungswissenschaftlichen Gymnasiums war sie als Praktikantin in einem Hotel mit Vollwert-Restaurant tätig. 1982 Ausbildung zur staatlich anerkannten Diätassistentin. Als erste Diätassistentin in einem Kreiskrankenhaus baute sie inhaltlich und organisatorisch die Diätküche auf, war Ernährungsberaterin und arbeitete an einer regelmäßigen Diabetikerschulung mit. Außerdem gab sie Back- und Kochkurse für Diabetiker. Zuletzt arbeitete sie als Diätassistentin in einer Diabetesklinik.
Während der Arbeit an diesem Buch machte sie ein Praktikum in einer Vollkornbäckerei, die an ein Naturheilsanatorium angeschlossen ist, um neue Möglichkeiten für das Backen mit Vollgetreide kennenzulernen und für die Diabetesernährung umzusetzen.

Alphabetisches Register

Register
nach Sachgruppen

SÜSSE MEHLSPEISEN

PLÄTZCHEN UND WEIHNACHTSGEBÄCK

HERZHAFTE SPEZIALITÄTEN

HEYNE KOCHBÜCHER

Natürliche Küche, Biokost und Diätkochbücher im Heyne-Taschenbuch.

Helmut Anemueller
**Die richtige Schlank-
heitsdiät**
07/4078

Mireille Ballero
**Die besten vegeta-
rischen Gerichte aus
aller Welt**
07/4321

Connie Berman/
Susan Katz
Das Joghurt-Kochbuch
07/4294

Dr. Anne Calatin
Die Rotations-Diät
07/4475

Erika Casparek-Türkkan
Die Original Reis-Diät
07/4491

Judith Corlin/
Mary Susan Miller
**Das Rezeptbuch
zur berühmten
Scarsdale-Diät**
07/4441

Ilse Sibille Dörner
**FdH – die einzig
wahre Diät**
07/4429

Eva Exner
**Kochen mit Milch,
Quark und Joghurt**
07/4082

**100 verschiedene
Schlankheitsdiäten**
07/4129

**Heyne-Kalorien-
Tabelle**
07/4199

Biologisch backen
07/4396

Vollwertkost
Mit Farbfotos
07/4454

Eva und Susanne Exner
**Kalorien- und
Kohlenhydrate-
Tabelle**
07/4468

Ilse Froidl
Vegetarische Küche
07/4080

Chantal Gallo
Gesunde Körner-Kost
07/4424

Dr. Luis Guerra
Bio-Diät
07/4406

Eve Marie Helm
**Feld-, Wald- und
Wiesen-Kochbuch**
Mit Farbfotos
07/4295

**Das Heyne Kochbuch
des Jahres für
Vegetarier**
Mit Farbfotos
07/4568

Monika Kellermann
**Naturküche aus
der Mikrowelle**
Mit Farbfotos
07/4498

Friederun Köhnen
**Die richtige Magen-
und Darmdiät**
07/4150

Dr. med. Antje Katrin
Kühnemann
Die Kühnemann-Diät
07/4343

Trenn-Kost
07/4435

M. Landenberger/
B. Schütz/R. Wendler
**Das neue Kochbuch
für Diabetiker**
07/4565

Maria Lange-Ernst
**Die Köhnlechner-
Trenndiät**
07/4351

L. Mar/A. Hoff
**Die richtige Leber-
und Galle-Diät**
07/4095

Dr. Micklinghoff-Malten
**Schlemmereien für
Diabetiker**
07/4116

Rose-Marie Nöcker
Makrobiotische Küche
07/4288

Sprossen und Keime
07/4325

Körner und Keime
07/4362

**Gesundheit aus dem
Zimmergarten**
07/4404

Jane O'Brien
Das Tofu-Kochbuch
07/4421

Peter Reuss
Das Soja-Kochbuch
07/4466

Das Quark-Kochbuch
07/4477

Barbara Rias-Bucher
**Kochen mit Getreide
und Hülsenfrüchten**
Mit Farbfotos
07/4459

Programmänderungen
vorbehalten.

**Wilhelm Heyne Verlag
München**

HEYNE KOCHBÜCHER

*Sondergebiete der Kochkunst
im Heyne-Taschenbuch.*

Backbücher

Ilona Franz
**Rezeptbuch für
Weihnachtsbäckerei**
07/4162

Ilse Froidl
**Rezeptbuch
für Kleingebäck**
07/4042

**Internationales
Brotbackbuch**
07/4410

Froidl/Hellermann
Brot selbst gebacken
07/4214

Monika Graff
**Pfeffernuß und
Mandelkern**
07/4461

Gaston Lenôtre
**Das große Buch vom
König der Feinbäcker**
Mit Farbfotos
07/4317

Cornelia Schinharl
**Vollwert
Weihnachtsbäckerei**
07/4485

Boris Wittich
**Weihnachtlicher
Küchenzauber**
07/4254

Koch-, Gefrier- und Einmachtechnik

Erika Casparek-Türkkan
**Der
Mikrowellenteufel**
07/4570

Gwen Conacher
Einfrier-Handbuch
07/4431

Heinz Denckler
**Das Heyne-
Einmachbuch**
07/4055

Hilde Emmert
Kochen im Tontopf
07/4148

Ilse Froidl
**Das Mikrowellen-
Kochbuch**
07/4419

Monika Kellermann
**Naturküche aus
der Mikrowelle**
Mit Farbfotos
07/4498

**Der Mikrowellen-
Single**
Mit Farbfotos
07/4560

Friederun Köhnen
**Backen – Braten –
Grillen mit Alufolie**
07/4135

Inge Meisnitzer
**Zauberhafter
Römertopf**
Mit Farbfotos
07/4339

Emil Reimers
**Fritieren und in Fett
gebacken**
07/4166

**Die Kunst des
Flambierens**
07/4392

Fritz Saur
**Kochen im
Schnellkochtopf**
07/4140

Elisabeth Thurmair
**Das neue große
Einmachbuch**
07/4426

Myrette Tiano
**Marmeladen und
Gelees selbstgemacht**
07/4246

HEYNE KOCHBÜCHER

*Gesunde Küche
und
Biokost im
Heyne-
Taschenbuch.*

DAS HEYNE KOCHBUCH DES JAHRES für Vegetarier

Die schönsten Rezepte
für eine gesunde Ernährung

07/4568

BARBARA RIAS-BUCHER

Das vegetarische Pasta-Buch

Die feinsten internationalen
Nudelgerichte ohne Fleisch

07/4552

Eva Exner

VOLLWERT-KOST

07/4454

PETER REUSS

Die gesunde Kräuter-Küche

Viele köstliche Rezepte mit frischen Kräutern und einer ausführlichen Kräuterkunde

07/4495

Cornelia Schinharl

Die Nüsse-, Kern- und Samenküche

Die gesunde und abwechslungsreiche Vollwertkost

07/4559

Barbara Rias-Bucher

Kochen mit Getreide und Hülsen-Früchten

Von Ackerbohne bis Zuckermais
Über 200 Rezepte

07/4459

Monika Kellermann

Naturküche aus der Mikrowelle

Gesund, köstlich & schnell

07/4498

EVE MARIE HELM

Feld-Wald-und Wiesen-Kochbuch

Erkennen, Sammeln, zubereiten und Einkochen von Wildgemüsen und Wildfrüchten

07/4295